皮书系列为

“十二五”“十三五”国家重点图书出版规划项目

北京街道发展报告 No.2
新街口篇

THE DEVELOPMENT OF BEIJING'S SUB-DISTRICT OFFICES No.2:
XINJIEKOU CHAPTER

主　　编／连玉明
执行主编／朱颖慧　邢旭东　张俊立

SSAP 社会科学文献出版社
SOCIAL SCIENCES ACADEMIC PRESS (CHINA)

图书在版编目(CIP)数据

北京街道发展报告. No. 2. 新街口篇 / 连玉明主编
. --北京：社会科学文献出版社，2018.8
（街道蓝皮书）
ISBN 978 -7 -5201 -3067 -7

Ⅰ. ①北… Ⅱ. ①连… Ⅲ. ①社区建设 - 研究报告 - 西城区 Ⅳ. ①D669.3

中国版本图书馆 CIP 数据核字（2018）第 155028 号

街道蓝皮书
北京街道发展报告 No. 2 新街口篇

主　　编 / 连玉明
执行主编 / 朱颖慧　邢旭东　张俊立

出 版 人 / 谢寿光
项目统筹 / 邓泳红　郑庆寰
责任编辑 / 张　媛

出　　版 / 社会科学文献出版社 · 皮书出版分社（010）59367127
地址：北京市北三环中路甲 29 号院华龙大厦　邮编：100029
网址：www. ssap. com. cn
发　　行 / 市场营销中心（010）59367081　59367018
印　　装 / 三河市龙林印务有限公司

规　　格 / 开　本：787mm × 1092mm　1/16
印　张：16.25　字　数：244 千字
版　　次 / 2018 年 8 月第 1 版　2018 年 8 月第 1 次印刷
书　　号 / ISBN 978 -7 -5201 -3067 -7
定　　价 / 128.00 元

皮书序列号 / PSN B -2016 -540 -4/15

北京国际城市发展研究院社会建设研究重点项目
北京市社会发展研究中心西城区街道发展研究重点项目
北京国际城市文化交流基金会智库工程出版基金资助项目

街道蓝皮书编委会

《北京街道发展报告 No. 2 新街口篇》
编　写　组

总　　策　　划　李　薇　连玉明　朱颖慧

主　　　　　编　连玉明

执 行 主 编　朱颖慧　邢旭东　张俊立

副　　主　　编　王苏阳

核心研究人员　（按姓氏笔画排序）

王　琨　王苏阳　王彬彬　邢旭东　朱永明
朱盼盼　朱颖慧　刘　征　米雅钊　李　帅
连玉明　吴　佳　张　南　张　涛　张俊立
陈　慧　陈盈瑾　陈惠阳　郎慧慧　孟芳芳
赵　昆　姜思宇　贾冬梅　高桂芳　唐　平
康晓彤　黄晓洁　翟萌萌

主编简介

连玉明　著名城市专家，教授、工学博士，北京国际城市发展研究院院长，全国政协委员，北京市朝阳区政协副主席。兼任北京市人民政府专家咨询委员会委员，北京市社会科学界联合会副主席，北京市哲学社会科学京津冀协同发展研究基地首席专家，基于大数据的城市科学研究北京市重点实验室主任，北京市社会发展研究中心理事长，北京奥运功能区首席规划师，北京新机场临空经济区发展规划首席战略顾问。2013～2017年，在贵阳市挂职市长助理，兼任贵州大学贵阳创新驱动发展战略研究院院长、大数据战略重点实验室主任。

研究领域为城市学、决策学和社会学，近年来致力于大数据战略研究。著有《城市的觉醒》《首都战略定位》《重新认识世界城市》《块数据：大数据时代真正到来的标志》《块数据2.0：大数据时代的范式革命》《块数据3.0：秩序互联网与主权区块链》《块数据4.0：人工智能时代的激活数据学》《块数据5.0：数据社会学的理论和方法》等，主编《大数据蓝皮书：中国大数据发展报告》《社会管理蓝皮书：中国社会管理创新报告》《街道蓝皮书：北京街道发展报告》《贵阳蓝皮书：贵阳城市创新发展报告》《临空经济蓝皮书：中国临空经济发展报告》等。主持编制了北京市西城区、朝阳区、门头沟区和贵州省贵阳市“十三五”社会治理专项规划。

摘　要

构建超大城市有效治理体系是首都发展要务。作为首都功能核心区，西城区带头以“四个意识”做好首都工作，坚持深入推进科学治理，全面提升发展品质的主线，不断加强“四个中心”功能建设，努力提高“四个服务”水平，城市治理能力和城市发展品质取得重大突破。街道作为基层治理的排头兵和主力军，发挥着不可替代的作用。西城区 15 个街道立足自身发展实际，统筹区域各类资源，构建区域化党建格局、加强城市精细化管理、提升公共服务水平、完善综合执法体系、精准指导社区建设，探索基层治理创新实践，积极为超大城市基层治理创新“过险滩”“闯路子”，不断为基层治理增加新的内涵和提供可复制、易操作的鲜活经验，对于国内大城市基层治理创新具有极强的理念提升价值和路径借鉴意义。

《北京街道发展报告 No. 2 新街口篇》重点介绍了新街口街道发挥基层党建统筹引领作用，打通提升城市品质最后一公里的探索实践，结合街道实际对居规民约与基层治理创新、老年福利发展与社区居家养老服务模式、平房区准物业管理模式进行理论探讨，对学校、社会、家庭“三位一体”素质教育、社区社会组织发展、西四北地区胡同精细化管理、玉桃园学习型社区创建、白塔寺历史风貌保护等专题调研情况做了梳理，对赵登禹路“开墙打洞”治理、垃圾分类管理、“多居一站”社区服务和“书香驿站”文化互助共享等典型经验做了总结，展现了街道在实现“党工委领导下推进政府治理与社会调节、居民自治良性互动”上的基层治理实践成果。

本书指出，新街口街道在城市治理实践中，坚持以党的建设为关键、政府治理为主导、居民需求为导向、改革创新为动力，不断夯实平台、健全体系、整合资源、增强能力，积极构建多方参与、共同治理的基层治理体系，在推进首都核心区有效治理、科学治理中进行了富有成效的探索和实践。

目　录

Ⅳ 调研报告

Ⅴ 案例报告

皮书数据库阅读**使用指南**

代前言 实现街区治理要注重区域化治理平台建设*

陈振海**

2017 年 1 月，西城区召开街道系统工作会，会议提出，街道是实现科学治理的重要单元，要牢固树立和不断增强街区治理意识，全面肩负起区域治理责任。街道工作，不仅仅是被动接受任务、被动执行政策，新的发展形势要求街道层面必须主动作为，强化治理理念，搭建区域治理平台，推动基层科学治理。

一　区域化治理平台建设是推进街区治理的重要抓手

如何实现街区治理，区域发展的顶层设计如何在街道工作中得到有效落实，是街道层面需要充分考虑的问题。这就要求街道工作要转变理念，主动谋划，着眼街区实际，结合群众需求，系统考虑，通盘施策。工作做到纲举目张，条理清晰，整体发展一盘棋，每条棋路却又相互联系，相互制约，相互促进，协调推进。充分发动地区多元参与主体，带动街区民众的参与热情，实现街区社会、人文、自然环境的和谐宜居。

新街口街道共有 31 个科室，以往开展工作，各部门按照各自不同的分工有条不紊地进行，需要多部门参与的工作，依赖于领导的调度和个人的协

* 根据街道蓝皮书研编课题组访谈内容整理。

** 陈振海，时任中共北京市西城区新街口街道工作委员会书记（2014 年 4 月截至 2017 年 5 月）。

作理念。实际工作过程中，各部门功能、力量相对分散，功能的集成与力量的整合往往依赖于部门的主动性、受制于人的综合素质。通过平台建设可以构建起一种常态化的事务处理机制，不再过多地受人为因素影响，进而保障工作顺畅推进。区域化治理平台有利于理清工作职责，淡化科室边界，凝聚工作合力。以平台为基础，有助于形成一个或多个全覆盖、广吸纳、动态开放的工作体系，形成拳头效应，促进重点工作高效推进，进而大大提升街区的治理能力。

二 新街口街道搭建区域化党建、社会治理、公共服务、综治维稳四大区域化治理平台

新街口街道以党建工作为龙头，搭建区域化党建、社会治理、公共服务、综治维稳四大区域化治理平台，建立街区治理与居民自治有机融合的治理模式，形成“党委领导、政府主导、社会协同、公众参与”的街区治理格局。在实施过程中，既保障了政府的有力统筹，又实现了社会的安定和谐，居民的“获得感”“满意度”得到显著提升。

（一）构建区域化党建“1 +3 +5 +7”工作链，创新区域化党建模式

新街口街道区域化党建平台的建设基础较好，一方面辖区党政资源比较丰富，另一方面各级各类党组织参与街道共驻共建热情比较高。新街口街道区域化党建平台由组织部、工会、统战部、社会办共同搭建，组织部负责统筹拟定工作方案，社会办、组织部提供活动阵地，由参与平台建设的各部门协作发力，构建区域化党建“1 +3 +5 +7”工作链。

“1”即打造“一个共同体模式”：以街道工委为龙头，统领区域化党建工作，以区域资源整合为基础，创新多维度、全覆盖的工作体系，形成多元主体参与的党建联合体模式。这一模式坚持以双向服务为导向，以区域共治为目标，不断增强党建工作的影响力和凝聚力，促进区域发展“共同认

同”，同时提升基层服务型党组织建设的工作水平，社区党组织的动员能力得以增强。

“3”即搭建“三个平台”。一是区域化党建工作领导协调平台。由街道工委牵头成立区域化党建协调委员会，制定委员会《章程》，明确职责任务，统筹推进发展。将21个社区党建协调委员会分会91个成员单位按规模划分为5个片组，定期召开联席会议，共商联动发展大计。二是区域化事务共商共治平台。制定《新街口街道社区大党委工作实施意见》，吸收驻区单位负责人为席位制委员，定期参加社区会议，共同商议共建事宜。三是在职党员延伸服务平台。健全在职党员到社区报到制度，围绕基层党建、环境建设、安全维稳、服务民生等工作，形成了调查摸底、信息对接、活动开展的工作流程。目前，辖区162个单位的5000多名党员到社区报到，3400多名党员认领了服务岗位和服务项目，得到了广大群众的好评。

“5”即明确“五项机制”。一是坚持定期走访机制。街道社区与驻区单位之间经常互相走访，及时通报情况，沟通信息，增进感情，互帮互助，形成常来往、多互动，有需求、互帮忙的良好氛围，如国家机关工委、北京市侨办、城区供电局等单位领导经常深入社区，听取社区困难和居民需求，帮助解决问题。

二是推行党建联席会机制。建立健全片区联动、多元共治工作机制，如西里三区社区党委与各成员单位建立了“轮值主席制度”，每季度在不同单位，以座谈、参观等方式，定期召开联席会议加强成员单位间的互相了解，寻求相互的支持与共享。

三是落实双向服务机制。街道与驻区单位着眼于推动党建资源和社会资源优势互补和良性互动，积极开展双向服务，实现互利共赢，如西四北三条、南小街、育德、西里二区等社区党组织与区域化党建协调单位联合开展主题党日活动，邀请驻区单位党员外出实践，共同促进党员意识提升。西里一区党委组织辖区党员志愿者参与法院的特殊案件审理，提升党员法律素养。另外，街道注重党建阵地建设，先后在国英一号、育德、新街高和建成了区域性、综合性、开放性的服务一体化党群活动中心。

四是探索“项目化管理”机制。引导各成员单位积极整合党建资源，创新工作方式，以项目化管理方式做实服务内容，提升工作的规范化、实践化水平。例如，西里三区建立“国祥服务队”的便民服务项目，并将服务覆盖到全街道21个社区，实现了区域资源的有效利用。

五是完善党建目标管理考核机制。以基层党的建设“三评一考”活动为契机，将区域化党建工作纳入年度社区党建工作的考核范围，作为基层党组织书记述职的必述内容，充分发挥考核的激励、导向和监督作用，提升区域化党建工作质量。

“7”即丰富“七项内容”。按照2015年街道区域化党建“七联七共、多维互动”共建机制的要求，党建协调委员会各成员单位从政治思想工作、公益事业、生活环境、文体活动、社区服务、区域先锋、党员教育七个方面通过各种形式加强沟通，丰富共建内容，深化对区域化党建工作的探索。

（二）搭建社会治理平台，依托“全响应”工作系统完善区域社会治理体系

新街口街道作为核心城区与居民生活居住区，推进社会治理基础条件较好。西城区政府全响应指挥调度系统给予的全力支持，成熟社会组织的加入、驻区单位的共驻共建、居民自治组织的成立及志愿者的广泛参与，使得区域治理主体优势互补、相得益彰，街区治理形成了一种欣欣向荣的工作局面。新街口街道社会治理平台由全响应网格化社会服务管理指挥中心、社会办、城管科等部门重点参与。各部门通过季度会商、专题会商等方式实现工作的联动。

依托“全响应”工作系统，强化区域治理能力。全响应工作以“完整性、便利性、均衡性、差异性”为原则，将街区划分为149个网格，网格内统筹各种力量，每个网格配备网格管理员、网格协调员、网格执法员、网格共建员、网格服务员五大力量，建立起覆盖街道科队站所、社区的全响应工作体系。网格共建员（楼门院长，1488名）发现问题及时报送，网格管理员（由社工担任，共190名）可使用手持PDA随时上报事件，指挥调度

系统收到事件报告之后，及时做好事件流转与督促办理，提高事件办结率，强化区域治理，提升群众满意度。

推进社会组织管理工作，形成“一中心二层面三联动”的工作模式。“一中心”即打造社会组织共同体。以西四北三条为中心，引入包括常青藤可持续研究所、睦友社工事务所、悦群社工事务所、百德社工事务所在内的四家专业社工事务所开展为老、助残、青少年素质拓展、学龄前儿童早期教育等工作，以点带面将服务覆盖整个街区。“二层面”即街道和社区层面共同推进社会组织工作。截至目前，辖区内社区社会组织124个，其中10个科室、13个社区通过购买服务引入社会组织参与社区建设。“三联动”即社会组织、社区和社工的沟通互动。通过探索开展专业社工能力提升、1+1专业社工助推社区社会组织发展等工作，推动“三社”资源共享、优势互补、相互促进。

发动居民自觉参与社区治理，探索平房区准物业管理模式。引进第三方服务管理，采取“社区服务+保安管理+居民自治”相结合模式，促进平房区的精细管理。2017年在白塔寺片区进一步推行并提升准物业管理的品质。街道配合北京华融金盈投资发展有限公司开展“白塔寺再生计划”，与之联合搭建“青塔41号”社区营造中心平台，引导形成一种自下而上的社区治理模式，引入专业社会组织“西城区公益文化传播中心”，建立“社区书吧”。培育社区社会组织北顺社区胡同监督队，共同实践社区多元治理。北顺社区试点实施参与式协商，率先制定《北顺社区居民公约》，实现居民自我约束及社区治理的多元参与。另外，街道马相西巷8号楼、前桃园1号楼、官园2号楼老旧小区均成立自管组织，以居民互助、志愿服务等形式，解决小区绿化养护、管道堵塞、卫生环境等问题。

（三）建设公共服务平台，推动区域资源整合、环境治理及文化品牌塑造

街道在发动多元治理的同时，积极履行政府职能，注意搭建公共服务平台，集中全部力量，通过打造品牌、项目引领，为居民提供各类优质服务，

创建良好生活环境。参与部门有社会办、社区服务中心、宣传部、民政科、公共服务科、环境办、城管队等。平台通过半年或全年总结会、专题会等形式进行全面联络沟通。

在行政服务管理上，西城区试点运行“多居一站”社区服务模式，新街口街道通过整合行政服务事项，调整服务窗口布局，增设综合救助、综合政务窗口，方便居民一站式办理。社区业务窗口也得到整合，实现预约办理，为居民提供上门服务。此如，整合西里一区、二区、三区、四区社区服务站，成立新街口街道西里社区综合服务站，节约行政成本，实现邻近社区服务资源共享。同时，社区服务站实行业务分组制，组内成员互为 AB 角，实现社区服务“一人多岗、一岗多责”。街道计生早教工作成为品牌，综合救助实施一门受理、协同办理，救急难绿色通道全面开通，失业再就业工作出色，历年被评为北京市充分就业示范街道。街道为老服务充分发挥福寿轩敬老院、高井养老驿站及福绥境胡同甲 49 号配餐中心和西四北八条 35 号助浴中心原点支撑作用，开展送餐、助浴、日托等服务，以民营模式提升专业化养老水平。

在街区环境建设上，环境办、城管队、社会办齐心协力，攻坚克难，先后拆除西直门内大街 293 号、后英房胡同断头路违建、青塔胡同 7 号甲二层、新街口头条 17 ~ 19 号、永泰胡同 11 号等一系列违章建筑，消解了困扰地区十多年的历史遗留问题。街道人口调控、“开墙打洞”治理、珠宝行业整治、官园鸟市治理，以及各种“城市病”的治理，都取得了明显的成绩，一定程度上改善了居民的生活环境，这些成绩的取得与公共服务大平台中各个部门之间工作的无缝衔接是分不开的。

在文化品牌塑造上，通过举办“白塔新辉”系列文体活动、百姓月月大舞台以及培育各类艺术团体，形成地区文化品牌，每年的“新春笔会”、“清明诗会”、“象棋邀请赛”、“太极拳赛”、“足球杯赛”及消夏演出等，为居民带去一场场文化盛宴，营造出街区浓郁的文化氛围。街道 4 处书香驿站，探索出一种文化传递的新方式，其中，玉桃园社区书香驿站是北京市第一家公益组织和社会爱心人士捐助的“书香驿站”，被多家报刊网站转载报道。辖区内有各类学校 15 所，幼儿园 9 所，专业医疗机构十余家，1 个社区卫生服务中心及 6 个社区卫生服务站，居民上学就医资源十分丰富。如今，街道以社区服务中心为龙头，以温馨家园、公共服务大厅、福寿轩敬老院、高井养老驿站、社会组织共同体、社区数字家园等为载体，配合辖区商业服务已形成了完善的社会公共服务网络。

（四）通过综治维稳平台建设，实现信访、司法调解、综合治理“三位一体”联防、联调、联动

综治维稳平台建设涉及综治、司法、信访、维稳四个部门，它们之间有很好的合作机制与基础，部门工作以平台为基础，集矛盾调处、维护稳定、平安建设于一体，由综治办牵头，协作推动。平台实行信访、司法调解、综合治理“三位一体”联防、联调、联动，打造矛盾纠纷调处综合体系。

建立社会矛盾纠纷排查预防机制。每周组织召开矛盾排查会，积极开展矛盾纠纷大排查大调处，各项矛盾被消除在萌芽状态。信访办、综治办、维稳办全面落实属地反恐防恐主体责任，做好重点人、重点事、重点单位、重点活动的反恐基础调查摸排。街道反恐处突小分队 50 名队员，配备 25 辆电动巡逻车，提升了地区街巷胡同见巡率，有效降低了辖区案件的发生率。平台建设理顺了“六个一”工作流程，即每月 1 次部门联席会，1 次社区主任会，1 次联合执法，1 期工作简报，跟踪 1 次问题反馈，向上级部门汇报 1 次工作情况，构筑起社会治安综合治理网络，构建起网格化社会面防控体系，建立了一支专业力量、专职力量、群防群治力量三位一体的治安防控队伍，形成综治维稳工作长效机制。目前街道共有 147 名治保组长、2287 名楼门院长、2136 名社区治安志愿者，组成地区群防群治队伍。鉴于平房区的居住特点，2016 年地区建立五个微型消防工作站，24 小时驻勤值守，集反恐处突、应急、消防于一体，有效减少火灾事故的发生。

积极完善社会治安综合治理体制。每年与驻地中央、市属单位、科队站所及 21 个社区签订社会治安综合治理领导责任书。严格落实应急备勤机制，结合处级领导、科级干部联系社区制度，重点时段街道干部参与社区值班巡

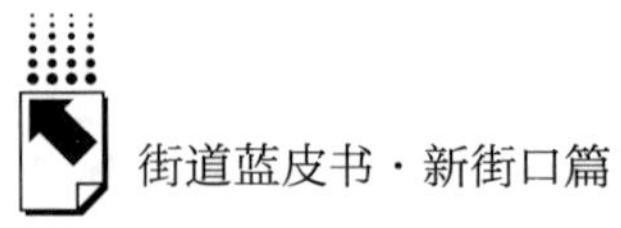

逻，带队深入重点区域、重点单位联合检查。实行治安志愿者星级评定管理，目前达到一星标准的治安志愿者1113人，达到二星标准的治安志愿者335人，2016年2人获得“第一届最美西城大妈标兵”称号。

全面建立起社区法律顾问制度。为有效、及时消解地区矛盾，街道将法律服务延伸前置，4家业界口碑良好的律师事务所分别与21个社区签订法律顾问服务协议，为居民提供公益服务。新街口街道签约晨夕法律服务中心，以法治公园、新街口司法大讲堂为普法阵地，结合重点工作及地区居民法律需求，开展反恐维稳、人大选举、物业服务管理法律知识宣传；聘请法律专家、律师、法官开展以案释法讲座，《法制日报》、《经济日报》、中国网、今日头条等中央媒体对地区“六五”普法经验进行了报道，街道也被评为北京市“六五”普法先进集体。针对地区在疏非控人、“开墙打洞”治理工作中，可能发生的损害赔偿、生产经营纠纷，街道选择政治素质和业务水平双过硬的人民矛盾员和律师组建疏非控人专项调解工作室，介入纠纷化解，助力中心工作推进。在地区重点矛盾化解上，摸索出一套执法部门外部加压、人民矛盾内部化解的工作方法，有效解决了地区一批复杂矛盾，维护了街区的和谐稳定。

三　当前街道区域化治理平台建设的进展与不足

当前新街口街道区域化治理平台建设日趋成熟，主要体现为以下方面。

一是工作机制不断完善。构建区域化党建“1+3+5+7”工作链，探索出街道区域化党建共同体模式。对于社会组织的管理由原来的分散管理转变为现在的由区社会办统筹管理，理顺了工作思路，畅通了工作渠道，加强了对整个街区社会组织的监管以及对其服务质量的考评，对社会组织的整体评价更加公平公正。公共服务以“一站式办理”为原则，实现社区层面的服务资源共享。

二是统筹力度不断加大。区域化党建方面，街道工委每年从年度预算中列出专项经费用于支持各种党建活动。党建协调委员会成员单位逐年增加，各单位参与的热情也在不断提高。以区域化党建平台建设为龙头，积极推进共驻共建、资源共享，沟通协调驻区单位，盘活地区单位存量资源，带动驻区单位在场地提供、活动共建、文体娱乐、专业服务等多方面多领域为居民提供服务，促进街道与地区单位共生共荣。

三是信息化建设不断加强。街道在构建四大平台的同时，注重运用互联网思维，不断探索信息化、现代化手段在各个领域的应用。街道以“互联网+”思维促进信息化党建的探索，建设街道区域化党建服务网，开通楼宇员工俱乐部、新街口云党建微信公众号，同时，各基层党组织以QQ群、微信群等方式加强与党员群众的联系沟通，打造集资源共享、典型引领、政务服务、互动交流等多功能党建服务网络，不断提高区域化党建工作时代性、针对性和实效性。构建了精细化、标准化、高效能的包括e回收系统、社会组织服务管理系统、全响应指挥调度系统在内的信息服务系统，对公众服务需求全面感知、积极响应，努力实现社会服务全覆盖、全感知、全时空、全参与、全联动。充分利用信息化手段，通过深度整合应用数字信息，拓展社会服务新领域，积极促进社会治理服务模式转变。

与此同时，新街口街道区域化治理平台运行时间不长，仍存在理念固化、服务脱节等现象，现有的运行模式仍处于探索阶段，尚有很大的提升空间。工作中存在多方面不足，也成为接下来的工作重点。一是理念还未彻底转变，认为平台建设相对部门工作而言互相适应，充分利用平台推进工作的意识尚未建立起来。二是目前街道宣传与动员机制仍有很大的提升空间，每个人的内心都有一份热情，关键是如何发动与引导。美好的家园需要我们共同来创造，街区治理靠的是生活在这里的每一个人的参与。

不久的将来，在政府、市场、社会的共同努力下，在机关干部、社区居民、驻区单位的共同参与下，实现新街口街道“构建活力党建，服务区域发展，建设和谐宜居新街口”的发展目标指日可待。

总 报 告

General Report

B.1

新街口：发挥基层党建统筹引领作用打通提升城市品质“最后一公里”

摘　要： 提升城市品质，体现在城市规划、建设、管理、服务等方方面面，是一项系统工程。从管理结构看，街道是政府派出机构，担负着打通“最后一公里”、让政策落地、措施生根的职责。不折不扣，又能创造性地贯彻落实中央、市、区关于城市工作的新要求，既是人民群众的期盼，又是新时期对街道领导班子执行力的考验。从新街口街道的工作实践看，加强党的领导，发挥基层党建统筹引领作用，是加强城市工作，尤其是打通提升城市品质“最后一公里”的关键和动力。

关键词： 新街口街道　党建统领　社会治理　城市品质

一 基层党建在城市建设中的意义

（一）基层党建是确保党的路线方针政策和决策部署贯彻落实的基础工作

党的十九大报告明确指出，“党的基层组织是确保党的路线方针政策和决策部署贯彻落实的基础。要以提升组织力为重点，突出政治功能，把企业、农村、机关、学校、科研院所、街道社区、社会组织等基层党组织建设成为宣传党的主张、贯彻党的决定、领导基层治理、团结动员群众、推动改革发展的坚强战斗堡垒”。党的十九大报告开启了新时代党的建设新征程，基层党组织是党全部战斗力的基础，是落实管党治党责任的载体。街道、社区层面应充分发挥党委的主体作用，深入贯彻从中央到地方的执政路线，更加准确地把握发展理念和思路，使得城市品质得到有力提升。

（二）基层党建有利于凝聚区域内各类党群资源向心力

街道工作往往是按照科室分工展开的，而涉及需要多部门参与的工作时，则要靠领导的调度以及个人的协作理念与能力来完成，其功能的集成与力量的整合依赖于部门的主动性、受制于人的综合素质。以基层党建为抓手打破行政划分，有利于淡化科室边界，推动工作职能相通的部门高效统筹，以平台为基础，集聚工作合力，增强基层党组织凝聚力和向心力，形成拳头效应，促进重点工作高效推进，使党的建设焕发新的活力。同时，优质的城市品质不仅来源于管理，更是来源于每一个普通百姓对城市发展所贡献的力量、每一个社区在自身建设过程中所体现出的活力。因此，街道在管理层面有序统筹各个社区的党组织，在社会参与层面广泛吸收各界力量，在个体层面充分调动党员群策群力，使得城市品质的提升在辖区内获得各方力量的支持，在街道党组织统筹领导和社区及单位党组织、党员参与之间形成合力。

（三）基层党建为区域城市品质提升提供政治保证

西城区为全面实现“十三五”时期各项目标任务，持续推进基层党建创新，坚持把党组织建在重大项目上，引领各级党组织和广大党员在提升城市品质重大任务中，亮明身份、发挥作用。基层党组织是党和老百姓血肉相连的毛细血管和微循环系统，老百姓了解中央政策好不好，干部作风好不好，主要是在这个层面体现。通过搭建平台和利用新信息技术，实现党群有效沟通与合作，进一步形成在党建体系下更加有利于推动城市品质提升的长效机制。

二　新街口街道发挥基层党建三大作用，打通提升城市品质“最后一公里”

党的基层组织是确保党的路线方针政策和决策部署贯彻落实的基础，是统筹地区内社会单位、党员群众等各类党政资源参与社会建设的阵地，是全面提升城市品质的重要路径。新街口就如何发挥基层党建统筹引领作用、打通提升城市品质最后一公里，提出了基层党建应从统筹引领、对接民需、全面提升等方面着手，发挥基层党建作用。

（一）高处着眼，把控方向，发挥“指挥部”作用

1. 以共同愿景凝聚民心

自 2014 年开展党的群众路线教育实践活动以来，新街口街道结合西城区工作重点和街道功能定位，围绕街道区域特色和发展目标开展专题研究，对区域发展方向进行深入细致调查研究和综合分析，提出了“构建活力党建，服务区域发展，建设和谐宜居新街口”的街道总体发展目标，坚持把党建工作放在各项工作的首位。这个发展目标与西城区的发展要求高度契合，与居民群众的需求高度契合，与提升城市品质的内涵高度契合，成为凝聚区域人心和力量的重要载体。

2. 以学习教育提升意识

组织党员干部开展党的群众路线教育、“三严三实”专题教育、“两学一做”学习教育等活动，认真学习习近平总书记系列重要讲话精神，悉心领会西城区委、区政府的工作理念，切实把思想统一到中央、市、区的统一部署上来。2016 年，结合“两学一做”学习教育活动，西城区广泛深入开展“提升城市品质，共建美丽西城”大讨论，围绕这一主题，发放调查问卷，归纳汇总主要意见建议 4 类、21 条，进一步查找了问题、厘清了思路。西城区举办基层党务工作者培训班，分两批派人到清华大学进行脱产培训、到红旗渠干部学院接受党性教育，通过专家讲学、交流互学、参观见学等方式不断提升基层党务工作者综合素质，强化了党组织负责人责任担当意识。在干部选拔任用、“七一”表彰、年度评优评奖中，把工作态度、精神面貌、参加街道中心工作等作为重要衡量标准纳入考核体系，传递价值导向，弘扬正风正气。

3. 以宣传动员引导舆论

街道工委充分利用“新街口之声”和“北京新街口”微信平台、智慧社区发布电子屏、社区宣传栏等形式，广泛宣传疏解非首都功能、提升城市品质的重要意义，尤其是针对拆除违章建筑、整治“开墙打洞”和“七小”行业等重点领域，以社区党组织为主，通过入户协商、张贴通知、发放宣传材料等方式，开展定点宣传、精准宣传。在安平巷胡同、赵登禹路治理“开墙打洞”工作中，前期宣传起到了重要作用，做到了家喻户晓、人人皆知，形成了强大舆论攻势，起到了明显的减少阻力、提高效率的作用。

4. 以典型示范树立标杆

着力打造基层服务型党组织、党群服务中心、党员服务队等服务载体。西四北三条社区党委的“四诺（承诺、审诺、践诺、评诺）工作法”、制作社区党员活动证等工作方法在全街道进行了推广，在解决部分党员党性意识淡薄、组织观念弱化、发挥作用不明显等问题方面发挥了较好的作用。国祥党员服务队的服务范围覆盖全街道，事迹被多家媒体报道，带头人刘国祥家庭入选北京市“最美家庭”。

（二）细处着手，精心布局，发挥“会诊室”作用

1. 以调查研究摸脉会诊

着力推进处级领导干部每人联系一个社区党委、联系一户困难群众、联系一名楼门院长的“三联”长效机制，定期走访，调研各方需求。针对拆除违建、治理“开墙打洞”、整治市场、拆除无照餐馆等重点、难点工作，街道主要领导和分管领导多次到实地调研、到一线指挥，与科室干部研究问题，与工作对象协商方案。

2. 以党建联动整合资源

制定《新街口街道社区大党委工作实施意见》，探索“七联七共多维互动”区域化党建整体模式，做实区域化党建协调委员会、社区“大党委”席位制、在职党员到社区报道“三个平台”，以党建资源的整合带动民生保障资源的整合，完善党建共享共通机制。2016 年新街口街道组织党建协调委员会开展活动 7 次；在职党员开展活动 87 次，参与党员 1077 人，培育了中央国家机关工委党建交流会，北京市供电局党员服务队，北京市司法局、西城区法院和检察院的“法律进社区”项目，西城区工商局的北京市首家社区消费者教育基地等，对接民需民想。2017 年利用西城区人大代表换届选举的契机，西城区政府广泛走访了驻区单位，对沿街门店、地下室出租、门前三包、人口疏解等工作交流意见，凝聚共识。

3. 以补齐短板对接民需

坚持把群众呼声作为工作的“发令枪”，在群众最不满意的地方用力。2017 年以来，针对“停车难”的问题，新街口街道开展前期论证工作，进行边角地改造试点，针对反恐防恐问题，组织反恐处突小分队，将徒步巡逻和电动车巡逻相结合，全面提升地区街巷胡同见巡率，有效降低了辖区的案件发生率；针对防火问题，在地区建立了微型消防工作站，24 小时驻勤值守，集反恐处突、应急、消防于一体，发挥了积极作用。

（三）深处用力，突出重点，发挥“药方子”作用

1. 以顶层设计强化统筹

充分发挥街道工委统揽全局、协调各方职责，完善领导班子定期务虚制度，认真研究、分析地区概况，加强对前瞻性、全局性重大问题的研判。适时召开重点工作专题会，把握工作进度，协调解决问题。街道工委坚持在把握方向、谋划全局上下功夫，突出“牵头”和“抓总”，在重点工作中发挥领导核心作用。2017 年，新街口街道牵头制定了《疏解非首都功能和人口规模调控工作实施方案》，明确规定了各科站队所的职责、任务指标和完成时限，签订了责任书，每月召开人口调控工作会，层层传导压力，倒逼责任落实，形成了上下贯通、层层负责的主体责任链条和一级抓一级、层层抓落实的工作体系。

2. 以促推文化提升品质

结合历史名城风貌保护，新街口街道大力挖掘区域历史文化资源，组织编撰街道志“新街口·老故事”丛书、拍摄西四北地区胡同生活纪实《岁月无痕》专题片、制作画册和举办展览，联合专业公司做好白塔寺文保区胡同肌理梳理工作，开展“白塔寺再生计划——2016 年国际设计周”活动，传承地域特色文化理念，探索名城保护新途径，提升居民自豪感和归属感。坚持以文化育文明，拓展、延伸书香驿站、书香社区服务触角，打造以书为媒、以点带面的社区邻里文化交流体系，提升居民文明素质。利用拆迁闲置地块，与西都地产发展有限公司共建新街口足球场，建设新街口地区青少年足球基地。深入打造“白塔新辉”系列文化活动品牌，开展“新春笔会”、“清明诗会”、首届“白塔杯”足球邀请赛主题活动，建设育德党群服务中心、3 处开放社区书吧、西里二区室外健身园，营造辖区浓郁文化氛围，努力建设最具吸引力、最有品位的区域环境。

3. 以居民自治内部挖潜

充分发挥基层党组织引领作用，在群防群治工作、环境改造、志愿者自管小组、老旧楼房准物业管理等工作中，社区党组织都起到了主导作用，逐

步形成了以社区党组织为核心的居民自我管理、自我服务体系。北顺社区党委探索在社区党组织领导下的社区自治管理模式取得良好成效，居民公约上墙工作被多家媒体报道。

4. 以攻坚克难做好减法

针对一些历史遗留疑难问题，街道工委不拖延、不回避，而是积极地、反复地靠前一步做工作，一项一项地研究，一项一项地解决。近年来，先后拆除了西直门内大街 293 号（西城区行政服务中心南侧）、后英房胡同（西城法院南侧）断头路违建、青塔胡同 7 号甲二层、新街口头条 17 ~ 19 号、永泰胡同 11 号等违法建设，消除了困扰地区十多年的历史遗留问题。

三　夯实党建基础提升城市品质的成果及问题

（一）夯实党建基础提升城市品质的成效

1. “1 +3 +5 +7”区域化党建工作链推动提升治理品质

新街口街道全面推行“党建 +”模式，将党建工作贯穿于街道社区建设、城市管理、综治维稳等业务工作全过程，发挥党在社区治理、公共服务、综合整治等各项工作中的引领作用。新街口街道探索街道区域化党建新模式，构建区域化党建“1 +3 +5 +7”工作链。“1”即打造“一个共同体模式”；“3”即搭建“三个平台”，包括区域化党建工作领导协调平台，区域化事务共商共治平台，在职党员延伸服务平台；“5”即明确“五项机制”，一是坚持定期走访机制，二是推行党建联席会机制，三是落实双向服务机制，四是探索“项目化管理”机制，五是完善党建目标管理考核机制；“7”即丰富“七项内容”。街道在西城区试点运行“多居一站”社区服务模式，整合西里一区、二区、三区、四区社区服务站，成立新街口街道西里社区综合服务站，节约行政成本，实现邻近社区服务资源共享。公共服务大厅整合行政服务事项，调整服务窗口，简化办事流程，方便居民一站式办理业务。

新街口街道区域化党建平台建设基础较好，一方面辖区党政资源比较丰富；另一方面各级各类党组织参与街道共驻共建的热情也比较高。新街口街道区域化党建平台由组织部、工会、统战部、社会办共同搭建，组织部负责统筹拟定计划或方案，社会办、组织部提供活动阵地，由参与平台建设的各部门协作发力承担动员工作。“1+3+5+7”的区域化党建工作链，有效地把党建政治优势转化为推进科学治理、全面提升城市品质的动力。

2. 楼宇党建整合社会单位资源　提升宜居品质

新街口街道工委在“一增强两提升”工作中，立足商务楼宇已成为知识型青年党员的“汇聚地”，创新型党建工作的“富矿区”这一新特点，成立了楼宇党员志愿者服务队，促进商务楼宇党员意识、党员作用双提升。楼宇党员志愿者服务队，是转变党员工作作风的体现和举措，是进一步提高街道基层党建工作水平的有益探索，为推动新街口地区发展转型和管理转型、提升城市品质、建设和谐宜居新街口，提供了坚强的精神保证，架起了基层党组织、党员与楼宇企业之间联系沟通的新桥梁新纽带。

在管理方面，创建了“双线”管理制，以街道区域化党建服务网和云党建微信公众平台为“线上”载体，每季度突出一个鲜明主题，开展宣传展示、政务服务、知识普及、互动交流等活动；以党群服务中心和楼宇工作站为“线下”服务实体平台，建立楼宇党员志愿者招募、培训和评价激励机制，理顺志愿服务供需对接机制，线上线下双向互动，形成“订单式、菜单式、链接式”的特色服务模式。

在服务内容方面，党员志愿者服务队以楼宇工作站为主阵地，在商务楼宇范围内开展“捐一本书赠一份书香”“绿植兑换”“美化胡同”等季度主题公益活动及午间常设活动，并按照“一增强两提升”的要求，发出“走进新街口，相聚党旗下”的倡议，积极开展“走进启喑学校，关爱聋哑儿童”“走进社区空巢，关爱孤寡老人”活动，走出楼宇，服务社区，促进宜居社区发展。

在深化提升方面，新街口街道选聘专家学者和优秀志愿者担任教师骨干，为楼宇党员志愿者提供应急抢救、英语培训等专业培训。并创新开展

“微党课”“微话”“微视频”等活动，鼓励党员志愿者走上讲台讲党课，三五句话搞讨论，拿起手机拍变化，互动互助、典型示范，形成人人是教员，人人受教育的良好氛围，截至2017年，共培训楼宇党员志愿者60余人次，基层党员的党员意识通过楼宇党建得到深化。

3. 党群服务中心打造社区公共文化空间　提升文化品质

为了进一步满足群众多样化的需求，增强党组织的凝聚力，推进社区治理体系建设，新街口街道工委建设集党员教育管理、社区公益服务、居民文化生活等活动和服务为一体的综合性服务平台——育德党群服务中心。

党员得提升。党群服务中心建设党员教育基地（抗战书屋）、文化长廊、亲子空间、享老空间及书香驿站，为社区党组织、群团组织和党员群众提供学习、教育、活动、交流、会议、联谊的场所，形成了党员学习教育园地、党群沟通交流平台、居民精神建设家园。

居民得服务。育德党群服务中心把专业化、精细化的服务方式和服务内容与社区党组织既有的工作方法有效整合，根据服务对象的差异化需求确定主题，提供个性化的服务项目，形成全方位、立体化的服务体系，满足居民需求，赢得居民认同、支持和参与。

社区得发展。党群服务中心采用党组织领导，社会组织具体负责，居民群众共同维护的方式开展相应的服务活动，形成以党建为龙头、群团共建，党建文化和区域文化为特色的社区公共文化空间。党群服务中心引导党员、居民走出“小家”融入社区“大家”，成为社区党员接受教育、发挥作用的红色家园，居民信息交换、情感交流的绿色家园，提高了居民对社区的认同感，增强了党组织的凝聚力，推动和谐社区建设发展。

4. 国祥党员服务队树立党建服务品牌　提升服务品质

新街口西里四区社区党委在加强基层服务型党组织建设的实践中，把访民情、听民意、解民难作为服务居民群众主线，以优秀共产党员刘国祥为榜样，成立了“国祥服务队”。服务队以党组织为核心，社区党员为骨干力量，为社区居民帮困解难，发挥基层党组织服务群众的功能。服务队在社区党委的带领下，通过定期开展走访调查、民情沟通、民主恳谈，建立民情工作日记，及时了解群众所想、所盼、所需，畅通群众诉求渠道。围绕居民诉求，服务队组建以社区居民为主体的服务网络，协助解决社区问题。社区树立党建服务品牌，培育由社区党员群众共同参与的志愿服务团队。确定了志愿者团队建设、社区服务设施和党建阵地建设、便民服务等 5 类 49 个社区服务群众专项经费项目，满足居民多样化的需求。

社区党委健全制度，对国祥服务队的服务内容、服务项目、服务工作程序及流程进行了明确，制定了服务规章制度和管理办法，从而形成完整的服务体系。通过加强基础工作，吸引更多的党员和群众自愿加入各类服务活动，“国祥服务队”现已成为社区党组织为居民群众办实事的重要载体，“国祥党员服务队”便民服务站，已将服务覆盖全街道 21 个社区。

（二）工作实践中存在的问题和不足

提升城市品质并不是凭空想象的理念和目标，而是以前很多工作的汇总和升华。在新的发展阶段，围绕落实西城区作为首都城市核心区的城市战略定位，街道的各项工作有了更高的要求、更具体的任务、更严格的时限、更明确的指标。在具体的工作实践中，还存在着一些客观问题和不足。

1. 思想理念有待深刻转变

从思想建设来看，部分党员干部思想和理念还没有转变过来，疏解非首都功能是发展、控制人口是发展、改善环境是发展、提升城市品质是发展等理念，还没有完全在思想上扎根，还需要针对性地强化教育、凝聚共识。

2. 组织意识有待巩固提升

从组织建设来看，还有部分党员干部工作标准不高，尤其是在解决“最后一公里”的问题上，首善意识和红墙意识还没有完全树立起来；部分社区党组织存在人员老化、流失严重特别是党员较少的情况。除了宣传教育还需要持续推进外，激励机制的建设也亟待加强。

3. 管理机制有待加强完善

从工作实践来看，在城市管理上还存在一些环境死角，有些问题经常出现反弹，如乱建、废品回收点、流动商贩、乱装地锁等问题，因此在常态化、长效化管理方面街道应付出更大努力。另外，在一些新的工作开展时，法律依据、政策支撑还存在不足、不明确的地方。

四　新街口街道以基层党建打通提升城市品质“最后一公里”的发展思路

新街口街道认真贯彻中央、市委、区委全会精神，加快形成与城市战略定位相匹配的城市管理体系，明确首都核心功能，围绕解决“最后一公里”的问题，回应百姓期许。把全面提升城市品质作为工作重心和发展主线，切实转变思想和理念，充分发挥基层党组织的统筹引领作用，发挥党员的先锋模范作用，在更高水平上完成好保障首都职能履行的职责，回应好广大市民对美好生活的新期待，实现城市更高水平、更可持续的发展。

1. 坚持全面从严治党

深入推进科学治理、全面提升发展品质，西城区在北京建设国际一流和谐宜居之都的进程中走在前列。继续学习习近平总书记系列重要讲话精神，用严的制度、严的要求，加强党风廉政建设，积极适应改革需要。落实中央和市区关于党建的部署要求，全面加强领导班子和干部队伍建设，着力培养一支德才兼备、结构合理，与区域发展相适应的高素质干部队伍。着力加强基层服务型党组织建设，通过把握着重点、打造新亮点、攻克薄弱点、扭住关键点，实现基层党组织政治功能和服务功能不断强化。

2. 发挥统筹引领作用

坚持党建工作的统领作用，各级领导和科室负责人要根据街道工委办事处的统一部署，认真制定工作方案，统筹各方协作，切实把党建工作融入街道工作的每一个方面。聚焦西城区“十大专项行动”，结合解决“最后一公里”的问题，加强顶层设计和总体规划，对重点难点工作，制定长远目标和阶段目标，建立权力清单、责任清单、程序清单、问责清单，实现管理留痕，明确责任、给足压力、激发动力，引领和保障城市品质持续提升、健康发展。加强街道领导班子建设，切实发挥街道工委“总揽全局、协调各方”

的作用，把党员干部的思想和行动统一到区委和街道工委发展的整体思路上来，形成合力，统筹推进。

3. 提升组织动员能力

以“七联七共多维互动”区域化党建模式为基点，做好社会领域党建提质工程，在非公企业中推进“两个覆盖”，进一步巩固党在新兴阶层中的领导力和影响力。指导引导社区党组织在社区管理中，推进居民民主自治，使社区党组织“单独管理”转变为社区党组织领导下的“共同治理”，为社区和谐发展注入更多的活力。广泛开展宣传，营造干事创业的工作氛围。充分动员宣传力量，充分发挥工会、共青团、妇联等群团组织作用，与驻区单位、科研院所加强联系、密切配合，动员广大居民投身到和谐宜居新街口建设中，形成推动区域科学治理、维护社会和谐稳定、提升地区城市品质的强大合力。

4. 查找解决突出问题

坚持问题导向，以群众需求为出发点，围绕非首都功能疏解、人口规模调控、城市环境治理、棚户区改造以及历史文化名城保护等重要任务，坚持开门促提升，广泛征求意见建议，认真查找影响城市品质提升的痼疾遗留问题，从居民最关心、最迫切的问题入手，建立清单，制定计划，明确职责，规定时限，以踏石留印、抓铁有痕的工作劲头和不达目标不罢休的“钉钉子”精神，推动城市建设精细化、常态化、长效化，持之以恒，常抓不懈，切实解决提升城市品质工作“最后一公里”的问题，让城市的发展成果更好地惠及群众，让生活工作在辖区的居民感到安全、感到舒心、感到幸福。

参考文献

卢映川：《全力提升城市七大品质》，《前线》2017 年第 1 期。

赵长富：《以“项目思维”推动党建工作创新发展》，《人民论坛》2017 年第 36 期。

毛栋英：《以城市基层党建带动城市基层治理创新》，《上海党史与党建》2017 年第 9 期。

张云翔：《区域化党建的治理价值》，《党政论坛》2017 年第 12 期。

卢爱国、陈洪江：《“复合式党建”：城市基层党建区域化体制构建的目标选择》，《探索》2017 年第 6 期。

党齐民：《新时代非公企业党建新问题、新要求、新思路》，《毛泽东邓小平理论研究》2017 年第 12 期。

数 据 报 告

Data Reports

B.2
新街口街道基于常住人口的地区公共服务调查报告

摘　要： 基本公共服务是影响居民生活质量的重要因素，完善公共服务体系，保障群众基本生活，是人民最关心最直接最现实的利益问题。2017年，课题组对新街口街道21个社区的居民开展问卷调查，围绕公共教育资源、公共文化服务、社区服务、就业（创业）服务、为老服务、残疾人专项服务、便民服务、社区安全服务和地区基础设施服务九个方面内容，了解了居民对社区基本公共服务的认知度、满意度、参与度以及服务需求。本报告对调查的主要结论进行了梳理，并对其中学前教育、养老服务及基础设施三个方面的问题做了深入分析并提出相应对策。

关键词： 公共服务　常住人口　资源供给　服务需求　基础设施

为了解新街口街道居民对地区公共服务的获得感和满意度状况，在2015年1月对街道开展基本公共服务需求问卷调查的基础上，结合对居民满意度的调查，课题组于2017年5月进行了此次问卷调查。本报告所涉及的调查对象是新街口街道21个社区的常住人口。共有420人参与此次调查，其中有效问卷400份，有效回收率为95.2%。

一 调查样本情况

（一）调查样本基本情况

调查对象中，男女比例约为1∶1.7；年龄在35岁以下的126人，36~55岁的为174人，55岁以上的为100人，其中65岁以上老年人为51人；从婚姻状况看，已婚人群占比较高，为79.5%；从政治面貌看，党员和群众分别为119人和259人，群众占样本总数的64.8%；从户籍情况看，西城区户籍占比最高，为83.5%，非京籍占2.5%；从住房情况看，拥有本区自有住房者占比最高，为70.8%；从受教育程度看，本科或大专学历的人群占比最高，为62.3%；在家庭组成结构方面，50%的家庭是三口之家，所占比例最高（见表1）。

表1 调查样本基本情况统计

单位：人

<table>
<tr><td>性别</td><td>男</td><td colspan="2">146</td><td>女</td><td colspan="2">254</td></tr>
<tr><td>婚姻状况</td><td>已婚</td><td colspan="2">318</td><td>未婚</td><td colspan="2">82</td></tr>
<tr><td rowspan="2">年龄</td><td>25岁以下</td><td>26~35岁</td><td>36~45岁</td><td>46~55岁</td><td>56~65岁</td><td>65岁以上</td></tr>
<tr><td>34</td><td>92</td><td>94</td><td>80</td><td>49</td><td>51</td></tr>
<tr><td rowspan="2">政治面貌</td><td>党员</td><td colspan="2">民主党派人士</td><td>团员</td><td colspan="2">群众</td></tr>
<tr><td>119</td><td colspan="2">5</td><td>17</td><td colspan="2">259</td></tr>
<tr><td rowspan="2">户籍</td><td>本区户籍</td><td colspan="3">本市其他区户籍</td><td colspan="2">非本市户籍</td></tr>
<tr><td>334</td><td colspan="3">56</td><td colspan="2">10</td></tr>
</table>

续表

住所	本区自有住房	本市其他区自有住房		本区非自有住房	本市其他区非自有住房
	240	43		61	56
学历	博士研究生	硕士研究生		本科或大专	高中或中专及以下
	16	21		249	114
家庭人数	四口以上	四口	三口	二口	一口
	78	64	200	50	8

（二）样本家庭收入情况

从家庭收入情况看，在被调查的居民中，人均月收入在1890~3400元的人数最多，比例为41.5%；其次是3400~8700元，占比为35.5%；人均月收入水平超过15000元的有13人，占比为3.3%。

取人均月收入的中位数，可以得出新街口街道居民的全年可支配收入的估算值（见表2）。2016年西城区居民的全年人均可支配收入为71863元。[①] 对比可以发现，在新街口街道参与调查的人员中，人均月收入低于3400元的群体，其全年居民人均可支配收入低于31740元，远低于全区71863元的平均标准，这一群体占被访者总数的55.3%，值得关注。其中，人均月收入在最低工资标准线1890元以下的有55人，其中符合低保家庭收入标准（家庭人均月收入低于800元）的有21人。

表2　新街口街道样本收入情况估算

人均月收入(元)	800	800~1890	1890~3400	3400~8700	8700~15000
人均月收入中位数(元)	400	1345	2645	6050	11850
居民全年人均可支配收入(元)	4800	16140	31740	72600	142200
人数(人)	21	34	166	142	24

① 《北京市西城区2016年国民经济和社会发展统计公报》，http://www.bjxch.gov.cn/xcdt/xxxq/pnidpv650765.html，2017年2月。

（三）样本家庭支出情况

调查显示，在家庭支出结构中，“食品消费”“医疗”“购物”等基本生活类消费占主导，排在支出项目前三位。其中，获选最多的选项是“食品消费”，有78.5%的受访者选择了此项；选择了“医疗”的受访者占比也较高，为64.8%，但在受访者中，65岁以上的占比只有12.8%，45岁以上占比也不足50%，大部分受访者是年龄不到45岁的中青年，因此，数据所反映出的居民的医疗费用支出问题值得关注；选择“购物”选项人数占比为58.5%。此外，“上学及教育培训”所占比例也较高，为46.5%。

选择“文化娱乐”“旅行”“体育健身”等文化休闲类消费人数也占有一定比例，分别有28.5%、24.5%和20.0%的受访者选择了这些项目。非生活必需品消费的增加，体现出居民生活理念上的转变，除了饮食、购物以外，人们也更加开始注重学习知识、增长见识和强健体魄等自身成长，向往更加美好的生活。

另外还有10.0%的受访者选择了“投资”，这是居民财产观念、社会投资理念以及相应保障机制发展情况的一种体现（见图1）。

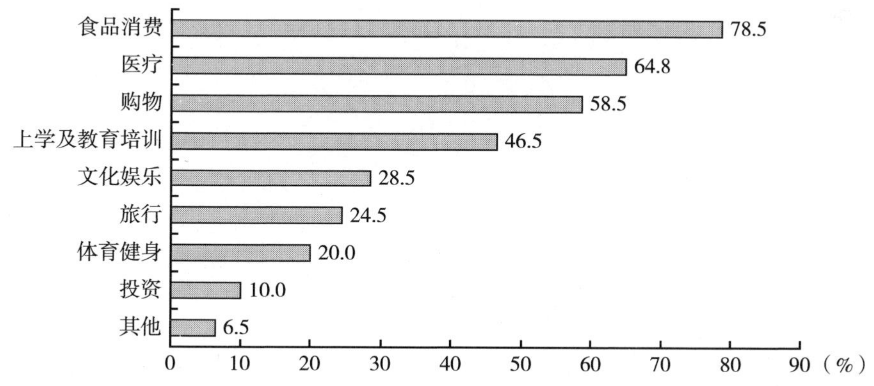

图1　新街口街道居民家庭支出结构

二　公共服务供给及居民满意度状况

（一）公共教育资源评价：对学前教育资源便利程度表示肯定的受访者不足四成

此次问卷特别就学前教育资源进行了调查，在问及“您及周边的孩子上幼儿园是否方便”这个问题时，有38.8%的受访者认为“很方便”，不足四成。不过，仍有超过1/4（25.3%）受访者不满意辖区幼儿园的布局和供给情况，表示“很难”或“不方便”的分别占到6%和19.3%（见图2），学前教育问题值得进一步关注。

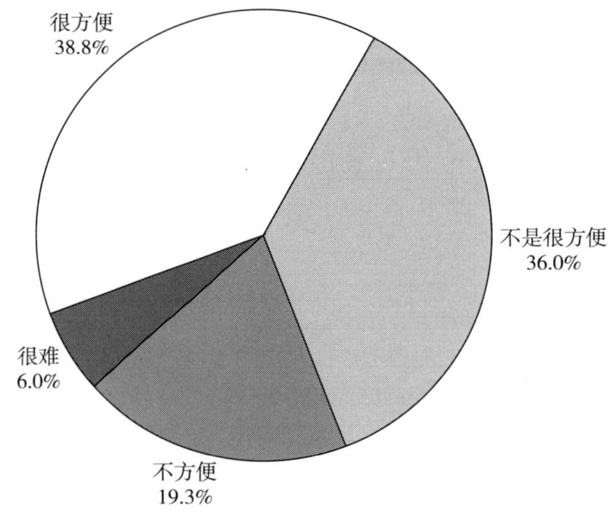

图2　新街口街道幼儿园便利度

对于新街口街道教育资源总体的配置均衡程度，调查显示，超过七成的受访者表示肯定，其中38.2%的受访者认为教育资源配置“总体均衡”，33.2%认为“局部均衡”，而认为“基本失衡”的受访者占16.8%，另有11.8%表示“说不清楚”（见图3）。

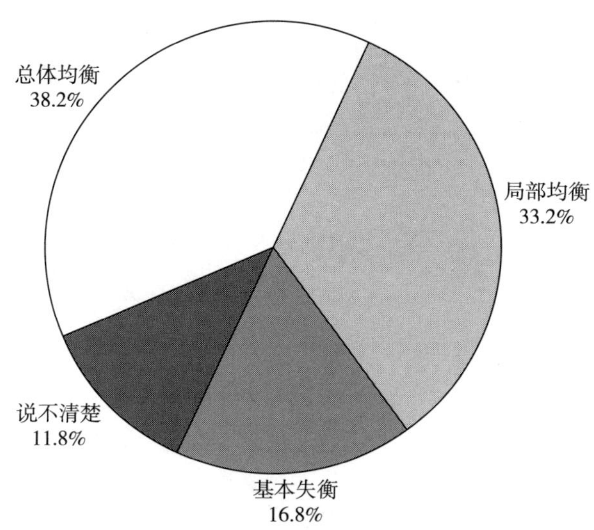

图3　新街口街道教育资源配置情况

（二）公共文化服务评价：91.7%受访者对社区公共文化服务设施分布情况有所了解，55.8%表示满意

课题组以“您知道您家附近的图书馆、文化馆、博物馆、美术馆等公共文化服务设施分布情况吗”这一问题来了解受访者对街区公共文化资源的知晓程度。调查结果显示，九成以上的被访者（91.7%）对其有所了解，其中有68.7%表示“了解”和“大部分了解”，还有23.0%表示“小部分了解”；表示“不了解”的受访者较少，占8.3%。

尽管九成以上的受访者对社区的公共文化服务设施有所了解，但对其所提供的服务的满意程度并不算高，表示“很满意”和“满意”的只占不到六成（55.8%），认为“一般”的占39.0%，还有5.3%表示“不满意”和“很不满意”（见图4）。

从居民对服务项目的参与度来看，调查显示，参与“免费的电影放映”的受访者占71.1%，所占比例最高。2009年以来，新街口街道建设学习型社区，投入累计上千万元，建成包括1个社区服务中心、1个社区教育学

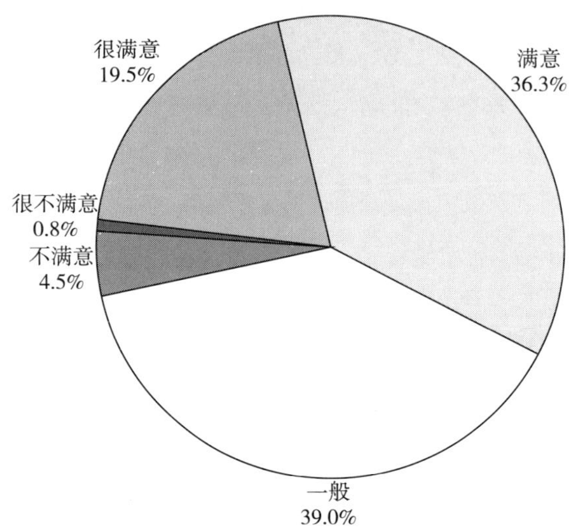

图4　新街口街道居民对公共文化服务的满意度

校、2个社区图书馆和1个公益电影放映厅在内的“1121”工程，为居民参与社区文化生活提供了必要的设施和场所，调查结果也显示出这些服务设施和场所与居民需求具有较高的一致性。

参与“戏剧、音乐会等文艺演出”和“书画展览、摄影展等”的受访者比例接近，分别为53.2%和43.8%；“文体娱乐活动，如广场跳舞、打太极拳等”也占有23.0%的比例。另有15.2%受访者表示“以上都没去过或参与过”（见图5）。

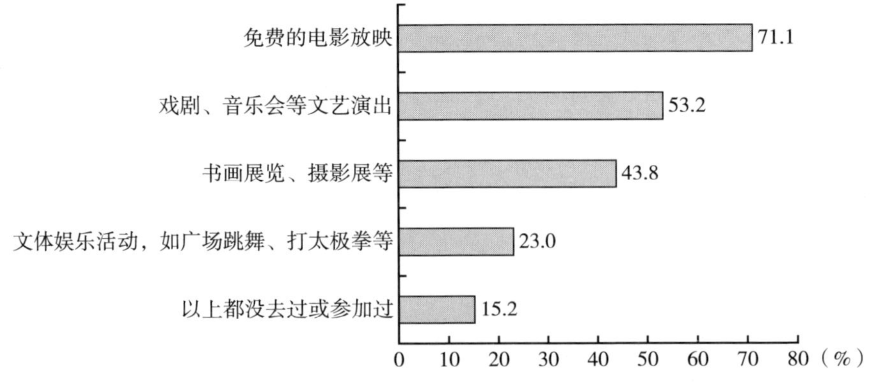

图5　新街口街道公共文化活动居民参与度

（三）社区服务评价：65.2%的受访者对社区群众文化服务表示满意，社区体育服务有待加强

在社区文化、教育、体育服务方面，受访者对于“社区群众文化服务”的满意度最高，达到65.2%。对“社区教育培训服务”表示满意的受访者相对较多，但仍不足四成（35.3%）。受访者对社区体育服务的满意度普遍不高，问卷中所提及的五项体育服务，排在所有选项的最后五位，获选率均未超过20%（见图6）。

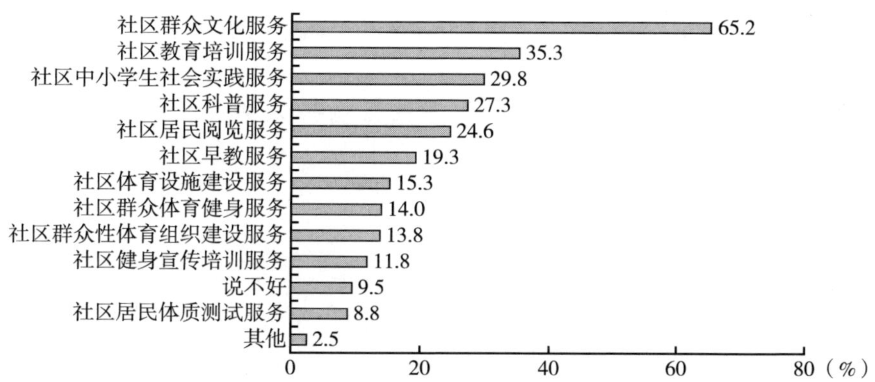

图6　居民对新街口街道社区服务满意的项目情况

在居民最不满意的服务项目中，对“社区居民体质测试服务”“社区早教服务”不满意的受访者最多，占23%和22%。对“社区体育设施建设服务”不满意的受访者也较多，占21.8%（见图7）。

（四）社区就业（创业）服务评价：近四成受访者找工作的主要渠道为“社区推荐”

当问到“街道社区能提供哪些就业（创业）指导和就业（创业）服务”时，获选最多的服务项目是“社区职业介绍和岗位推荐服务”，59.9%的受访者选择了此项。选择“社区专场招聘会”的受访者将近半数（49.2%），选择“社区劳动就业政策咨询服务”的受访者也接近四成

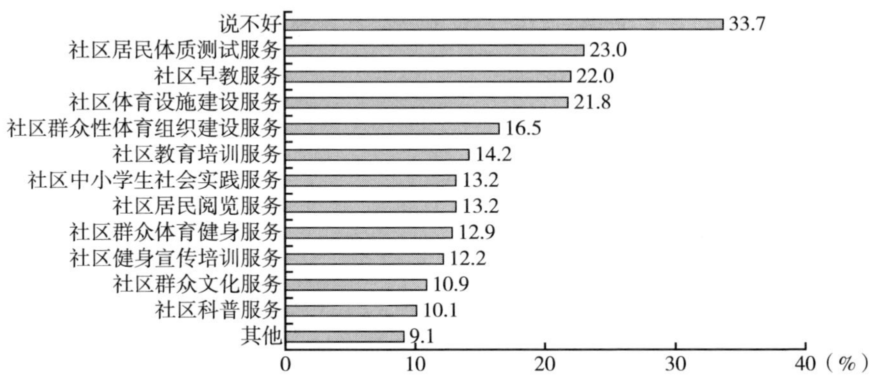

图7　居民对新街口街道社区服务不满意的项目情况

（39.6%）。其他五项就业指导和服务项目选择人数占比均在25.1%～36.5%。另外有15.2%的受访者表示“不清楚”（见图8）。

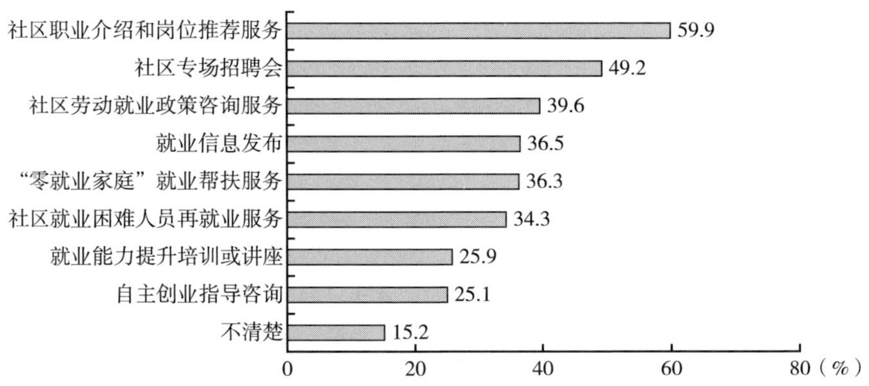

图8　新街口街道就业指导和就业服务项目情况

问卷中的另一个问题印证了“社区职业介绍和岗位推荐服务”的重要性，在找工作所用到的主要渠道中，近四成（34.6%）的受访者选择了“社区推荐”。街道社区为居民能够提供较为直接的帮助服务，也具有较强的权威性和可信度，因此对于居民的就业创业，社区发挥着十分重要的作用。

（五）社区为老服务评价：积极性为老服务项目供给少，获选均不足三成

对于居民认为应提供何种为老服务项目，调查显示，在问卷所列举的十大类服务中，“生活照料”“医疗保健”“紧急救助”排在前三位，认为社区应提供这些项目的受访者分别占67.5%、66.0%和53.3%。

而“身体锻炼”（26.8%）、“心理咨询”（27.3%）、“参与社会活动”（28.0%）、“老年人学习培训”（29.0%）等项目占比相对较小，均不足三成（见图9）。与医疗、救助等带有被动型的服务项目不同，这些项目属于积极性的为老服务，对老年人保持身心健康、自身能力建设有很大影响，也十分重要，社区在发展为老服务过程中，应注重这方面的项目培养和观念引导。

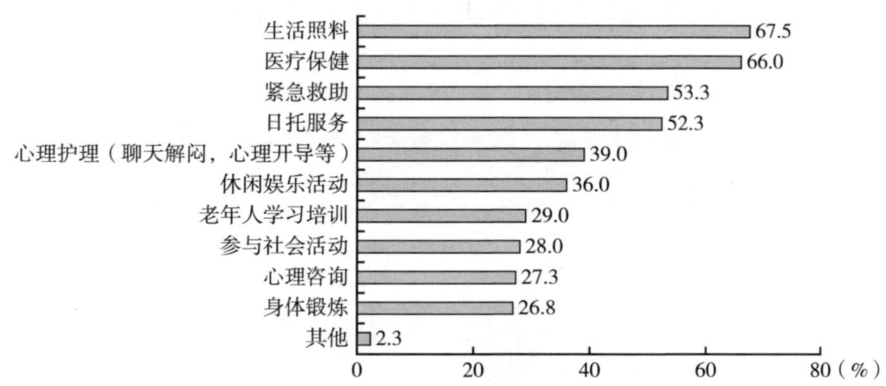

图9　新街口街道社区为居民提供为老服务项目情况

在对街道现有为老服务项目的满意度方面，共有53.0%受访者表示“很满意”和“满意”。有40.0%的受访者认为“一般”，另有7%表示“不满意”和“很不满意”（见图10）。

（六）社区残疾人专项服务评价：近七成受访者认为社区残疾人专用设施不够完善

问卷调查结果显示，有33.5%受访者表示所在社区的残疾人专项服务

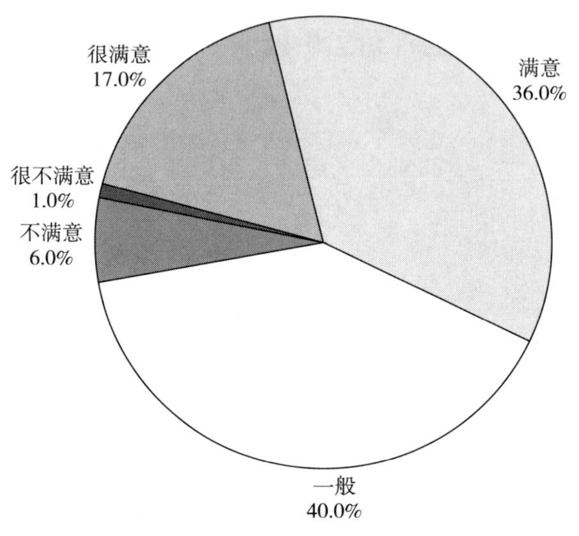

图10　居民对新街口街道社区为老服务项目满意度

设施“比较完善”和“非常完善”。而有近七成（66.5%）的受访者认为社区的残疾人专用设施不够完善，52.3%表示“有部分专用设施”，14.2%表示“基本没有”（见图11）。

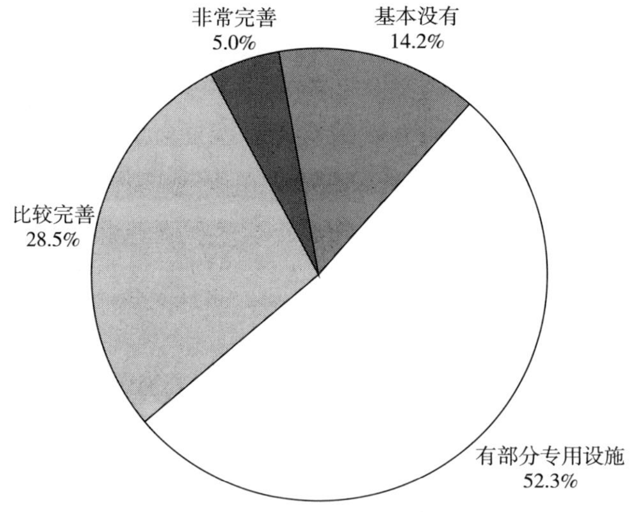

图11　新街口街道社区残疾人专用设施完善度

从社区残疾人服务项目供给情况来看，“康复照料”“日常生活照料”和“法律援助”服务排在前三位，有54.0%的受访者表示社区提供了包括知识讲座、康复咨询、免费健康体检、建立电子健康档案等在内的“康复照料”服务；48.5%的受访者选择了涉及卫生清洁、洗衣做饭、买菜买粮、家电维修、房屋修葺、看病就医、帮助外出、突发应急的“日常生活”服务；46.0%的受访者选择了“法律援助”。

社区“文教服务”和“心理抚慰”服务供给较少，表示社区提供了这两项服务的受访者分别占16.0%和20.5%（见图12）。

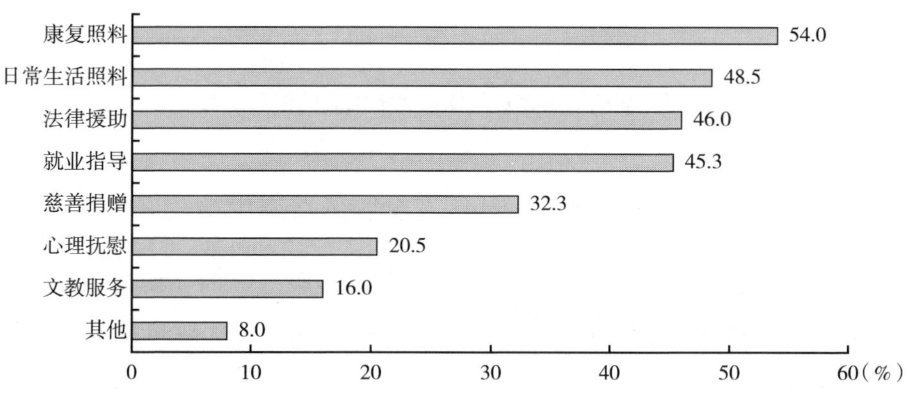

图12　新街口街道社区残疾人服务项目供给情况

（七）社区便民服务评价：“生活垃圾分类收集”服务设施便利度低，获选率不足10%

问卷对“最后一公里”社区便民服务的便利度情况进行了调查，当问到“您所在社区步行15分钟范围内方便的服务设施有哪些”时，在调查所列举的18个选项中，“超市便利店”获选率最高，70.2%的受访者选择了此项。选择“早餐”的也超过半数，为55.6%。另外，“末端配送”（3.5%）、“体育运动场所”（5.8%）和“生活垃圾分类收集”（8.0%）服务供应较少，获选率均不足10%（见图13）。

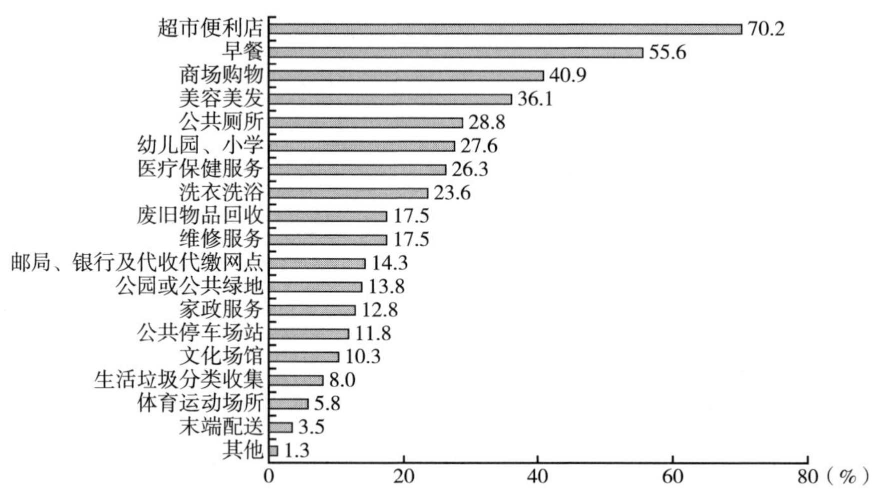

图 13　新街口街道社区便民服务设施的便利情况

（八）社区安全服务评价：社区安全服务普遍供给较好

当问到“您所在的社区能提供哪些社区安全服务”时，所列举选项获选最多的是“社区治安服务”，占比为 65.8%。此外获选率超过 40% 的项目有“社区法律服务”和“社区禁毒宣传服务”，分别为 54.0% 和 47.0%。其他九个选项所列举的设施和服务，街道也有所提供，但选择这些项目的受访者相对较少，人数比例均在 25% ~40% 之间（见图 14）。

总体来看，新街口街道对社区安全问题较为重视，服务所涉及的领域较广泛，供给相对均衡。而各项设施、服务在社区的覆盖面及服务质量，应进一步扩大和加强。

（九）社区信息服务评价：智慧化、智能化服务需求普遍提升

居民对智慧化、便利化的信息基础设施的需求日益上升。当问到“您最希望社区信息服务设施提供哪些服务时”，居民对“社区便民服务在线办理”（50.1%）、“社区生活服务信息查看”（48.1%）、“加强智慧社区信息基础服务设施建设”（44.3%）、“社区停车缴费智能化”

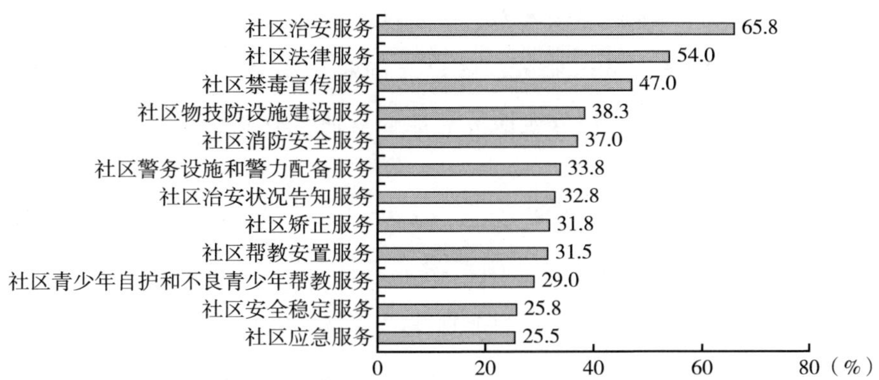

图 14　新街口街道社区安全服务项目供给状况

（42.6%）和“社区政务信息查看”（34.5%）等各项服务均体现出一定需求（见图 15）。

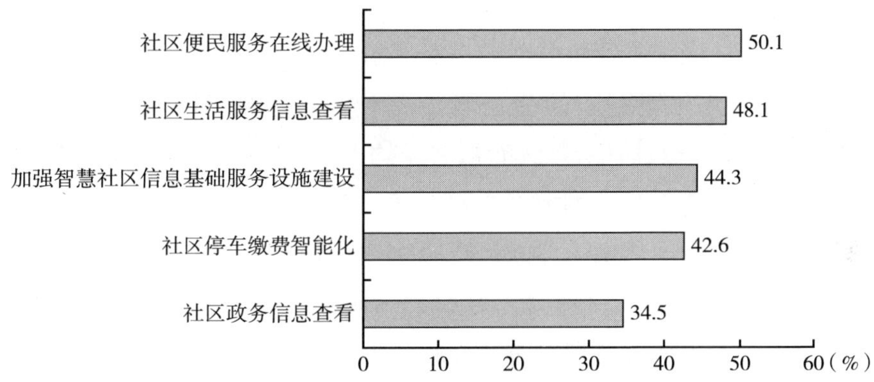

图 15　新街口街道社区信息基础设施服务需求情况

三　基本数据结论

此次调查获得了新街口街道居民对收入情况、家庭支出情况和对社区公共服务较全面的评价。受访者中有超过半数（55.2%）人员的收入水平远低于全区平均水平；在受访者的家庭支出结构中，基本生活类消费居主导地

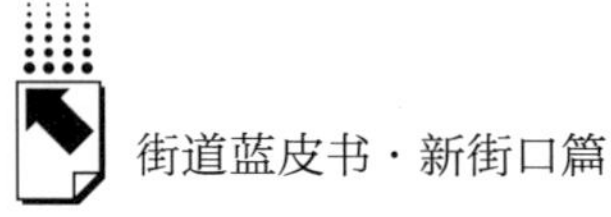

位，教育和文化休闲体育类消费次之。对社区公共服务的评价涉及公共教育资源、公共文化服务、社区服务、就业（创业）服务、为老服务、残疾人专项服务、便民服务、社区安全服务和地区基础设施服务九个方面，主要的数据结论如下。

第一，在公共教育资源评价方面，居民对社区学前教育机构供给的总体评价一般，有25.3%的受访者感到在孩子需要上幼儿园时“不方便”甚至“很难”入园；认为“很方便”的不到四成（38.8%）。

第二，在公共文化服务评价方面，超过九成（91.7%）受访者对街区公共文化资源分布情况有所了解。对其所提供服务，半数以上（55.8%）受访者给予了肯定的评价，但仍有39%的受访者认为“一般”。六成以上（66.0%）受访者认为，公共文化应在“多设立或改善公共场馆及公共文化设施”方面加强建设。居民对公共文化服务参与度最高的是“免费的电影放映”，为71.1%。

第三，在社区服务评价方面，居民表示“最满意”的社区服务中，选择“社区群众文化服务”的受访者比例最高，达到65.2%；较低的是“社区早教服务”及其他各项体育服务，均未超过20%。在问到居民对哪些项目“最不满意”时，排在前三位的是“社区体质测试服务”“社区早教服务”和“社区体育设施建设服务”，分别有23.0%、22.0%和21.8%的受访者选择了该项目。对“最不满意”项目的选择，从另一方面也说明居民对这些服务项目有着较强的需求。从上述数据可以看出，居民对早教和体育方面的社区服务有着一定需求，但表示不满意的较多，值得关注。

第四，在就业（创业）服务评价方面，“社区职业介绍和岗位推荐服务”和“社区专场招聘会”是新街口街道为居民提供最多的服务，分别有59.9%和49.2%的受访者表示社区能提供该服务。另外在居民找工作所用到的渠道中，“社区推荐”获得了近四成（34.6%）受访者的选择。社区所提供的服务对居民就业创业能够起到重要作用。

第五，在为老服务评价方面，“生活照料”“医疗保健”“紧急救助”

等医疗救助类服务最受欢迎，分别有67.5%、66.0%、53.3%的受访者认为社区为老服务应提供这些服务项目；同时，“身体锻炼”“参与社会活动”“老年人学习培训”等提高老人自身能力的服务项目获选最少，均不足三成。对现有社区为老服务，不到六成（53.0%）的受访者表示“满意”和“非常满意”，觉得“一般”的占40.0%。

第六，在残疾人专项服务评价方面，认为社区残疾人设施不够完善的受访者占六成以上（66.5%）；从社区对残疾人服务项目的供给情况来看，“康复照料”、“日常生活照料”和“法律援助”最为普遍，分别有54.0%、48.5%和46.0%的受访者表示社区提供了这些项目。

第七，在便民服务评价方面，超过七成的受访者认可“超市便利店”分布的便利度，但“末端配送”（3.5%）、“体育运动场所”（5.8%）和“生活垃圾分类收集”（8.0%）等服务设施的便利度明显不足。

第八，在社区安全服务评价方面，社区所提供的服务项目领域较为全面，在问卷所列举的12个选项中，“社区治安服务”获选最多（65.8%），“社区应急服务”提供较少，占比不足三成。社区开展安全方面培训和活动的情况较为普遍，表示“经常”开展的占46%。

第九，在信息服务评价方面，人们对智慧化、便利化的信息基础设施的需求普遍较高。其中获选最多的服务是“社区便民服务在线办理”，占50.1%。

综上所述，课题组进一步梳理出公共服务调查中的13个重点选项，需要街道予以关注（见表3）。

表3　新街口街道公共服务重点选项调查数据

单位：%

序号	需重点关注的选项	调研占比
1	需求度最高的公共文化建设选项是“多设立或改善公共场馆及公共文化设施”	66.0
2	最受关注的地区公共文化建设问题是“现有设施分布不均匀”	63.7
3	参与度最高的公共文化选项“免费的电影放映”	71.1
4	满意度最高的社区服务选项“社区群众文化服务”	65.2
5	不满意度最高的社区服务选项“社区居民体质测试服务”	23.0
6	供给最好的社区就业（创业）服务选项“社区职业介绍和岗位推荐服务”	59.9

续表

序号	需重点关注的选项	调研占比
7	需求度最高的为老服务选项“生活照料”	67.5
8	需求度最低的为老服务选项“身体锻炼”	26.8
9	供给最好的残疾人服务选项“康复照料”	54.0
10	供给最不好的残疾人服务选项“文教服务”	16.0
11	便利度最高的便民服务选项“超市便利店”	70.2
12	供给最好的安全服务选项“社区治安服务”	65.8
13	需求度最高的信息基础设施选项“社区便民服务在线办理”	50.1

四　对策建议

党的十九大报告对我国的公共服务提出了“完善公共服务体系，保障群众基本生活，不断满足人民日益增长的美好生活需要”的要求。2017 年 3 月，北京市西城区落实国家和北京市相关要求，为完善基本公共服务体系，让全区人民在共建共享发展中有更多获得感，制定了《西城区“十三五”时期基本公共服务发展规划》，明确了教育资源、医疗保障、公共文化服务、全民健身、养老保障、就业创业服务、社会保障等方面的发展重点，并提出了规划统筹、多元资金、重大项目、人才战略、评价体系和监督机制等实施保障措施。新街口街道积极落实基本公共服务建设，不断加强基础设施建设，拓展服务领域，提高服务水平，取得了积极成效，同时仍在很多方面发展不充分。本次调查显示，新街口街道的公共服务在学前教育、养老服务、基础设施方面存在一些值得关注的问题，本报告对此进行分析，并提出以下对策建议。

（一）保障学前教育资源供给

教育资源均衡发展是西城区公共服务发展重点之一。至 2016 年，西城区共有幼儿园 69 所（其中包括普惠性民办幼儿园 2 所），[①] 新街口街道有幼

① 西城区：《北京市西城区 2016 年国民经济和社会发展统计公报》，http：//www. bjxch. gov. cn/xcdt/xxxq/pnidpv650765. html，2017 年 2 月。

儿园10所。[1] 本次调查发现，新街口街道有超过1/4（25.3%）的受访者认为上幼儿园“不方便”和“很难”，其中，已婚、年龄在26岁以上并有本区户口的，占全部受访者的16.3%。也就是说，即使是本区居民，仍有不少适育年龄以上的受访者感到在孩子入园问题上有着一定困难。北京市于2014年2月开始实施“单独二孩”政策，2016年，生育政策进一步放开。随着“二孩”时代的全面到来，我国3～6岁学前儿童入园即将迎来一轮高峰。

作为对“入园难”和“二孩”入园问题的应对措施，国家提出积极发展普惠性幼儿园。2017年5月，教育部等四部门发布了《关于实施第三期学前教育行动计划的意见》，提出到2020年，全国普惠性幼儿园覆盖率（公办幼儿园和普惠性民办幼儿园在园幼儿数占在园幼儿总数的比例）达到80%左右的目标。11月北京市教委向各区下发了《北京市学前教育社区办园点安全管理工作基本要求（试行）》，拟设立一批由个人、单位和社会组织承办，教育部门负主要管理责任的社区办园点。北京市西城区积极响应落实国家政策，制定并将实施《北京市西城区第三期学前教育行动计划（2018～2020）》，构建以公办园与普惠性民办园为主体，公办民办并举，办园形式灵活多样的学前教育公共服务体系，并计划于2018年内，新建19所普惠性幼儿园。在多项政策的支持下，新街口街道可进一步理顺学前教育管理体制，调研社会办园的资金投入机制和收支情况，制定相应标准，鼓励、评估、发展普惠性幼儿园，有序扶持社区办园，落实学前教育行动计划，为街道学前教育资源供给提供充分保障。

（二）引导积极性的养老服务需求

居民对社区养老服务的满意度较高，超过半数（53.0%）受访者表示“满意”和“很满意”。但本次调查发现，在居民认为社区为老服务应提供哪些项目的问题上，超过七成受访者选择了“生活照料”，占比最高，此

① 《新街口街道概况》，http：//www.bjxch.gov.cn/xxgk/xxxq/pnidpv491280.html，2017年9月。

外，选择“医疗保健”“紧急救助”“日托服务”等也均超过半数。可以看出，这些服务项目均是为失能或身体及生活状况处于弱势的老年人所提供的较为迫切性的服务；而“身体锻炼”“心理咨询”“参与社会活动”“老年人学习培训”等能够发挥老年人能动性的、“前置”的、积极性的养老服务项目尚未得到人们的普遍重视，获选比例均未超过三成。截至2016年底，西城区65岁以上人口达19.5万人，占全区户籍人口的19.5%。预计到“十三五”期末，全区老年人将达到47.5万人，占全区户籍人口的30.2%；80岁以上老年人口达12.3万人，占老年人口的25.8%。① 人口结构老龄化日益严峻的趋势不容忽视。西城区从2014年起就作为全国首批养老综合改革试点区，探索了一系列养老服务模式，截至2017年8月，全区共有2所区级养老机构、20家养老照料中心和13家养老服务驿站。新街口街道应充分调动和整合区域内养老机构、服务驿站、社会组织等多元化的养老服务资源，在居民迫切需要的服务项目上提供更加完善的服务，同时可以充分调研，开拓服务领域，为具有行动能力的65岁以上居民提供服务和平台，让这部分“老年人”能够充分发挥自己的能动性，提升自身的老年生活质量，融入社区生活，甚至是参与社区老年事业，从而使退休人员在物质、文化与精神上都能够增强获得感，也能够在一定程度上减轻“被动性”的养老服务事业的负担，增加社区活力。

（三）提供更加完善的基础设施

基础设施是公共服务的重要载体，居民的公共服务需求是通过基础设施得到满足和体现的。街道现有设施仍不足，在问到公共文化服务需从哪方面加强、地区公共文化建设存在哪些问题时，均有超过六成的受访者直接表示，应多设立或改善公共场馆及文化设施（66.0%）、现有设施分布不均（63.7%）；对于社区便民服务所存在的最主要问题，也有超过六成（64.0%）受访者认为是设施网点不够；在居民最不满意的文化教育体育服

① 西城区：《西城区积极推进全国养老服务业综合改革完善特色养老服务模式》，2016年12月。

务中，社区体育设施建设是备受关注的项目之一。另外，有数据反映在居民参与度明显更高的领域，其基础设施也较为完善。在本次调查问到居民参加过哪些公共文化服务时，超过七成（71.1%）的被访者表示曾参加社区免费放映的电影，这与街道电影放映场所的服务供给分不开。下一步，街道可继续开拓服务领域，以调查居民需求为基础，以基础设施建设为主要着力点，同时广泛征集社会力量参与，为居民提供更完善的公共服务。

参考文献

西城区：《北京市西城区 2016 年国民经济和社会发展统计公报》，http：//www. bjxch. gov. cn/xcdt/xxxq/pnidpv650765. html，2017 年 2 月。

西城区：《新街口街道概况》，http：//www. bjxch. gov. cn/xxgk/xxxq/pnidpv491280. html，2017 年 9 月。

西城区：《西城区积极推进全国养老服务业综合改革完善特色养老服务模式》，2016 年 12 月。

B.3

新街口街道基于工作人口的地区公共服务调查报告

摘　要： 本报告通过对社区服务机构认知度、社区服务参与度、地区生活便利度、社区基本公共服务满意度、社区公共服务需求度五个方面进行分析，在对调查情况进行纵向比较的基础上，得出总体结论并针对存在的问题提出具体建议。

关键词： 公共服务　生活质量　工作人口　资源供给　服务需求　基础设施

新街口街道商业氛围浓郁，已初步形成集购物、娱乐、餐饮于一体的综合商业服务区，此处吸引聚集着众多的企业工作人员。本报告涉及调查对象是在新街口街道辖区内纳税情况较好的企业工作人员，包括中高层管理人员和普通员工，调查进行时间为2017年5月。共有266名工作人员填写了本次调查问卷，其中有效问卷266份（见表1），有效回收率为100%。

表1　调查样本基本情况

单位：人

性别	男	109		女	157	
年龄	25岁以下	26~35岁	36~45岁	46~55岁	56~65岁	65岁以上
	12	81	92	61	14	6
户籍	本区户籍		本市其他区户籍		非本市户籍	
	149		79		38	

续表

居住情况	本区，自有住房	113	本市其他区，自有住房	81		
	本区，非自有住房	49	本市其他区，非自有住房	23		
工作年限	三年以上	一年到三年	一年以下			
	174	68	24			
学历	博士研究生	硕士研究生	本科或大专	高中或中专及以下		
	3	14	194	55		
收入情况	普通员工家庭人均月收入					
	1890 元以下	1890 ~ 3399 元	3400 ~ 4999 元	5000 ~ 9999 元	10000 ~ 19999 元	20000 元及以上
	10	36	41	27	9	1
	中高层管理人员月收入					
	5000 元以下	5000 ~ 9999 元	10000 ~ 19999 元	20000 ~ 29999 元	30000 ~ 49999 元	50000 元及以上
	78	37	14	3	7	3

一　调查样本情况

调查对象中，普通员工和中高层管理人员的比例为 1∶1.1；男女比例为 1∶1.4；在本单位工作三年以上的占比为 72.2%；本科或大专学历占绝大部分，为 65.4%，硕博学历占 6.4%；年龄分布在 36 ~ 55 岁的工作人口比例达到 57.5%，是企业劳动力的中坚力量；从户籍分布来看，本市户籍人口达到 85.7% 以上，其中本区户籍人口占比 56%，本市其他区户籍人口占比 29.7%。从居住地情况看，拥有自有住房的约占七成；从家庭结构来看，三口之家居多，占 57.1%；从员工收入来看，124 名普通员工中，家庭人均月收入超过 10000 元的占比 8.1%，在 5000 元以下的占比为 70.2%，其中有 10 人表示家庭人均月收入低于北京市最低工资标准 1890 元；142 名中高层管理人员中，月收入 5000 元以下的占比仍有 54.9%，月收入 5000 元 ~ 9999 元的占 26.1%，超过 20000 元的占 9.2%。

二　社区服务机构认知度

（一）街道办事处服务事项：超八成受访者有所了解

对于街道办事处为企业提供的服务事项，32%的受访人群表示“知道”，49.2%的受访者表示“知道一些”，表示“不知道”的受访者仅占18.8%（见图1）。由此可见，受访者对新街口街道的服务企业事项普遍有所了解。

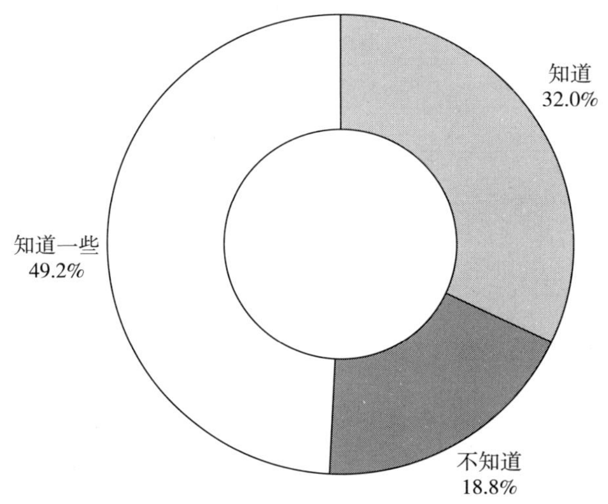

图1　新街口街道服务企业事项认知度

（二）社区居委会：77.8%的受访者“知道办公地点”

2017年调查显示，关于社区居委会的办公地点、服务项目、领导姓名和相关活动，仅有3.4%的受访者表示对以上情况“都不知道”，而在上一次的调查（指2015年1月的首次调查，下同）中，这一数据为10.8%，说明人们对社区居委会的认知度有所增加。表示“知道办公地点”的受访者有77.8%。而对于居委会详细情况，受访者的认知度较2015年有所下降，55.3%的受访者表示“参加过活动”，48.9%的受访者表示“知道领导姓名”，48.1%的受访者表示“了解服务项目”，上次的这三个调查数据分别为50.4%、50.6%和55.9%（见图2）。

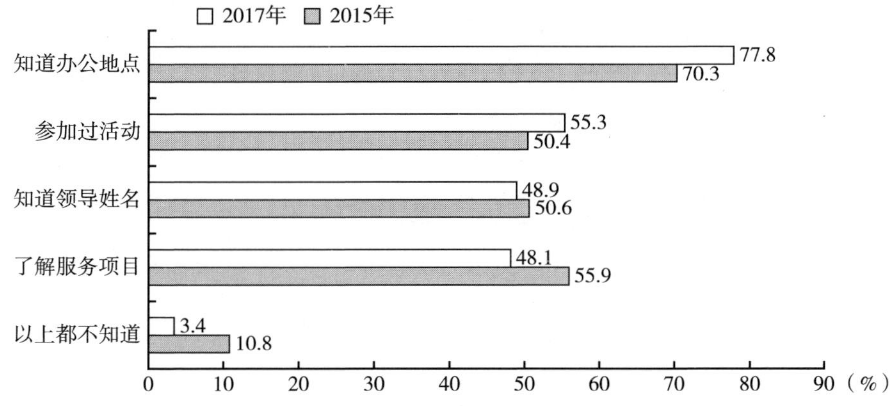

图2　新街口街道社区居委会认知度

三　社区服务参与度

（一）社区服务项目：22.1%的受访者未参与社区服务

此次问卷重申了上次的问题，从十个方面调查了居民对社区服务的参与度（见图3），结果显示，参与“法律服务”的受访者由上次的37.3%上升至38.5%，依然排在首位，其他九个选项数据有增有减。2017年参与“图书浏览”（29.4%）、“幼儿教育”（21.8%）和“棋牌娱乐”（21.4%）的受访者也较多，均超过了20%。与上次相比较，其中，“图书浏览”依然排在第二位，“幼儿教育”上升至第三位且选择人数比例上升了1.1个百分点，“家政服务”与上次基本持平。与上次一样，在本次调查中，受访者对“婚姻介绍”的参与度仍排在最后一位。特别注意的是，有22.1%的人未参与任何社区服务，比上次增长了11.1个百分点，表明社区服务水平仍有进一步的提升空间。

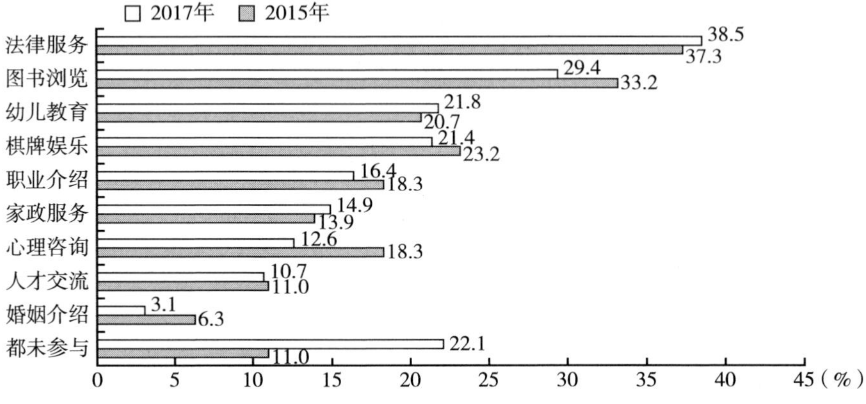

图3　新街口街道社区服务项目参与度

（二）社区文化活动：参与者占比77.4%

2017年调查显示，七成多（77.4%）的被访者参与了街道组织的文化活动，其中23.3%的受访者表示“经常参加”；“偶尔参加”的占54.1%，且比上次增加了6.4个百分点。“从未参加过”的数据略有上升，由上次的21.9%上升为22.6%（见图4）。近年来，新街口街道大力开展社区文化活

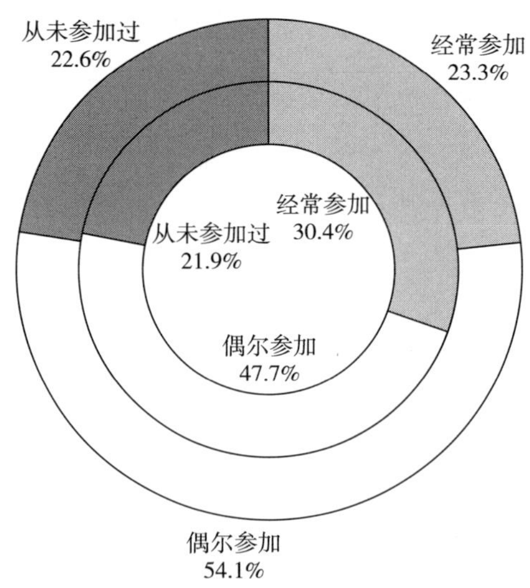

图4　新街口街道文化活动参与度

动，打造了多个系列活动和品牌活动，社区文化活动已有一定群众基础，在此基础上，可进一步扩大社区文化活动的影响面，丰富活动形式和内容，提高人们参与活动积极性。

（三）社区公益事业：参与意愿普遍提高

2017 年问卷再次调查了企业工作人员对街道或社区组织的公益活动的参与意愿，结果显示，在“APEC 会议”“公益培训”“助老助残”“治安”“绿化”“文艺演出”六个选项中，除“文艺演出”外，其他选项的占比都有一定的提升（见图 5）。相应比例分别由上次的 17.7%、35.2%、26.5%、25.2% 和 29.8% 上升为 20.2%、42.7%、39.3%、33.6% 和 32.4%，其中“公益培训”“助老助残”“治安”“绿化”所占比例均超过 30%。这说明新街口街道社区企业工作人员对公益活动的参与意愿普遍较高。

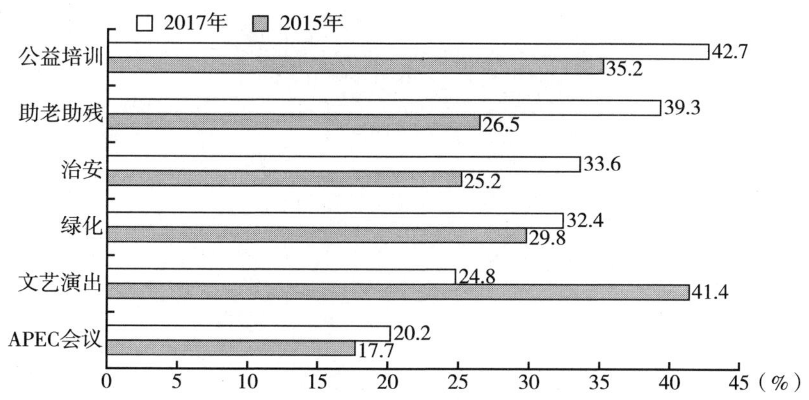

图 5　新街口街道居民对社区公益事业参与意愿

近年来，新街口街道通过区域化党建工作，以楼宇党建、党群服务中心为载体，将社区工作人口中的党员组织起来，真正投入社区文化活动与志愿行动中。街道可进一步创新模式，使新街口街道的工作人口能够更有效地组织起来，发挥组织活力，推进辖区的社会事业发展。

四　地区生活便利度

（一）停车资源情况：停车难问题越发突出

2017年对停车资源情况的调查显示，85.8%的受访者认为单位周边停车条件不好，比上次的84.5%增长了1.3个百分点，其中30.5%的受访者认为“很不好，严重影响工作”，55.3%的受访者认为“不太好，但不影响工作”。认为停车问题“很好”的受访者由上次的15.5%下降至14.3%（见图6）。这组数据表明，新街口社区的停车难问题依然较突出，街道社区应采取行之有效的措施，解决日益严重的停车难问题。

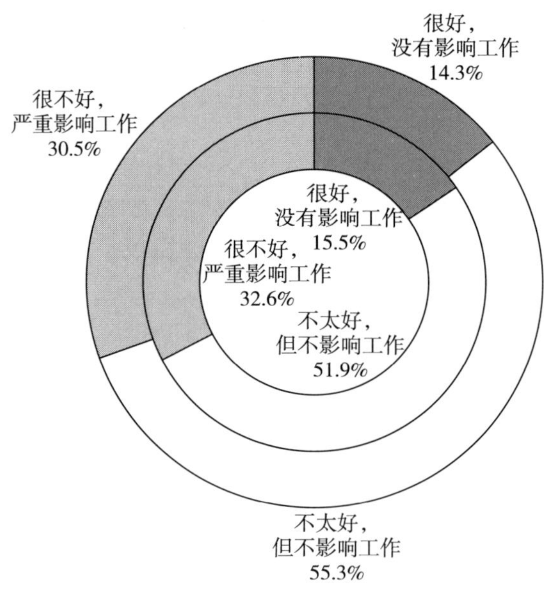

图6　新街口街道停车条件便利度

（二）交通便利度：59.7%的受访者表示“最后一公里”步行时间不超过10分钟

西城区位于首都核心区，地铁、公交等交通系统便利完善，在绿色出行理念的倡导下，公共交通成为区内企业通勤的首要选择。在2017年对公交车或地铁下车后“最后一公里”步行时间的调查中，有40.2%的受访者表示下车后需步行10分钟以上，59.7%的受访者表示下车后需步行10分钟以下，上次调研时这两个数据分别为43.5%和56.5%（见图7）。由此可见，新街口街道公共交通出行方面有了些许改观，这或许与近期共享单车的普及有着一定的关系。

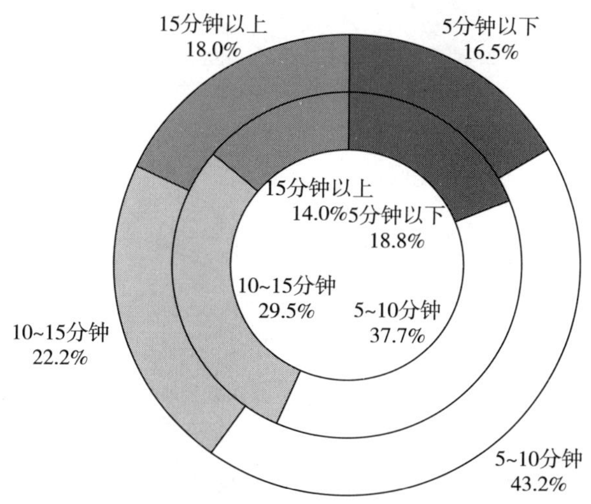

图7　新街口街道“最后一公里”交通便利度

（三）早餐便利度：早餐供应点便利度降低

2017年对早餐便利度调查的结果显示，89.5%的人表示无法方便地在周边找到早餐供应点，其中选择“基本没有”“很不方便”“稍有不便，多走几步能找到”的受访者分别占12.8%、9.4%和67.3%，在上次调研中，这三个数据分别是3.1%、8.0%和60.4%，与2015年相比，这三个数据均有所上升。表示“有流动摊点，卫生难以保障”的占10.5%，比上次下降了18个百分点（见图8）。从这组数据中可以看出，新街口街道早餐供应便利度总体不足，且有加重趋势。虽然经过疏解整治和背街小巷的环境治理，卫生条件不达标的流动摊点显著减少，但在不规范早餐点减少的同时，政府应该设法保障街道范围内工作人员的基本生活不受影响。

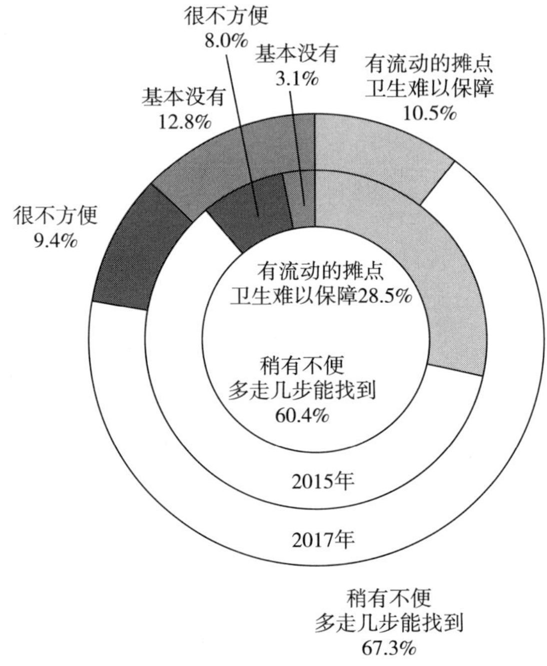

图 8　新街口街道早餐供应便利度

五　社区基本公共服务满意度

（一）社会保障服务："医疗保险"满意度排首位

街道社会保障服务满意度 2017 年调查结果显示，对"医疗保险"表示满意的受访者比例最高，为 45.7%，由上次的第二位前移至第一位，增长了 11 个百分点；其次是"就业服务"（34.9%）和"养老服务"(36.8%)。与上次相比，对"社会救助""养老服务""住房保障"表示满意的被访者均有增加，但增加幅度较小，分别增加了 7.6 个、2.9 个、0.9 个百分点，此外，对"低保"满意的受访者比例最低，仅为 17.8%（见图 9)。需要注意的是，"都不满意"的比重从 2015 年的 2.2% 增长至 2017 年的 11.2%，可见新街口街道在提高社会保障服务工作效果方面还有较大提升空间。

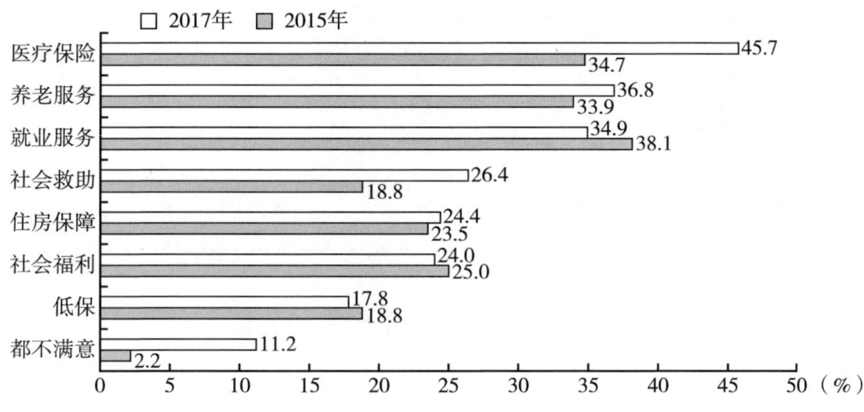

图 9　新街口街道社会保障服务满意度

（二）医疗卫生服务：对“就医方便”和“价格合理”满意的受访者均超五成

对新街口医疗卫生服务满意度 2017 年调查结果显示，对“价格合理”“设施先进”满意的受访者比例有所上升，调查数据较上次分别增长了 8.3 个和 6.2 个百分点，而且对“价格合理”满意的受访者增加至五成。对“就医方便”满意的受访者虽然仍占五成以上，但与上次调查的结果相比，比例有所下降。此外，表示“都不满意”的受访者也由 1.5% 上升为 8.2%（见图 10）。从这组数据来看，新街口街道需根据居民需求，进一步提升医疗卫生服务水平。

（三）公共安全：超七成受访者对“社会治安”满意

在 2017 年调查中，72.3% 的受访者表示对“社会治安”满意，50% 的受访者对“流动人口管理”满意，35.6% 的受访者对“突发事件处理”满意（见图 11）。这三个数据较上次调查分别上升了 11.7 个、11.6 个和 4.8 个百分点。但对这三个方面“都不满意”的仍占 8.0%。

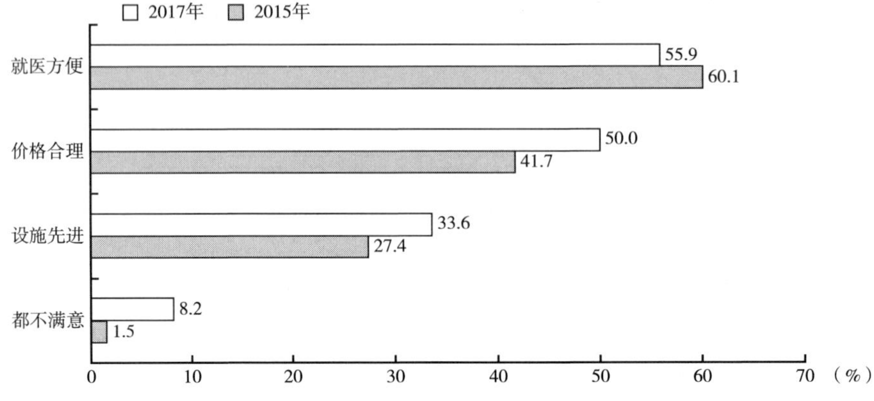

图 10　新街口街道医疗卫生服务满意度

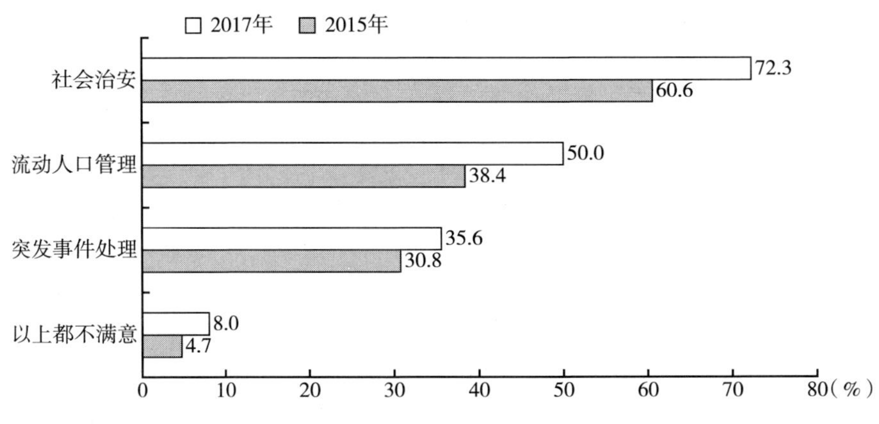

图 11　新街口街道公共安全满意度

（四）市容环境：对各项措施满意的受访者均不足五成

创造良好市容环境，对改善街道外观，优化生活环境具有十分重要的意义。对于问卷中所列举的五个市容环境选项，表示满意的受访者均不足五成。47.9%的受访者对“生活垃圾定时投放、定时清运工作”表示满意，为占比最高的一项；选择“厨余垃圾分类收集与利用”“雾霾应急举措”“扬尘污染治理”的分别占31.2%、30.4%和25.9%（见图12），还有

11.8%的受访者选择“都不满意”。由此可见新街口街道市容环境规划和建设步伐还有待进一步加快。

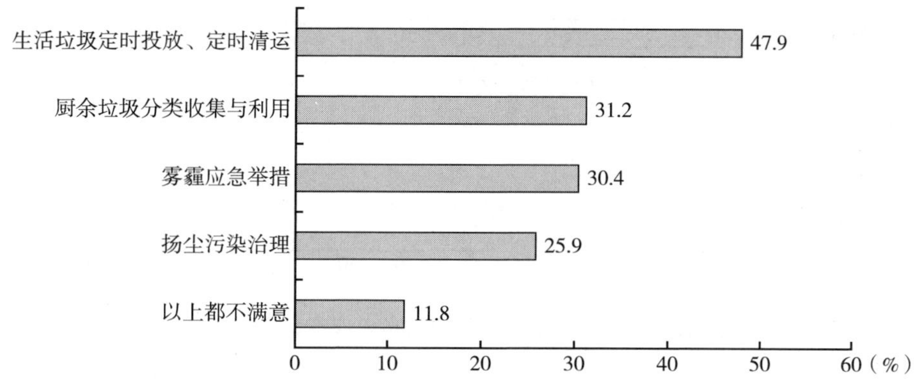

图12 新街口街道市容环境满意度

（五）城市管理：73.5%的受访者对违章停车管理满意

在城市管理满意度方面，与上次调查相比，对街道管理“街巷保洁”“治理乞讨卖艺”工作表示满意的受访者比例分别由37.4%、7%下降为27.6%和4.3%，其中“街巷保洁”下降了9.8个百分点。而对街道管理“违章停车”“私搭乱建”工作表示满意的受访者比例分别为73.5%、49.0%，比上次分别增长了19.9个、11.9个百分点。最为突出的是街道对“违章停车”问题的管理，对其表示满意的受访者明显增加，由2015年的53.6%上升至2017年的73.5%，这也是受访者对城市管理满意程度最高的选项。对街道管理“绿化不够”“门前三包”“游商占道”问题感到满意的受访者继续呈上升趋势，分别增长了7.6个、3.9个、2.7个百分点（见图13）。由此可见，在街道疏解整治工作以及背街小巷治理行动中，新街口街道对“违章停车”“绿化”和“私搭乱建”问题的治理取得了一定的成效，不过在街巷保洁、乞讨卖艺等方面还需进一步加强，需要再采取针对性措施，全面推进街道管理工作。

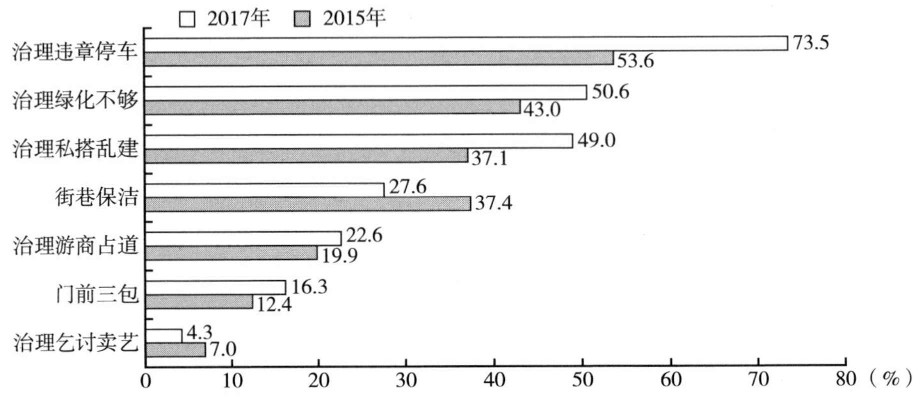

图 13 受访者对新街口街道城市管理满意度情况

（六）公用事业服务：受访者对各选项的满意度呈上升趋势

2017 年调查显示，新街口街道工作人口对公用事业服务各选项整体满意度均呈上升趋势，其中，“供气”和“通信”增幅最大，与上次相比分别上升了 23.3 个、18.3 个百分点。“供电”的满意度依然排名第一（66.5%），但上升幅度最小，为 1.4 个百分点。满意度排名第二的是供水（66.2%），与“供电”仅相差 0.3 个百分点。此外，对“城市规划布局”感到满意的受访者比例最低，为 20.2%（见图 14）。

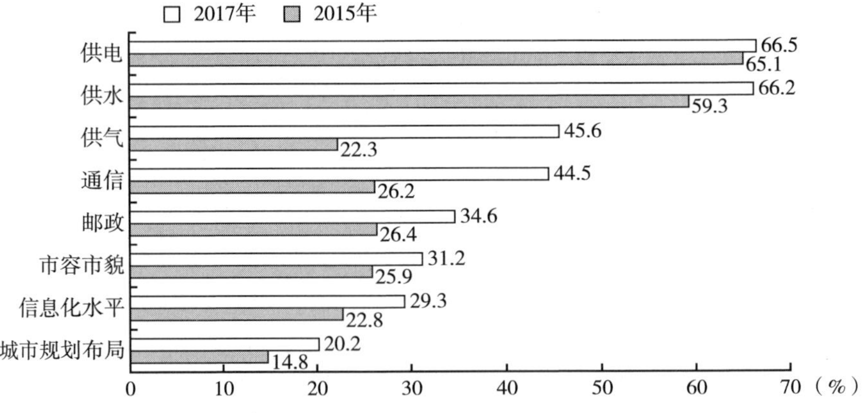

图 14 受访者对新街口街道市政公用事业服务满意度

（七）消防安全：受访者对防火设施和安全状况满意度有所提升

在 2017 年对防火设施满意度调查中，51.9% 的受访者表示“防火设施很好，会安全逃生”，这一数据较上次调查上升 15.1 个百分点。表示“防火设施一般，火势不太大的情况下可以逃生”的受访者从上次 59.8% 下降至 43.2%，但认为“防火设施不好，逃生机会不多”的受访者比例由上次的 3.4% 上升为 4.9%（见图 15）。由此可见，新街口地区防火设施和安全情况有所提升，但仍需进一步完善防火设施，保障人员生命财产安全。

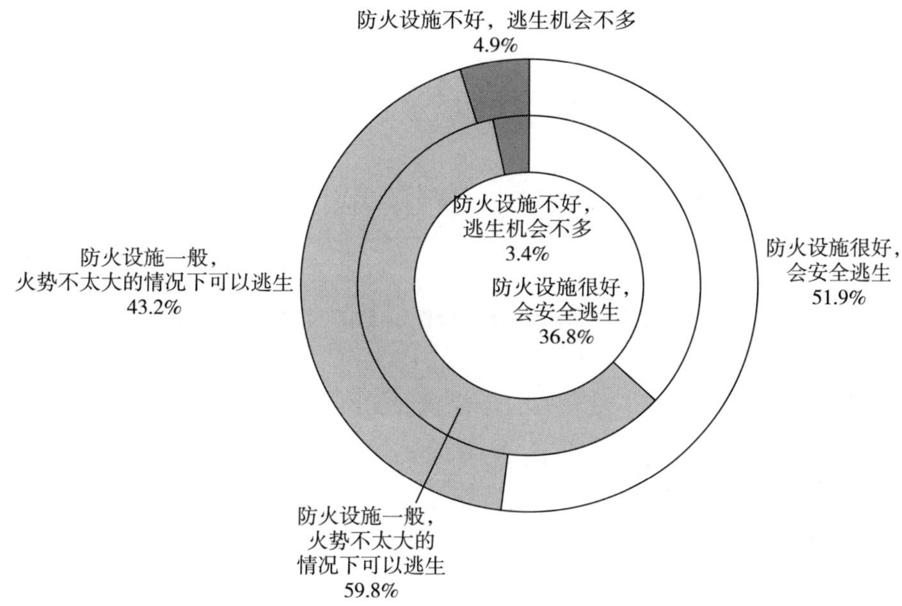

图 15　新街口街道消防设施和安全满意度

六　社区公共服务需求度

（一）硬件设施需求：对“体育健身点”的需求依旧最为迫切

公共服务设施是丰富社区文化必不可少的硬件设施。通过对新街口街道最缺乏的公共服务设施的调查可知，“体育健身点”（74.6%）和“文化活动室”（42.2%）硬件设施最为短缺，分别比上次的数据增长了11个、7.1个百分点。认为“卫生所”短缺的受访者由2015年的9.2%上升到2017年的10.5%。而对“公共广告栏”“图书室”“宣传栏”的需求程度均有所下降（见图16）。

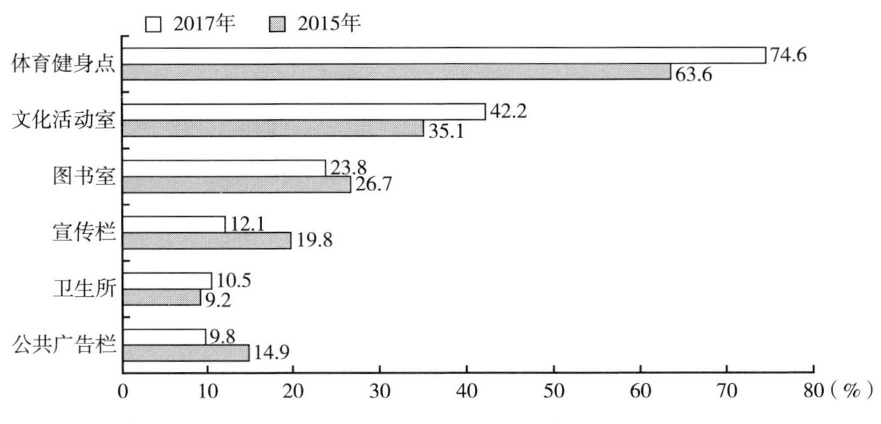

图16 新街口街道硬件设施缺乏情况

随着经济社会发展，实现人的全面发展的设施与服务将在群众对公共服务的需求中占据越来越重要的地位，从2017年调查数据可以看出，社区现有“体育健身点”资源远远无法满足被访者的需求。完善社区公共体育活动场所不仅是对公共服务的补充，而且对城市空间更新也有着重要意义。新街口街道可从推进城市街区治理、创造宜居环境、完善公共服务出发，创新管理机制，构建多元供给体系，建设评估机制，完善社区体育活动场所建设。

（二）服务项目需求：“便民利民服务”和“文化娱乐”需求度最高

2017年对新街口街道服务项目需求调查的结果显示，企业工作人员对“便民利民服务”（41.6%）和“文化娱乐”（40.8%）需求度最高，均超过40%（见图17）。与上次调查相比，除“便民利民服务”“法律援助”

“公益培训”分别增长了1.3个、0.3个、0.1个百分点之外，其他项目的数据均呈下降趋势。由此可见，新街口街道在服务项目供给上有所改善，但仍要加大对“便民利民服务”和“文化娱乐”服务方面的供给。

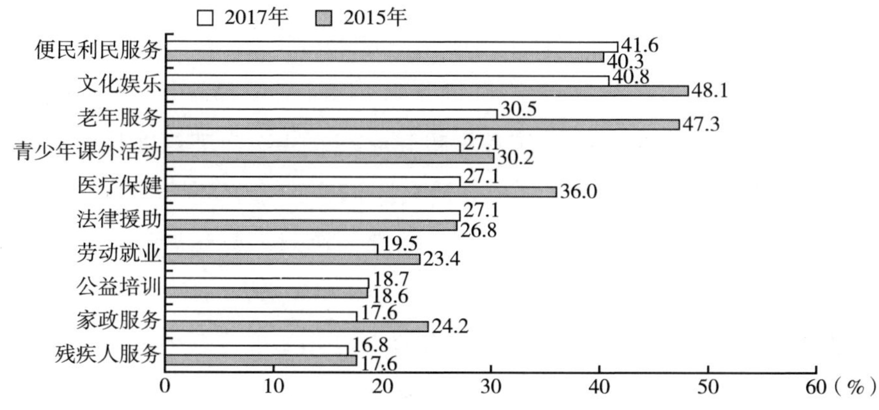

图17 新街口街道服务项目需求情况

七 基本数据结论

基于对新街口街道驻区单位工作人员的调查，并与上次调查结果进行比较后，课题组从社区服务机构认知度、社区服务参与度、地区生活便利度、社区基本公共服务满意度和社区公共服务需求度等五个方面进行归纳，得出如下结论。

第一，在社区服务机构认知度方面，超八成（81.2%）受访者表示对街道的企业服务事项“知道”或“知道一些”；96.6%的受访者表示对居委会或多或少有所了解。这说明新街口街道的工作人员对社区服务机构认知度较高。

第二，在社区服务参与度方面，社区服务项目参与度下降明显，有超过22%的受访者未参与社区服务，且比上次增长了11.1个百分点；77.4%的受访者表示参与过社区文化活动；工作人员对公益活动的参与度普遍提高，其中对“公益培训”“助老助残”“治安”“绿化”的参与度均超过30%。

第三，在地区生活便利度方面，30.5%的受访者认为地区停车的便利度“很不好，严重影响工作”；近六成受访者表示“最后一公里”步行时间不超过10分钟；89.5%的受访者表示不能够方便地在周边找到早餐供应点。

第四，在社区基本公共服务满意度方面，社会保障服务项目中，对“医疗保险”服务满意的受访者比例最高，为45.7%，“都不满意”的比重从2015年的2.2%增长至2017年的11.2%；医疗卫生服务中，对“就医方便”和“价格合理”满意的受访者均超五成；公共安全满意度整体情况呈上升趋势，72.3%的受访者对“社会治安”满意；市容环境中的五类选项满意度均不足50%，其中对“扬尘污染治理”满意的受访者不足三成；城市管理中，对“违章停车”“绿化不够”“私搭乱建”的管理取得一定成效，“街巷保洁”有待进一步改善；受访者对公用事业服务各选项的满意度均呈上升趋势，其中，对“供气”和“通信”表示满意的受访者比例增幅最大；消防安全服务中，受访者对防火设施和安全状况满意度有上升趋势。

第五，在社区公共服务需求度方面，受访者对“体育健身点”和“文化活动室”硬件设施的需求最为迫切；对“便民利民服务”“文化娱乐”表示需求的受访者均超过四成。除了“便民利民服务”“法律援助”“公益培训”需求的程度略微上升以外，其他项目均呈下降趋势。

通过对上述结果进行梳理可以看出，新街口街道公共服务亮点和难点并存。从具体选项的数据变化看，新街口街道的公共服务有13个选项值得重点关注（见表2）。

表2　新街口街道公共服务重点选项调查数据比较

序号	需重点关注的调查选项	2015年1月调查数据（%）	2017年5月调查数据（%）	数据变化情况
1	最愿意参与选项“公益培训”	35.2	42.7	上升7.5个百分点
2	参与度提升最多选项“助老助残”	26.5	39.3	上升12.8个百分点
3	便利度最差选项“停车条件不好”	84.5	85.8	上升1.3个百分点
4	未参与社区服务之中选项“都未参与”	11	22.1	上升11.1个百分点

续表

序号	需重点关注的调查选项	2015 年 1 月调查数据（%）	2017 年 5 月调查数据（%）	数据变化情况
5	“最后一公里”步行时间不超过 10 分钟	56.5	59.7	上升 3.2 个百分点
6	便利度较差选项“吃早餐不方便”	71.5	89.5	上升 18 个百分点
7	满意度最差城市管理选项“违章停车”	53.6	73.5	上升 19.9 个百分点
8	早餐便利度下降幅度最大选项“有流动摊点，卫生难以保障”	10.5	28.5	上升 18.0 个百分点
9	满意度最高社会保障服务选项“医疗保险”	34.7	45.7	上升 11 个百分点
10	满意度最高公共安全选项“社会治安”	60.6	72.3	上升 11.7 个百分点
11	满意度上升幅度最大的公用事业服务选项“供气”	22.3	45.6	上升 23.3 个百分点
12	公共服务设施需求度最大选项“体育健身点”	63.6	74.6	上升 11 个百分点
13	公共服务项目需求度较大选项“便民利民服务”	40.3	41.6	上升 1.3 个百分点

八　对策建议

新街口街道是西城区面积最大、法人单位最多、市场最密集的街道，也是集交通、旅游、商务、文化于一体的综合型街区。因此，做好街道企业人员的基本公共服务，对于进一步改善街道治理，促进社区良性发展都有着重要意义。根据对新街口街道企业工作人口的两次公共服务调查可知，该地区公益事业参与、交通便利度、公共安全、公用事业服务、消防安全等方面的公共服务与2015 年调查相比均取得了较好的成效，该地区的工作人口基本公共服务与生活质量状况整体上具有向好趋势。但停车资源、早餐便利度、市容环境等方面还有较大提升空间。因此，结合新街口街道实际情况，本文提出以下建议。

（一）积极引导，促进社区良性互动

为了更好地使社区服务于当地工作人员，街道需要引导居民通过社区活

动自觉主动地参与与街道的互动中，成为联系政府与居民的纽带桥梁，行使便民利民的重要职能，逐步提升服务对象的生活质量。公众参与社区活动意识的提高离不开街道日常生活中潜移默化的熏陶作用，但目前该地区的工作人员对社区服务的参与度还较低，同时对社区公共服务的需求度仍较大，为此，社区应从物质和精神两方面入手引导公众参与。通过宣传栏、讲座等多种方式宣传社区服务的内容，培养和提高公众参与意识和积极性，同时增设体育健身点及文化活动室等硬件设施，有针对性地满足其对社区服务的需求，促进公众与街道之间的良性互动。

（二）突出重点，解决公众最紧迫最现实的问题

目前，新街口地区停车难问题越发突出，早餐供应缺乏便利性，体育运动场所不足，这些都是该地区亟须解决的问题，街道需对本区域的资源条件以及客观局限性进行分析，从居民的生活需求出发科学规划，保证社区公共服务设施发挥服务居民的实际效用，具体问题具体分析，因地制宜，做到个性化问题个性化处理，共同解决社区公共服务难题，全面推进公共服务水平的提升。

参考文献

西城区新街口街道：《新街口街道楼宇党群服务中心“双线互动”》，http：//www.bjxch.gov.cn/xcdt/xxxq/pnidpv650635.html，2017 年 1 月。

谭艳霞：《基于公共服务设施评价的城市更新空间布局研究——以深圳为例》，《中国建设信息化》2017 年第 24 期。

李东耀：《新时期城市社区体育公共服务供给问题探索》，《成都航空职业技术学院学报》2017 年第 4 期。

理 论 报 告

Theory Reports

B.4
以街规民约推动基层治理创新的理论研究

摘　要： 本文以新街口街道探索建立科学合理的街规民约为例，梳理总结街规民约的运行模式，进一步为街规民约存在必要性提供理论依据。

关键词： 街规民约　社区自治　基层治理创新

一　街规民约（乡规民约）的内涵及特点

（一）街规民约（乡规民约）的定义

在我国，街规民约具有悠久的历史传承，是我国居民进行自我管理和约束的有效形式。改革开放后，根据1987年颁布的《村民委员会组织法（试行)》，政府在一些乡村曾制定新的村规民约。1989 年，在原来的《城市居民委员会组织条例》基础上形成的《城市居民委员会组织法》也在全国人大常委会获得通过，至此城市基层群众自治制度有了成熟的法律基础。《中国大百科全书》（1991 年出版）将乡规民约定义为："中国基层社会组织中社会成员共同制定的一种社会行为规范。在城市称街规民约。"

现有研究中，对街规民约或乡规民约的定义并不一致，有学者从国家法视角指出乡规民约是一种具有自我实施效力的非正式制度，① 也有学者认为乡规民约是国家正式制度的重要组成部分，其效力基础包括社会权力和国家权力，现代城市居民自治及其制定的自治性乡规民约都是以国家权力为后盾的，社会权力基础比较薄弱，主要表现为人们的内心服从与社会舆论的强制力。② 对于这种差异，李朝晖从乡规民约传统向现代变迁的角度做了系统论述。他指出乡规民约的传统与现代含义有着较为本质的不同，对比了二者具体的差异，并在内容、作用等角度指出作为民间秩序的乡规民约，在变迁与发展中与国家秩序更加协同（见表 1）。③

表 1　乡规民约的传统与现代差异

对比项目	传统	现代
组织形式	以家族为单位的自然村	作为行政区划的行政村
民间秩序的产生与维护	世代相传、以观念形式存在的传统习俗	以民主程序制定，以书面形式呈现的规章制度
民间秩序的内容	与国家法律、政策常常不相符	贯彻执行国家法律、政策是重要内容之一

从法理的角度来看，乡规民约是一种具有软法属性的社会规范，具有公共意志性、民主性、程序性、权威性、合法性和非国家强制性等特征。④ 从

① 张明新：《乡规民约存在形态刍论》，《南京大学学报》（哲学·人文科学·社会科学版）2004 年第 5 期。

② 吕廷君：《论乡规民约的效力基础》，《民间法》2008 年第 1 期。

③ 李朝晖：《民间秩序的重建——从乡规民约的变迁中透视民间秩序与国家秩序的协同趋势》，《学术研究》2001 年第 12 期。

④ 齐飞：《国家治理体系中的乡规民约》，中共中央党校博士学位论文，2015。

社会治理角度来看，街规民约体现着社区内部成员都认可的一种共享价值和共同利益，体现着社区内部真正的运行机制。

因此，在这里街规民约是指：群众在不违背国家法律、法规、政策，结合本地区实际制定的涉及社会公共道德、公共秩序、治安管理、地区民俗等方面的综合性规定的前提下，通过民主程序共同制定的一种社会行为规范。从街道和社区的角度来看，既需要法治的保障，也需要德治的约束。街规民约是全体居民共同利益的集中体现，是国家法律法规在基层的具体体现，也是居民之间的契约。

（二）街规民约（乡规民约）的特点

街规民约（乡规民约）的特点是简洁明了，通俗易懂，由于切合本地实际，内容具体，有的放矢，便于操作。和国家法律比较起来，作为一种“民间法”，街规民约具有以下一些特点。

1. 区域性

街规民约（乡规民约）具有乡土熟人社会的秩序基础，其调节范围具有区域性，即街规民约的约束力作用于一定的血缘关系、民族风俗、宗教文化、街区制度等居民群体之中，超出这个范围，它的作用就会减弱或者失去效力。与法律法规不同，街规民约有一定的区域限定性，不同区域间也不相统一，不具备效力和权威的普遍性。

2. 内生性

相对我国整体上“自上而下”科层制结构的社会治理体系而言，街规民约（乡规民约）通过“自下而上”的方式制定产生，具有广泛的群众性。法律法规需经过严格的立法程序产生，相比而言，街规民约源于人们的社会和生活需要，是在长期的社会活动中逐渐自然形成的，形式多样，切实具体。在不违反法律法规的原则下，街规民约的形成过程不需要外界强行干预，内生形成。

3. 自治性

街规民约（乡规民约）的运行不完全依靠外在强制力保障，主要依靠区域规制、伦理道德、居民风尚等进行自我约束、自我管理、自我履行。可以说，街规民约在维持社会秩序、实现社会整合以及传承习惯等方面发挥着积极的“治理性”作用。在理论界，实行街规民约能推动居民自治的观点逐步被认可。

4. 传承性

街规民约（乡规民约）是针对一个地区、一定范围而言的，而且街规民约（乡规民约）是一种内生积累而形成的文化文明，历经时间的洗礼和时代的更替，依然得以保留下来，具有一定的传承性，对新规的产生形成垂范。因此，从历史传统中挖掘治理思路或现代法治建设资源，对弥合规范“断裂”具有很大研究价值。

5. 缓冲性

这是相对于正式司法和法律的“铁面无私”而言的，街规民约（乡规民约）的执行可以因人、因事或因时而异。街规民约（乡规民约）处理矛盾纠纷时，以教育引导为主，有充分调解余地和缓冲空间。“大事化小、小事化了”几乎是街规民约（乡规民约）解决民间争讼的最终目的。很多地区在处理司法事务中，将街规民约（乡规民约）作为地方法律的前置环节，对地方司法减压产生积极作用。

（三）街规民约（乡规民约）的政策背景

自党的十八届三中全会以来，治理被提上重要地位，我国社会建设面临从“社会管理”向“社会治理”转型，对创新社会治理方式提出新的要求。

2014 年 3 月，习近平总书记在十二届人大二次会议上强调“治理和管理一字之差，体现的是系统治理、依法治理、综合治理、源头治理”，并指出“加强和创新社会治理，关键在体制创新，核心是人，只有人与人和谐相处，社会才会安定有序。社会治理的重心必须落到城乡社区，社区服务和管理能力强了，社会治理的基础就实了”，指明了基层治理的重要性。

党的十九大报告进一步细化了基层治理的重点任务，指出“加强社区治理体系建设，推动社会治理重心向基层下移，发挥社会组织作用，实现政府治理和社会调节、居民自治的良性互动”。社区作为基层治理的基本单元，是促进社会融合、丰富精神生活、实现人的社会化的重要场所，推进社区管理体制机制创新，对于加强基层社会治理、促进基层和谐稳定意义重大。

二　街规民约（乡规民约）在基层治理中发挥的作用

三十多年的实践证明，街规民约、乡规民约是居民（村民）都认可的“公约”，是居民进行自治的重要依据。科学制定修订和组织实施村规民约、街规民约，有利于发展基层民主、促进社区居民自治，构建共建共享的社会治理格局，从社区的角度来看，既需要法治的保障，同时也需要德治的约束。

（一）街规民约（乡规民约）是国家法律的进一步延伸和补充

党的十九大报告明确地提出了“全面依法治国是中国特色社会主义的本质要求和重要保障”。由于客观情况错综复杂，尤其是基层社会，即使再完善的立法也难以事无巨细、包罗万象，法律不是万能的。因此，树立街规民约（乡规民约）就显得十分必要，街规民约在基层社会扮演着“准法律”的角色，是具有自我实施效力的非正式制度。它能够弥补国家立法空白，也可理解为民主程序共同制定下的一种社会行为规范，使立法不足的基层领域可以实行规范化管理，使居务管理工作真正实现有“法”可依。

（二）街规民约（乡规民约）对推动社区居民自治具有积极作用

居民在一定的血缘关系、民族风俗、宗教文化、街区制度等居住群体中，享有管理区域事务的自治权，如相关社区事务管理的知情权、参与权、监督权、救济权等。而街规民约（乡规民约）的运行正是依靠区域规制、伦理道德、居民风尚等推动的，进而进行区域居民的自我约束、自我管理和自我履行。正是由于街规民约与群众实际生活密切相关，能够保护群众的切身利益，群众自然愿意遵守。因此，街规民约一经制定实施，基本能够得到居民的认同和积极配合。可以说，街规民约是居民自治权的重要体现，与居民自治的机理高度契合，在维持社会秩序、实现社会整合以及传承习惯方面发挥着积极的作用，有利于提高基层群众组织化程度，降低基层社会治理成本。

（三）街规民约（乡规民约）能够有效防控社会矛盾风险

基层社会矛盾纠纷日趋呈现多样化、复杂化、聚众化特征，且明显扩大。古往今来一般处理乡间日常繁杂的琐事，其最有效的办法就是沿用当地的老规矩和老办法，在某种程度上这种乡间的规矩和办法有效地弥补了国家的法律空白，并且延续至今。相较之下，街规民约以其灵活、经济、实施效果好等优势运行于基层社会中，为充分调解营造更多余地和缓冲空间，在源头上缓和了社会矛盾冲突。现今的街规民约作为居民自治的一种表现形式，是根据国家的法律，从而更加有效地适应自治的需求，由居住在同一社区的居民根据日常生活中的风俗和实际共同决定的。近年来，街规民约的实践发展在社区自治和社区法治建设中日益发挥重大作用。

三　新街口街道北顺社区通过街规民约（乡规民约）推动基层社会治理的经验

西城区作为一个社会形态复杂的特大型城市的核心区，服务首都与保障民生同步推进，一些历史遗留问题和新出现的问题相互交织，给区域的社会秩序、安全稳定带来巨大挑战。在此背景下，不仅政府部门意识到了制定居民公约的重要性，越来越多的社区、居民群众也意识到寻找一个共同的公序良俗的重要性，而这个公序良俗在街道和社区的主要表现形式就是街规民约。新街口街道北顺社区积极制定和推进街规民约，为探索政府主导下的共建共享基层社会治理模式提供实践基础。

（一）北顺社区确立街规民约（乡规民约）的重要意义

北顺社区为积极落实“街规民约”，提高社区治理成效，通过积极探索，推动社区建设成为“管理有序、服务完善、文明祥和并逐步实现政府导向、企业参与、居民自治的社会生活共同体”。

（1）街规民约为社区提供了被广泛认可的共同行为规范。在胡同管理员的带领和监督下，社区居民根据街规民约的规定积极参与自治工作，楼门院院长、社区志愿者也履行职责和义务，维护社区社会秩序。

（2）街规民约的制定是社区参与式协商的一次有益尝试。街规民约让居民行使自治权利并得到积极反馈，使社区居民民意通过制度得以固化，实现了社区治理的多元参与。另外，参与式协商也是居民积极参与社区治理的动力，如在胡同自治的动员会议上居民就曾表示：“我们的意见能够得到重视，所以很愿意参与。”

（3）街规民约促进社区声誉机制、互惠机制、监督机制的形成。社区制定街规民约，激发了商户团体、居民团体共同的环境建设意识，使社区自治和专业管理有效结合，对各服务保障部门的服务质量与效果进行监督。在行为规范的作用下，社区内各个单位的社会责任感提升。

（二）北顺社区确立街规民约（乡规民约）的背景

新街口街道北顺社区位于新街口街道西南方向的白塔寺文保区内，辖区面积为0.1378平方公里，户籍人口为5611人。北顺社区以老旧平房为主，21世纪以来，外来人口不断增多、聚集，经营业态低端、胡同肌理被蚕食，院落空间破碎化等问题越发严重，胡同公共环境亟待改善。2015年，社区相应落实党中央关于疏解北京非首都功能的要求，完成了环境整治、拆违、六小门店整改等工作，社区面貌焕然一新。在此基础上，北顺社区开始了对社区治理模式创新的探索。

北顺社区居委会在2015年底，以社区志愿者、积极分子、驻区单位、六小门店、暂住人口、社区工作者等为纵向维度，以环境整治、文化建设、法治建设、难点问题等讨论主题为横向维度，召开了十余轮社区自治座谈会，共商社区现有问题、居民需求及解决问题办法。参会代表畅所欲言，列出问题清单，认真分析了社区的历史发展，剖析了问题产生的原因，提出了解决问题的建议，描绘出心目中理想的社区景象。会上确定了“党建引领、政府指导、社会参与、居民自治”的社区治理精神，同时为了加强社区民主政治建设，推进社区自治进程，增强广大社区成员的社区意识，进一步规范社区组织工作，会议决定在社区树立居民公约，另一方面依法解决社区内现实问题；另一方面树立居民规则意识，强化以法治与德治相结合的社区治理。

（三）北顺社区街规民约（乡规民约）的制定程序

根据社区自治座谈会的决定，北顺社区居委会依据《宪法》和《城市居民委员会组织法》，结合社区实际情况，经居民代表大会、协商议事委员会讨论并征求广大居民意见，制定了《北顺社区公约》等一系列街规民约。

为充分采纳社区居民意见，《北顺社区公约》的制定采用了“三上两下”阶段式分步实施。

（1）“一下”，即发动居民阶段。社区居委会通过居民代表，将修订居民公约的计划告知居民，发动居民围绕影响社区居民日常生活的点滴进行热烈讨论，并向居民征求居民公约的内容。

（2）“一上”，即居民向居民代表提出问题阶段。社区居民积极响应修订居民公约的计划，积极向居民代表进行回馈，表达了对外来人口、邻里关系、文明养犬等具体问题的普遍关注，并提出了希望写入公约的内容。

（3）“二下”，即居民代表讨论居民公约草案阶段。社区居委会将社区居民公约草案交各居民代表审阅，并通过居民代表向居民征求意见。

（4）“二上”，即社区居委会汇总各组居民意见阶段。社区居委会通过谈话或开会形式，召集居民代表，了解各组居民诉求，并根据各组居民意见总结提炼出居民广泛认同的23条内容草拟了居民公约。

（5）“三上”，即反馈草案意见阶段。各组居民代表针对草案的修改意见向社区居委会反映，以便社区居委会进行调整。

经过“三上两下”充分整合意见，社区居民公约草案已经得到了居民广泛认同，体现了广大居民的集中意志。最终，社区召开居民会议，表决通过了《北顺社区公约》。

《北顺社区公约》的制定是社区进行参与式协商的尝试，参与式协商是社区治理的核心任务，直接体现多元治理的理念及目标，同时体现着社区功能的回归。

（四）北顺社区街规民约的主要内容

2016 年 4 月 19 日，在街道领导及各职能部门领导、居民代表、商户代表的支持和参与下，社区正式举办了《北顺社区公约》挂牌启动仪式。随后，社区将公约制作成形象生动的标示牌，悬挂在胡同不同方向的出口处，供居民随时观看。

《北顺社区公约》以口语化的表达方式对符合居民生活现实需要的事项提出了明确规范。公约内容符合社区生活现实需要，不仅包括对尊老爱幼、邻里团结等社会文明号召，公共场所严格控烟、租户办理暂住证，居民停车有序、维护巷间院内卫生等社会秩序要求，还包括对保护胡同原始风貌、加强文物保护意识等公民意识的强调。社区居民依法、依规遵守居民公约，参与社区建设。

除了树立居民公约以外，北顺社区在街道工委办事处的支持下，还设立了居民自治委员会、楼门院长、胡同监督管理员、商户联合体等制度，制定了《居民自治委员会职责》《楼门院长管理制度》《北顺社区胡同监督管理员职责》《胡同管理员考核制度》《商户公约》等社区街规民约，使居民自治组织充分发挥在社区治理中的作用，参与社区环境建设和胡同监督管理，同时对自治组织如何实施管理提出具体要求。

四　新街口街道北顺社区以街规民约（乡规民约）推动基层治理的启示

街规民约（乡规民约）是依法治国方略的延伸和补充，是完善我国基层群众自治制度的必然要求和生动实践，具有自治性、合法性、契约性、自律性、地域性和一定的强制性。它不是法律规范，而是一种自治规范，是介于法律与道德之间的“准法”规范。科学制定修订和组织实施社区公约，有利于转变思想观念、促进不同群体的社会融合，有利于发展基层民主、促进社区居民自治，有利于培养现代法治意识、促进社区管理的法治化，有利于解决基层的棘手难题、促进社会和谐稳定，是在新形势下创新社区管理的重要方向和着力点。

（一）街规民约（乡规民约）体现“共建共治共享”理念的社区治理模式

北顺社区街规民约的制定过程呈现多元主体参与下的新型社会治理模式。北顺社区的街规民约在制定过程中，以街道工委为引领，充分发挥社区居委会统筹、协调的作用，搭建协商平台，组织社区商户参与，调动全体居民出谋划策，并通过收集意见、投票、商议、决议等规范化流程，让每一个居民都能够行使民主自治权利。这一过程是基层社区“共治共建共享”的新型治理模式的缩影，其中所反映出的政府的主导性、居民的参与模式、规约的形成路径、程序实施的有效性，是法治化、社会化、专业化社会治理的充分体现。

（二）以街规民约（乡规民约）为重点实行社区治理法治化的措施

社区街规民约是法治框架下对我国法律法规的补充和延伸。加强社会治理创新，其中最核心的关键在于聚焦社区治理的矛盾和问题，提升社区治理法制化水平，提升社会规范化治理能力。第一，街规民约通过建立规则来规范社区的公共秩序，是在法治化框架下进行社区治理所采取的一项措施；第二，街规民约对居民遵守法律法规明确提出要求，对居民自治、商户参与治理的各项行动做出规范，是对我国法律法规的直接体现和有力补充；第三，街规民约包含了许多行政法规范畴以外、不具强制力的行为规范类或倡导式的条文，如有序停放车辆、社区团结、邻里互助以及环境保护、文物维护等，这些规定的确立亦是对社区治理法治化的延伸。当居民参与社区生活时，就已脱离了个人范畴，而加入集体的公共生活中，这就需要居民共同确立和遵循社区的共同价值、集体利益的最大公约数，从而实现社区治理与居民生活的和谐一致。

（三）街规民约（乡规民约）确立贴近百姓生活的社区治理准则

北顺社区街规民约是通过正式的、规范性的流程，经充分的民主协商而制定的，收集和采纳了最广大居民的意见，使一系列最贴近百姓生活的社会治理准则得以确立，也由此保障了街规民约在社会治理中有效发挥作用。其内容不仅是公共生活对居民的要求，更是居民在参与社区生活时的需求。第一，街规民约增强社区凝聚力。由于街规民约体现了社区居民普遍认同的共享价值、共同利益，因此，其对整个社区有着价值认同上的凝聚作用。尽管在居民对街规民约进行遵守的时候，仍旧需要一定的行政手段进行监督，但它提供了一个居民共同认可的标准，促进社区良好秩序的运行。第二，街规民约形成维护社会稳定的缓冲机制。在社区中各群体、组织之间出现矛盾的时候，如果直接诉诸执法，可能会出现矛盾的积累，而采取单方面说教又难以起到有效作用，在社区街规民约确立后，矛盾各方都能够联系社区居委会、社区服务站、楼门院长、社区监督管理员，通过居民共同认可的街规民约，有所依据地进行沟通协商、调和处理、反馈意见，及时化解矛盾、促进社区稳定。

五　以街规民约（乡规民约）推动基层治理创新策略建议

（一）注重街规民约（乡规民约）对社会主义核心价值观的体现

2014 年 2 月 24 日，习近平总书记在中共中央政治局第十三次集体学习时指出："要按照社会主义核心价值观的基本要求，健全各行各业规章制度，完善市民公约、乡规民约、学生守则等行为准则，使社会主义核心价值观成为人们日常工作生活的基本遵循。"街规民约既要符合我国的法律法规，反映居民现实需求，又要注重体现我国的社会主义核心价值观，在文化价值层面，使社会治理的基层秩序与国家秩序相协同。

（二）巩固街规民约（乡规民约）制定过程的民主协商程序

北顺社区在街规民约的制定过程中充分遵循民主协商的程序，为社区居民参与社区治理提供了有效路径。进一步完善和巩固制定街规民约民主协商程序，能够促进基层社区民主自治有序发展。北顺社区创新性地提出并实施了“三上两下”的民主议事程序，在实践中取得良好的效果，可以将此类民主议事程序进一步规范化、制度化，形成特定机制，或可以以我国居民自治相关法律为依据，对街规民约制定过程的民主议事程序在行政上给予一定保障，并适当在其他社区治理的议事过程中加以运用，使居民的意见能够最大限度地得到反馈，鼓励居民参与社区治理的积极性，激发社区活力，维护社区和谐稳定。

（三）形成基于街规民约（乡规民约）的商议长效机制

社会不断向前发展，社区社会生活也不断发生变化，基于街规民约，应在社区形成一定的商议长效机制，使其持续反映社区居民最普遍的共享价值和共同利益，使其社会治理效益得以与时俱进。另外，街规民约的完善也需要每隔一定时期进行商议，履行民主议事程序，汇集最新民意并给予反馈与完善。在这个过程中，多元参与社会治理的机制能够得到完善，同时，街规民约在社区的公信力也可以得到巩固。

（四）加大街规民约（乡规民约）宣传力度

当前对街规民约的主要宣传方式是将其制作成匾牌悬挂在胡同里。社区可以进一步加大宣传力度，创新宣传方式，促进社区秩序内化于心。一是利用新媒体广泛宣传，使居民对街规民约加深了解；二是通过举办活动，使居民对街规民约有感性的体验；三是在实际的社会生活中加以运用，提高其权威度，使之成为社区居民生活的重要指导准则。

参考文献

刘志奇、李俊奎:《中国乡规民约研究 80 年》,《北京师范大学学报》(社会科学版)2016 年第 2 期。

张明新:《乡规民约存在形态刍论》,《南京大学学报》(哲学·人文科学·社会科学版)2004 年第 5 期。

吕廷君:《论乡规民约的效力基础》,《民间法》2008 年第 1 期。

李朝晖:《民间秩序的重建——从乡规民约的变迁中透视民间秩序与国家秩序的协同趋势》,《学术研究》2001 年第 12 期。

齐飞:《国家治理体系中的乡规民约》,中共中央党校博士学位论文,2015。

《提升社区治理法治化水平》,《人民日报》2016 年 1 月 7 日。

B.5
老年福利发展与社区居家养老服务模式研究

摘　要：自2000年我国进入老龄化社会以来，为了应对老龄化给经济社会发展所带来的相应挑战，我国建立了以居家为基础、社区为依托、机构为支撑的新型养老模式，即社区居家养老服务模式，将老年福利的发展与社区养老服务体系建设结合起来，使养老服务建立在符合当代中国经济发展水平和能力的社区照顾基础上，成为当代中国应对老龄化浪潮的重要福利举措。本文从社区为老服务发展的历程梳理入手，通过对一些有借鉴价值的社区服务养老模式案例的分析，再结合新街口街道为老服务发展的现状，对新街口街道未来居家养老服务发展模式进行探索，以期形成有价值的参考。

关键词：新街口街道　老龄化　老年福利发展　养老服务体系　居家养老

老龄化问题事关社会发展的各个领域，是关系国计民生和国家长治久安的一个重大社会问题。为积极应对人口老龄化，我国一直在探索和现今老龄化发展以及经济社会发展相协调、相适应的为老服务体系。从现代社会福利服务的社区照顾理念出发，结合我国国情，整合家庭、社区、政府及社会的资源，探索以居家为基础、社区为依托、机构为支撑的新型养老模式，使养老服务建立在符合当代中国经济发展水平和能力的社区照顾基础上，成为当代中国应对老龄化浪潮的重要福利举措。[①] 社区居家养老是我国目前最有效最具有现实意义的养老模式，梳理其发展的背景，厘清发展内涵，探索发展路径，对进一步推动社区居家为老服务的发展具有重要指导价值。当今社区居家养老服务在我国很多省市和地区已经形成了较成功可借鉴的经验范例，新街口街道的社区养老在模式上、管理上、市场化等方面积累了一些经验，但是依然存在不足，要正确意识到社区居家养老对于整个辖区发展的重要意义，立足辖区的基本情况，通过积极探索创新，进一步加强社区居家养老的推动，形成可推广的经验，树立典范。

一　社区居家养老的可行性和必要性研究

（一）养老服务的内涵

养老服务是社会服务的重要组成部分，是社会福利制度的重要内容，是国家和社会为老龄化群体提供的一项保障性服务。从理论来源来看，主要受到国家福利理论和福利多元理论的影响（见表1）。

表1　养老服务的主要理论来源

理论来源	养老服务	具体内容
国家福利理论	养老服务的责任	①国家福利理论对世界各国的福利制度建设与社会政策制定具有深刻的影响，该理论认为对弱势人群的救助、关怀、支持的制度性安排是政府的基本职能之一 ②西方理论界普遍认为国家在公共福利方面应该承担责任，政府在提供公共福利保障方面具有不可推卸之义务。养老福利服务作为公共福利的一个重要方面，理应受到政府的高度重视 ③基于此理论的研究必须看到政府承担养老服务职能不是个别国家的现象，而是人类社会普遍性的核心议题，国家在养老公共福利及服务中应当肩负主要责任

① 钱宁：《以社区照顾为基础的中国老年人福利发展路径》，《探索》2013年第2期。

续表

理论来源	养老服务	具体内容
福利多元理论	养老服务的提供方式	①20 世纪 70 年代为了缓解西方国家的福利危机，罗斯福提出福利多元理论（welfare mix，又译为福利混合、多元福利）。他认为社会中的福利主要来源家庭、市场和国家三个部分。福利多元主义提倡国家不是社会福利唯一的供给方，反对社会福利由国家单一主体承担，提倡社会福利的供给可以由家庭、社区以及相应社会组织等共同负担 ②基于该理论的影响，西方国家社区公共服务组织形式方面多采用多方结合的方式；在资金方面，多采取政府资助、民间捐助、社会集资等多种结合的方式；在服务项目上，将福利性与服务相结合；在服务方式上，采取营业性与非营业性相结合，由此形成了内容广泛、方便灵活、切合实际的社区公共服务网络 ③当今我国的实际情况虽然有别于西方国家，但随着老龄化的加速、家庭规模小型化等，老年群体对生活福利服务的需求进一步扩大，因此就需要我国采取福利多元化策略，由国家、企业、社区、家庭共同承担福利服务责任

从全球来看，养老问题成为影响社会稳定和发展的重要因素，许多国家和地区都在积极探索有益的模式应对老龄化问题的挑战。目前养老服务的模式主要分为家庭养老、居家养老（社区养老）以及专业机构养老。家庭养老是我国的传统养老模式，以家庭为依托，由家庭成员为老人提供保障的养老服务。专业机构是通过购买养老服务的形式享受生活照料、护理、医疗保健、家居生活照料等服务，是未来养老方式的重要选择。居家养老是指社区为居住在家的老年人建立的一个社会化养老服务体系，以家庭为核心，以社区为依托，以专业化服务组织为支撑载体。从三种养老模式来看，随着现代社会成员压力增加，家庭结构不断变化，传统家庭养老与社会发展具有不相适应性，专业机构养老由于费用高、服务配套不完善、辐射面小等局限性普及性并不高。居家养老是通过社区提供相应的资源，为社区内的老人提供对应的为老服务，从而有效缓解家庭养老和机构养老的局限性。从全世界范围来看，社区居家养老已经成为很多国家养老的主流模式，如英国为95.5%，印尼为84%，马来西亚为88%。[①] 所以，发挥社区在为（养）老服务中的重要作用，是应对养老问题的最有效的路径之一。

① 许义平、何晓玲：《现代社区制度实证研究》，中国社会出版社，2008，第 192 页。

（二）社区居家养老的发展沿革

1. 社区居家养老兴起和发展的背景

社区养老起源于英国。西方国家大多数从20世纪五六十年代相继进入老龄化社会，政府社会养老问题也从很早便引起相关学者的关注，到80年代由于经济危机，国家养老福利负担过重，以及“积极福利”“福利多元”等的影响，为了缓解危机政府在社会服务包括养老服务方面引入社会参与，政府逐步从养老福利的主导者变成参与者，形成政府、家庭和社会共同参与的养老服务体系。社区居家养老不同于传统意义上的家庭养老，是立足家庭，通过对社会资源的集聚和整合，让国家和政府提供的为老服务进入家庭，是经济高效的社会养老服务方式，能在很大程度上满足老年人的情感需求，所以许多西方国家都致力于推动社区为老服务体系的完善。社区为老服务（社区照顾、居家养老等）被越来越多的国家和政府认可并推动。

2. 我国社区养老服务的发展历程

从新中国成立以来，我国的养老服务发展大致经过三个阶段，第一阶段是新中国成立以来到改革开放前，这一时期家庭养老是最主要的养老模式，社会养老服务体系、模式和产业还在孕育阶段。第二阶段是从改革开放初期到2000年，是养老服务发展探索的阶段，这一阶段我国社会市场经济改革，社会福利制度不断完善，各种专业化的养老机构快速发展，相应的社区养老服务也逐渐产生。第三阶段是2000年至今，2000年我国开始进入老龄化社会，在这一时期养老服务的重要性进一步凸显，国家对居家养老、养老服务产业等重视程度不断提高，开始向体系化方向发展。2008年2月，全国老龄办发出《关于全面推进居家养老服务工作的意见》，对我国的居家养老提出了系统性的部署。2006年2月，第二次全国老龄工作会议强调要发展“以居家养老为基础，社区服务为依托，机构养老为补充”的适应我国实际国情的养老服务体系。2016年“十三五”规划纲要指出，要建立以社区居家养老和专业机构为主的多层次养老服务体系，同时要进一步探索医疗和养老相结合，以更加积极的态度面对老龄化问题。2017年党的十九大报告明确提出：我国要进一步构建适应当今社会发展的养老政策体系，打造医疗和养护相结合的新格局，进一步发展为老服务产业。养老服务体系进入实施并提升的阶段，以社区为依托的居家养老服务是我国当前发展趋势和模式选择。

当前我国家庭较为普遍的“四二一”结构模式，使得以子女赡养为主的家庭养老功能逐渐弱化，且集中的机构养老模式在短期内又不可能实现。因此，社区居家养老模式便成为解决养老问题的主要方法。同时社区养老服务是我国养老服务体系的重要依托。较早进入老龄化社会的城市如上海、北京、广州等城市在发挥社区为老服务的作用，创新居家养老服务模式等方面都做了很多有意义的探索，具体实践和做法得到了社会的认可，对于破解我国当今老龄化问题具有一定的参考价值。

（三）社区居家养老是我国应对老龄化的重要路径

1. 人口老龄化及其未来发展趋势成为我国社会平稳发展的关键性问题

一是养老服务成为全球性的普遍问题。随着老龄化程度在全球的加重，各个国家对于养老服务的重视与支持程度也随之加深，养老问题成为全社会普遍性的问题。因此，它的发展状况影响整个社会的发展与进步，甚至影响国家政治与社会秩序的稳定、政府决策的制定与执行、国民经济的发展以及人民生活水平的提升等宏观和微观方面。

二是我国老龄人口基数大，老龄化发展速度快，是全球唯一一个老年人口数量超过一亿的国家。根据世界卫生组织制定的标准，60岁及以上人口数量占总人口的比例超过10%，或者65岁及以上人口数量占总人口的比例超过7%，就可以判定进入老龄化社会。从数据来看，世纪之交，我国60岁以上人口占比超过10%，表明我国社会已经步入老龄化阶段。我国第六次（2010年）和第五次（2000年）人口普查数据对比显示，我国60岁及以上人口的占比上升了2.93个百分点，65周岁及以上人口的占比上升了1.91个百分点（见表2）。《2016～2022年中国人口市场深度调查及发展前景预测报告》（2016年4月）的相关数据显示，2015年末我国60周岁以上人口数为21242万人，占总人口的15.5%，其中65周岁及以上人口为

13755 万人，占总人口的 10. 1%，我国是世界上唯一一个老年人口超过一亿的国家；我国的老年人口数量约占亚洲老年人口总数的一半，占全世界老年人口的 1/5。据《中国人口老龄化发展趋势预测研究报告》预测：到 2020 年我国 60 岁及以上老龄人口将达到 2. 45 亿，约占我国总人口的 14. 72%；到 2030 年和 2050 年，60 岁及以上的人口占我国人口总数的比重将分别超过 20% 和 25%。[①] 可见，我国老龄化速度在不断加快，养老问题成为关系国家社会稳定发展的重要因素，是我国现在及未来发展的重要挑战。

表 2　我国六次人口普查老年人口数量及比例

单位：万人，%

年份	总人口数	60 岁及以上人口		65 岁及以上人口		80 岁及以上人口	
		人口数量	占总人口比例	人口数量	占总人口比例	人口数量	占总人口比例
1953	56745	4154	7. 32	2504	4. 41	185	4. 46
1964	69458	4225	6. 08	2458	3. 54	181	4. 29
1982	100391	7664	7. 63	4927	4. 91	505	6. 59
1990	113051	9697	8. 58	6299	5. 57	768	7. 29
2000	126583	13012	10. 33	8811	6. 96	1200	9. 20
2010	133281	17764	13. 26	11883	8. 87	2099	15. 75

资料来源：国家统计局历次人口普查数据。

三是我国老龄化最典型的特点是“未富先老”。发达国家在进入老龄化时，人均 GDP 达到 20000 美元左右。在全球 72 个人口老龄化国家中，人均 GDP 超过 10000 美元的占 36%，人均 GDP 在 3000 ~ 10000 美元的占 28%，而我国目前仍处于发展中国家行列，到 2017 年人均 GDP 也只有 9427. 1 美元，在经济尚未足够发达，尚未有能力应对老龄化时就已经提前步入老龄化社会。随着老年人口数量的不断增加，我国已经出现了“未富先老”的严峻问题。因此，老龄化问题的严峻性要求从顶层设计的角度制定和出台一系列关于老龄事业和养老服务业的政策法规，要探索更具有现实有效性的为老服

① 刘晓梅：《我国社会养老服务面临的形势及路径选择》，《人口研究》2012 年第 5 期。

务模式，对老龄事业、养老服务业、为老服务模式等高度重视，使养老服务走向规范化和制度化，维护老年人的正常的生活照顾，维护社会的稳定和谐。

2. 社区居家养老更符合老年人的现实需求

人口老龄化对目前的养老模式带来了巨大的冲击，一方面随着社会的发展以及家庭人口结构的变化，家庭规模越来越小，传统的家庭养老对年轻子女的压力过大，难以适应现阶段社会发展的要求；另一方面由于我国目前养老服务机构管理能力不足，人员专业度不够，加之老年人及其家庭的收入水平和消费观念的影响，机构养老也无法满足老年人的养老需求。社区居家养老服务让老人居住在自己的社区，以社区为纽带，动员和聚集社会资源并以此为支撑对老年人提供照顾服务。不仅能降低养老成本，节约养老资源，满足大多数老年人对家人陪伴的需求，也是在传统的“孝”文化下对传统的家庭养老的支撑和补充。社区的发展和普及导致我国绝大部分的老年人希望能够在自己日常生活的社区养老，并且社区养老同时兼具家庭养老和专业机构养老的优点，更符合老年人的现实需求，成为目前解决养老问题的首选途径。

二　为老服务模式的经验共享

为进一步挖掘社区在为老服务中的作用，我国于 2005 年 9 月率先在社会资源较为丰富以及经济较为发达的广州、上海、北京等地开展“居家养老服务”，适时总结经验并进一步推广，将其作为应对老龄化的重要对策。居家养老服务的思想主要受英国社区照顾为老服务体系影响，从我国香港地区安老服务体系得到许多借鉴，居家养老服务经过近十年的发展，很多地区做了许多有意义的探索并取得了积极的成果，形成了一些可借鉴的经验。

（一）英国社区照顾为老服务体系

1. 英国社区照顾的发展经验

社区照顾是英国福利衰落过程中发展起来的社会化福利服务，英国属于最早推崇和实行社区照顾的国家和地区之一。这种社会化福利服务方式弥补了国家有关福利政策的缺陷和不足，使社会的福利服务更加具有保障性、及时性。自1963年首次提出“社区照顾”以来，近六十年的发展，社区照顾已经成为英国为老服务的主要形式（见表3、表4）。

表3　英国社区照顾的发展

阶段	特点	特点
第一阶段20世纪60年代	由具有专业知识和技能的服务人员提供的服务	院舍式照顾向社区照顾转变，政府通过制定相应的制度，使相关专业服务人员为居家老年人提供服务
第二阶段20世纪80年代	以非正规人员为主的社区照顾服务	由于受到经济因素的影响，出于政府财政负担的考虑，社区照顾开始由非正规人员提供服务
第三阶段20世纪80年代至今	专业服务人员与非正规人员相结合、协调发展的社区照顾服务	由于家庭是社区照顾非正规人员的主要构成，迫使社区照顾逐渐变为家庭照顾。英国政府在福利多元理论思潮的影响下，开始实行专业服务人员与非正规人员相结合的方式

表4　英国的社区服务项目

服务类型			服务对象	服务内容
生活照料	居家服务		生活部分不能自理的居家老人	上门送饭、理发、购物、洗衣等
	家庭照顾		生活不能自理、卧病在床的居家老人	在家接受全方位照顾
	老年人公寓		有生活自理能力且无人照顾的老年夫妇或单身老人	提供住宿、24小时紧急支援
	托老所	暂托所	因家人临时外出或度假无人照顾的居家老人	提供短期的住宿和照顾服务
		老年人院	生活不能自理且无人照顾的老人	提供住宿和照顾
物质志愿			居家老人	提供食物、安装设施、改建居室等
心理支援			社区老人	提供医疗护理、保健教育等
整体关怀			社区内老人	提供娱乐社交场所、就业和支援工作机会等

英国社区照顾只有家庭和社区两个地点，以社区为依托，立足社区，老人居住在社区的家中或者社区的机构设施内，服务人员、志愿者也是在社区中工作，这样既便于为老人提供服务，也避免老人在情感上产生孤独感。同

时为了社区照顾的稳定性和持续性，政府会给予相应的财政支持，由政府出资去承办相应的服务。

2. 对我国社区为老服务的重要启示

一是加强政府对居家养老的支持和引导。英国社区照顾的实践已经表明，政府在居家养老发展中处于枢纽位置。比如英国为社区照顾的实施成立地方服务局，为了扶持社区照顾发展政府出台了相应的法规和政策，并且大部分是关于政府购买服务的内容。因此，我国居家养老的发展要重视政府在部门设置、政策法规、相关制度等的顶层设计方面的主导作用。要理顺管理部门关系，明确社区内各组织的职能范围，加强内外监督，推动政策制度有效运行，形成长效运行的机制。资金支持是推进居家养老的重要前提，政府要稳定居家养老的资金保障来源，适时加大投资力度，推动居家养老进一步完善。

二是进一步推动养老服务的产业化发展，打造专业化的为老服务队伍。英国社区照顾的重要特征就是专业性，相应的服务内容都是由专业化的养老机构所提供。居家养老服务要引入市场竞争机制，并具有充分的社会条件和资源，以购买服务的方式，通过专业化的培训来进一步提高社区照料服务人员的专业性和服务水平，延伸养老服务产业链，提高市场竞争力。

三是加快培育和发展社会服务组织。英国社区照顾工作繁重，随着市场的发展，非政府组织的资金、动员、资源优势更加明显，承担了大部分的社区照顾工作，主体作用更加突出。我国社区居家养老的发展要充分发挥基层政府、居民自治组织的行政权威和服务的作用，动员社区内的资源为居家养老提供服务。同时引进、培育和发展社会服务组织，联合其资金、资源和专业技术进一步完善居家养老。

（二）我国香港安老服务模式

1. 我国香港安老服务的基本理念与发展历程

我国香港的安老服务体系立足于“老有所属”和“持续照顾”的理念，由政府和民间组织共同推进，持续照顾老年人在生命历程不同方面需求，由政府与非政府机构分工合作以及社会各种力量共同参与和保障，形成社区与院舍照顾互相承接的网络化服务体系。我国香港的安老服务就是通过相应的支援服务，使老年人生活在自己较为熟悉的社区中。其宗旨是使老年人能够有尊严地实现养老生活，并为他们提供适当的援护。我国香港的安老服务发展建设大致可以划分为三个阶段（见表5）。

表5　我国香港的安老服务发展建设的主要阶段

阶段划分	安老服务特点	代表性政策措施	代表性法律法规
第一阶段:20世纪60~80年代	政府倡导养老以家庭为中心逐渐向以社区照顾为重点、家居照顾为目标,明确政府应承担的责任	实行"公共援助计划"(1971)、发放老弱伤残津贴(1972)、降低老年津贴领取比例(1978)	《香港社会福利白皮书》(1965)、《香港社会福利发展计划》(1973)、《香港社会福利白皮书——进入80年代的社会福利》(1978)
第二阶段:1981年至1997年香港回归	政府继续倡导社区和家居照顾为主,院舍服务为辅,强调老年人参与社区活动的重要性,建立院舍服务中央轮候册	成立"老年人服务中央委员会"(1988)、推行"买位计划"(1989)、实施"综合社会保障援助计划"(1993)、成立"老人服务工作小组"(1994)	《私营安老院资源注册计划》(1988)、《跨越九十年代香港社会福利白皮书》(1991)、《安老院条例》(1995)
第三阶段:1997年至今	政府注重已有服务延伸,整合现有服务资源,及时推出新服务计划满足老年人需求,安老服务的发展已经基本完善	提出"老有所养,老有所属,老有所为"安老服务目标(1997)、推行"老有所为计划"(1999)、提升长者综合服务中心为长者地区中心(2003)	"安老服务统一评估机制"(2000)、"香港强基金制度"(2000)、"长期护理服务中央轮候册"(2003)

2. 我国香港安老服务的特色与借鉴

一是服务的内容丰富而广泛，安老服务要不断完善体系。香港安老服务以社区居家养老和护理为主，以养老院照顾为辅，更注重老人在社区家庭这一熟悉的环境中接受服务照顾，安享晚年。香港的安老服务覆盖的范围十分广泛，针对不同类别、不同需求的老人提供不同内容、不同程度的安老照顾，并针对不同的需求提供不同的服务。安老服务要不断完善供给体系，不断丰富老人寻求安老服务的渠道。

二是服务提供主体多元化，安老服务既要有保障部门的统筹，也要有社会力量的参与。香港养老服务涉及众多政府部门，在社会上许多的服务机构也在发挥重要的作用，安老服务的发展既要有保障部门的有序协作衔接，也要激发社会力量在推进安老服务方面的活力。在香港安老服务的主体是庞大的义工队伍，涵盖社会的各个阶层和年龄段，其中低龄老人也会加入义工队伍为高龄老人提供照顾服务。政府引导企业加入安老服务体系，提高服务的质量和水平。安老服务在政府的统一组织下，应充分调动社会各方面、各层级的力量和资源共同参与，实现主体的广泛性、多元性去满足长者的需求。

三是以评估促运行，应建立安老服务统一评估机制。香港在安老服务保障方面除了健全的法律制度和管理体制外，社会福利署推行的安老服务统一评估机制是安老服务可以持续运行及保障服务质量的重要基石。通过科学的评估工具有效地评估老年人在护理方面的需求并编制规划和配置相关的护理服务，不断提高安老服务的舒适性和适当性。

（三）上海“老伙伴”计划

1. 项目实施的背景和情况

上海在1979年60岁以上人口数量占比已经达到10.2%，上海成为我国最早进入老龄化的地区，也是全国第一个老年型地区，1979年以来上海老龄人口增长迅猛并且不断加速。截至2016年底，上海市60岁及以上老年人口457.79万人，占总人口的31.6%，65岁及以上老年人口299.03万人，占总人口的20.6%。

预计到2020年上海市60岁以上人口数量将达到540万人，占本市户籍人口比重将超过36%。较大的老年人口数量，给养老服务的产业结构、社会结构、经济结构等带来了机遇和挑战，给城市可持续发展带来深远的影响，加快完善上海为老服务体系建设十分迫切。

从2012年开始，上海市民政局尝试探索一种互助养老新模式——“老伙伴”计划，即低龄老人为高龄独居老人服务。“老伙伴”计划这种互助养老新机制是以增进社区居民彼此之间的情感为纽带，以互帮互助为基础，由年龄在70岁以下的低龄老年志愿者与80岁以上的独居老人结成帮扶“伙伴”，通过登门拜访、社区活动以及情感互助等形式，提供以互助关爱为主题的志愿服务。通过该项目，基于邻里关系的社区老人非正式照顾网络得以确立，目前低龄老年人志愿者队伍不断壮大。

2. 上海探索居家养老模式的重要启示

一是政府引导与社会组织参与形成工作合力。在“老伙伴”计划实施过程中，上海市民政局首次在市政府实施项目中引入社会组织参与，充分发挥社会组织的专业化优势，由社会组织对服务项目、服务内容、服务方式和服务标准进行统一设计，由市级社会组织通过培训向区县社会组织配送，区县社会组织辐射所有低龄老年志愿者。这是转变为老服务工作思路、推进基本养老公共服务均等化、普惠化和养老服务社会化的积极探索，是破解老龄化挑战的有益尝试。

二是以信息化为支撑推动科技助老。依托市社区服务中心借助上海市社区服务网设计开发了管理平台，录入低龄老年志愿者和高龄老人的基本信息，通过信息化手段对整个项目的服务记录、项目执行、过程监督、数据统计等进行管理。同时，通过加强区县社会组织的业务培训，实行志愿服务电子台账管理，解决了手工台账烦琐、复杂的问题，确保项目在操作层面的快捷、方便、公开、透明。

三是以公益招投标为平台，确保实施项目规范运行。为了加强管理，确保服务质量，让全市有公益理念、志愿精神和服务能力的社会组织参与“老伙伴”计划的服务，市民政局首次采用彩票公益金招投标的形式，引入专业机构进行服务研发和培训，并提供专业技术支持。

三　新街口社区居家养老服务模式的思考和建议

目前，我国的整体养老水平还处于较低阶段，与现今社会的发展需求具有一定距离。当今，社区居家养老是我国应对养老问题最具有现实意义的路径，但是在制度和资金方面的持久性和规范性、服务人员队伍的专业性和稳定性、服务与需求的匹配性、社区养老资源的整合与利用等方面存在问题。从全国来看，我国居家养老在模式创新、资源整合、队伍建设等方面还需要进行更多的实践和探索。

（一）新街口街道社区居家养老服务发展现状

1. 北京市养老服务模式发展现状

（1）北京市人口老龄化现状

北京市早在1979年就已经进入老龄化城市的行列，并且在1990年进入老龄化社会，目前，北京市的人口老龄化正以前所未有的速度迅猛推进。

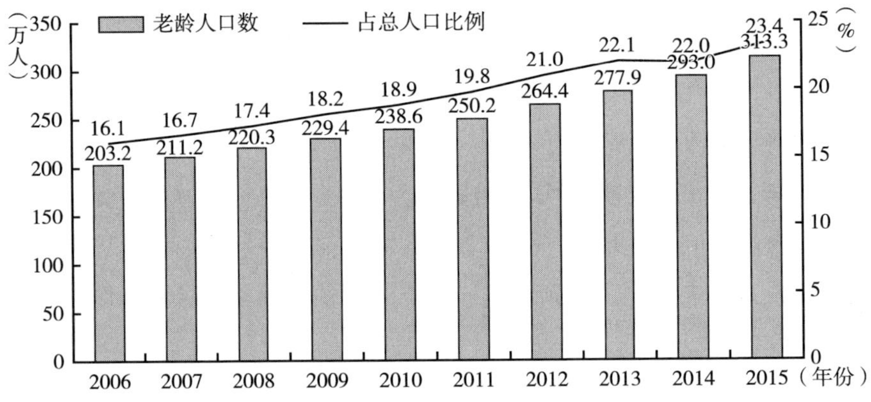

图1　2006~2015年北京市户籍老年人口变化

根据《北京市老龄事业和养老服务发展报告（2016~2017年）》统计，截至2016年底，北京市60岁以上人口总数大约有329.2万人，占总人口数的24.1%，老龄化程度居我国第二位。截至2016年底，北京城六区户籍老年人口216.6万人，占全市老年人口的65.8%，老年人口抚养系数达38.1%。总体来看，人口老龄化呈现程度高、增长快、高龄化、不均衡、抚养负担重的发展特点。人口老龄化对社会各方面的发展都具有一定的影响，北京市面临严峻的人口老龄化问题，应该进一步适应人口老龄化发展的趋势，加快相关养老产业的布局，健全养老政策体系，全面推进本市老龄事业发展。

（2）北京市居家养老发展现状

2008 年 12 月，北京市民政局等五部门联合下发了《关于加快建设养老服务机构发展的意见》，首次提出了“9064”① 的养老服务模式，明确养老工作的发展方向，也指明了发展居家养老服务的重要性，从 2009 年至今，北京市民政局等部门一直致力于居家养老服务的建设，在居家养老方面的政策也陆续出台，2009 年提出的“九养”政策，② 为居家养老服务体系确定了具体发展方向。2013 年出台的关于推进养老服务产业发展的政策，进一步对居家养老服务产业的政策环境、制度安排以及养老产业的重点领域进行了明确的规定和指导，为北京市养老服务产业的发展给予了具体指导意见。2015 年北京市出台的《居家养老服务条例》，具体规定了居家养老服务的范围，进一步提高了居家养老服务的规范化。2016 年《北京市“十三五”时期老龄事业发展规划》指出，“北京市目前处于中度老龄化阶段，健全以居家为基础、社区为依托、机构为补充、医养相结合的养老服务体系，满足老年人多层次、多样化的养老服务需求”。

2. 新街口街道社区为老服务发展情况

新街口街道辖区面积为 3.7 平方公里，划分为 21 个社区，截至 2014 年底，新街口街道总人口为 106795，60 岁及以上户籍老年人口占总人口比重高达 27%，相对全国和北京市其他地区，街道人口呈现高度老龄化特征，给街道发展带来了严重挑战。

---

① “9064”养老服务模式：到 2020 年，老年人口的 90% 实现社会服务协助下的家庭养老，老年人口的 6% 实现政府购买照顾服务的社区居家养老，老年人口的 4% 以集中养老方式实现机构养老。

② 2009 年北京市出台的《北京市市民居家养老（助残）服务（九养）办法》，其主要内容包括：建立万名“孝星”评选表彰制度、建立居家养老（助残）券制度和百岁老人补助医疗制度、养老（助残）餐桌、托老所、招聘居家服务养老护理员、配备养老无障碍服务车、开展养老（助残）精神关怀服务、实施家庭无障碍设施改造和为老年人（残疾人）配备“小帮手”电子服务器等九项措施，因此也简称“九养”办法。

采用公办民营模式，提升为老服务的专业化程度。街道提供基础支持，以福寿轩敬老院、高井胡同6号院为依托，分别引进经民政局认定、具有为老服务资质的北京市西城区养老机构服务中心、北京市西城区惠众养老服务中心，为地区养老服务工作引进专业人才和专业管理，力求医养结合。街道与服务中心达成合作协议，合理设计面向老年人群的有偿服务和无偿服务。严格遵守市区收费标准，街道适当给予政策经费补贴。服务中心兼顾机构养老、日间照料、居家养老等服务功能，为地区失能、半失能老人提供日常护理、“喘息服务”等专业服务；开发助浴、助餐、阅览、音乐治疗、心理沙盘、书法绘画、手工制作、影视鉴赏等日托服务项目；并为居家老人提供助餐、助浴、理发、修脚、基础体检等服务，针对独居空巢老人进行入户巡视，照顾老人安全。

联手社会单位，采用“以奖代补”模式，满足为老服务的个性化需要。新街口街道积极促进与社会单位合作，目前已发展为老服务资源共享单位12家，包括西城区文化馆、北京家园医院等，为老年人提供医疗保健、文化娱乐、法律援助等多种服务。街道建立共享奖励机制，调动社会单位参与地区养老服务积极性，实施以奖代补，比如优美亮丽、小陈理发店等6家单位，为老年居民提供“一元理发”服务，明缘美容美发学校每周利用半天时间为老人提供上门理发服务，西四北四条小学开展假期周末慰问孤寡空巢老人活动，新街口社区教育学校面向地区老人收取低额费用，培训书法、舞蹈，丰富老年人生活。

扶持引导民营机构，有效发挥为老服务的市场化作用。大力支持景福养老照料中心建设，2014年底，景福养老照料中心设置床位96张，配备全科医生及护理员，提供护养服务。中谷粮油集团、天喜百家开展“为老配餐”服务，遵循市场化运作规律，达到老年餐桌服务21个社区全覆盖。

（二）新街口街道推进社区为老服务存在的问题

1. 养老服务缺乏整体统筹，服务活动的设计随意性强

除养老院承担的养老工作外，街道居家养老多是开展活动，各类负

责开展养老服务的部门各自为政，闭门制定工作活动方案，街道没有在更高层面统筹把握，没有系统地从老年人的健康、饮食方面进行整体规划，工作的随意性较强。养老服务没有建立长效工作机制，一些能够发挥阵地作用的场所，比如社区老年大学，没有得到充分利用。服务老年人的链条反馈补偿机制没有建立，使得一些有效服务由于服务主体的动力减弱而中途搁浅。

2. 服务项目与居民养老需求对接不紧密

随着居民生活水平的不断提高，老年人对自身养老的需求也逐步变得更加多样化，特别是对养老的方式和方法提出了更高的要求。但是街道养老服务形式单一，项目数量少，不能满足不同老人的不同需求。相关专业化的服务，如定期体检、医疗护理、心理咨询、法律援助、临终关怀等迫切需要开展；服务内容单一，多集中于文娱活动、节日慰问等，缺少新的创意和内涵；开展活动以老年活动中心为主体，并没有深入老人的家庭；把主要的精力和资源都倾注到高龄孤寡以及困难老人，对普通老人的关注太少。老人日益增长的养老服务需求与街道养老服务资源有效供给之间存在矛盾，如何真正实现养老服务供给和需求匹配是街道需要思考的问题。

3. 服务资源缺口大，资源分布不均衡

街道养老服务主要依托街道内部有限的养老服务资源，随着老年人口数量增长和比例提高，这些资源已不足以满足街道内老人日益增长的养老服务需求；而且区域内部资源分布不均衡，资源分配自觉不自觉地倾斜于领导的关注点，把主要精力完全放在了平房区，而58.5%的楼房区老人养老没有得到应有的重视。因而，如何有效地整合现有资源，挖掘潜在资源，工作迫在眉睫。

4. 公办民营养老服务模式运行机制面临掣肘

街道日间照料中心采用公办民营的运营模式，助餐助浴等养老服务工作由社会组织承担，街道希望基于此辖区养老能够走上管理科学化、服务社会化、营运市场化的发展轨道，然而，实践过程中面临着监管困境、运营企业定位不准、运营资金不足、经营模式与市场定位不相匹配等一系列需要解开的管理死结。

5. 养老资金来源单一，缺乏可持续性资金支持

根据我国相关政策条例，街道逐年加大养老服务的资金投入，但投入与产出不成正比，实际使用效率不佳。而且后期缺乏对资金的有效管理，资金持续性投入不足。同时由于宣传影响不足，引入社会资金参与困难，养老资金链条短并且没有形成良性循环。

（三）新街口街道社区为老服务模式发展的建议

1. 进一步明确职责分工，完善组织保障

明确街道整体定位和具体职能，成立老龄工作委员会，综合管控部门的分工与协作，形成养老工作的专项化与模块化，并在实践过程中对部门工作合理调整，保证养老服务活动的有效开展，实现服务项目与居民需求的合理对接。街道社会办、民政科、计生办、社区服务中心、综治办、团工委、残联等多个部门各司其职、相互协调配合，在街道老龄委的整体统筹下，年初制定整体计划，从不同角度开展街道老龄工作。

2. 引入社会力量，推动家庭养老与社会养老相结合

吸引社会力量参与养老事业建设，加强政策引导、资金支持、市场培育和监督管理，发挥市场机制在资源配置上的基础性作用，引导地区养老多元参与。完善养老服务“公办民营”模式，构建街道监管与运营主体的协作关系，完善合作项目的招投标机制，实行精细化的合同治理，合理界定公私合作项目的市场定位，建立多渠道的养老服务资金筹措机制。鼓励养老服务组织适当收取低额服务费用，实行居民会员制，减少对街道的依赖程度，促其独立，促其养老服务可持续。鼓励企事业单位进行公益性捐款与投资，采用企业冠名，采用智慧社区信息屏定时播放公益宣传片，采用街道报纸《新街口之声》公益广告或单位风采刊登等方式，树立企业良好口碑，促其增加对社区养老服务的投资，增强企业社会责任感。加强对社会资源共享单位和志愿者队伍的沟通、协调、规

范与激励等，不断发展壮大义工队伍，调动开展多项为老志愿服务，创新志愿养老的方式和方法，进一步提高养老服务的质量。充分发挥家庭和社区功能，着力巩固家庭养老地位，构建以居家养老为基础、社区养老为依托、机构养老为支撑的社会养老服务体系，不断推动街道养老事业全面发展。

3. 提高新街口街道社区居家养老服务队伍的专业化水平

对现有的居家养老服务人员进行系统的专业技能培训，聘请具有专业素养的服务人员或者引入具有专业水平的社会组织共同参与社区居家养老服务。积极推进居家养老服务从业人员的资格认证制度，实行持证上岗。

4. 发挥基层自治作用，扩大社区居家养老服务志愿者队伍

一是进一步动员发挥社区自身资源为养老服务提供保障，此举也更加有利于降低服务价格以及有效解决社区相应的就业问题。二是积极发挥社区组织的效能作用，使其进一步参与到社区的养老服务当中。三是进一步发挥社区党组织的模范带头作用。四是积极培育和扩大养老服务志愿者队伍，可借鉴上海“老伙伴”计划，动员低龄老人作为社区养老服务志愿者与高龄老人结对子，提供照顾和帮助。

5. 进一步夯实居家养老精准服务的基础

社区要及时对孤寡老人进行探访，特别是对情况较为困难的老年住户建立长效的探访机制。与此同时，要进一步发挥社区的引导和对接作用，注重对社区养老情况的信息收集。此外，还应进一步加强养老服务的设施建设，为养老服务提供一个具有专业性质的平台，为老年人提供更加精准的个性化服务。根据实际情况，将社区养老服务设施无偿或低偿交由专业化的居家社区养老服务项目团队运营。

6. 推进社区为老服务“互联网 +”模式，建设虚拟养老院

社区应该进一步发挥当前先进的信息技术、利用互联网的优势，把社区养老和信息技术相结合，开发出适应当今养老趋势的信息平台（例如，APP应用、微信公众号等），同时要重点拓展远程监控、自动报警、实时监测等功能，严格把控数据接口，建设虚拟型养老院。

参考文献

许义平、何晓玲：《现代社区制度实证研究》，中国社会出版社，2008。

盘黎玫：《完善上海为老服务体系研究》，上海工程技术大学硕士学位论文，2012。

杨莹莹：《北京市居家养老服务需求及其影响因素研究——以西城区为例》，首都经济贸易大学硕士学位论文，2017。

唐莹莹：《借鉴香港安老经验　应对北京老龄化》，《北京人大》2015 年第 4 期。

刘焕明、蒋艳：《社区居家养老为老服务模式探析》，《贵州社会科学》2015 年第 11 期。

辜胜阻、吴华君、曹冬梅：《构建科学合理养老服务体系的战略思考与建议》，《人口研究》2017 年第 1 期。

B.6

平房区准物业管理模式研究

摘　要： 准物业管理的概念是随着我国城市建设的发展而出现的，其实质就是为了解决老旧小区因为无物业管理而存在的各种问题。本报告聚焦平房区准物业运行管理的背景、问题、特点及机制探索，进行了系统梳理，力求为准物业管理的研究提供理论支撑。在总结国内、市内准物业管理典型做法的基础上，本文结合西城区新街口街道平房区准物业管理现状，分析准物业管理存在的问题，并提出相应的对策建议。

关键词： 新街口街道　平房区　准物业管理

"准物业"的概念是相对一般市场化物业管理而言的。20 世纪 90 年代后的商品住宅小区，基本配备物业公司来进行社区内保洁、保安、维修等方面的服务管理，运作模式属完全市场化。然而，建设年代较早、原规划设计标准较低的老旧小区或平房区，由于产权所属情况复杂，无法顺利推行正规物业管理，居民对居住权益的维护也缺乏渠道。因此，这类老旧小区或平房区往往存在排水不畅、道路失修、设施不全、私搭乱建严重、小区环境脏乱差等现象，居民反映强烈，迫切要求加大整治力度，巩固整治成果，实现长效管理。"准物业"的概念就是在这种诉求下应运而生，其实质就是为了解决老旧小区因为无物业管理而存在的各种问题。

党的十九大报告进一步提出，要打造共建共治共享的社会治理格局。加强社会治理制度建设，完善党委领导、政府负责、社会协同、公众参与、法治保障的社会治理体制，提高社会治理社会化、法治化、智能化、专业化水平。加强社区治理体系建设，推动社会治理重心向基层下移，发挥社会组织作用，实现政府治理和社会调节、居民自治良性互动。[①] 平房区的准物业管理是社区治理体系建设的重要一环，同时也是社会治理创新的一项开拓性尝试。

一 准物业管理模式的理论分析

（一）物业管理与准物业管理的概念

1. 物业管理

为规范物业管理活动并且维护相关利益主体的合法权益，我国于 2003 年开始制定《物业管理条例》，并于 2007 年进行了修订。在该《条例》中物业管理被定义为："业主通过选聘物业服务企业，由业主和物业服务企业按照物业服务合同约定，对房屋及配套的设施设备和相关场地进行维修、养护、管理，维护物业管理区域内的环境卫生和相关秩序的活动。"

目前新建的商品房小区施行的就是这种市场化、专业化的物业管理，即由业委会通过业主大会选聘专业物业服务企业进驻小区开展专业化物业管理，双方签订物业服务合同。受聘物业企业根据《物业管理条例》和物业服务合同，提供专业化物业管理服务并按照合约向住户收取物业费。[②]

2. 准物业管理

"准物业管理"这一概念，是在物业管理的基础上，杭州市于 2009 年为解决老旧小区的物业管理问题而提出的。2009 年杭州市颁布《老旧小区物业管理改善工程社区化准物业管理指导手册》，首次提出在老旧小区实施"准物业管理"，并将这一概念界定为："社区化准物业管理是在社区党委的领导下，以社区公共服务工作站为实施主体，组织社区居民共同参与，为小

① 党的十九大报告。

② 罗夏：《产权与治权关系对老旧小区物业管理的影响——基于京津案例研究》，华北电力大学硕士学位论文，2015。

区居民提供公共区域保洁、公共安全秩序维护、停车秩序维护、共用部位及共用设施设备维修养护、绿化养护和小区内道路保养等基本服务的活动。”杭州市所推广的准物业管理比较好地解决了老旧小区停车、治安、卫生、维修等问题，在全国引起很大反响，多个城市也开始推行这一模式。

2012 年，北京市朝阳区社会建设办发布《朝阳区街道系统老旧小区准物业管理工作指导意见（试行）》，并发布相关《指导手册》和相应的规章制度。《指导手册》对“准物业管理”做出定义，规定“准物业管理是指在不具备物业管理条件、暂时无法推行正规物业管理的老旧小区，成立居民准物业自治管理组织，按照低于一般物业管理标准的物业收费标准和服务标准，为居民提供基本的物业服务”。

总体来看，准物业管理有这样一些内涵：①实施准物业管理的居住区不具备实施专业化、市场化物业管理的条件；②准物业管理是党委领导、政府实施、居民自治组织或群众参与的一项社会治理活动；③收费标准低，服务机构不以营利为目的；④目标是解决社区居民的基本物业服务问题（见表 1）。

表 1　“准物业管理”与“物业管理”的区别

对比项目	准物业管理	物业管理
服务提供者	公共部门、社会组织、居民自治	物业公司
适用对象	平房区/老旧小区	商品房小区
房屋产权	房管局/多方	个人
负责的组织	居民准物业自治管理组织	居民业主委员会
所购买的服务以何为单位	服务项目	整体社区服务
服务费用	非营利性（成本价）	营利性（市场价）
服务内容	保安、停车、环境绿化、卫生清洁、管道疏通、房屋修缮等	

（二）平房区准物业管理模式的形成背景

依托于《物业管理条例》《物权法》，我国商品房小区的物业服务已经较为成熟。不仅是物业公司能够提供系统、专业的物业服务，而且物业公司的选聘、业主与物业公司的协调、业主对自身权益的维护等方面，都已经有了较为成熟的机制。而在老旧小区和平房区，物业服务主要还是由多方市政部门共同负责实施。平房区为什么没有引入市场化的物业管理？在社区行政部门对平房区进行物业管理时，存在着哪些问题？对平房区物业的管理应采用何种模式？

1. 平房区不具备实施市场化物业服务的条件

平房区的大部分房屋和辖区内的公共空间及设施，其产权、物权并非居民所有，因此平房区不具备实施和商品房小区一样的完全市场化物业管理的条件。

我国《物权法》将业主对社区的所有权分为“专有”和“共有”两部分。建筑物内的住宅、经营性用房等部分属于专有部分，业主对其享有所有权。专有部分以外的为共有部分，如建筑区划内的道路、绿地、公共场所、公用设施和物业服务用房等，业主对其享有共有和共同管理的权利，并承担相应义务。

在商品房小区，属于专有部分的房屋，其所有权归属于个人，小区内属于共有部分的道路、绿地、公共场所、公用设施等，也都属业主共有，业主对其也承担相应义务。而目前平房区的所有权结构相对复杂。从自有部分来看，平房区的房屋主要分为三类，一是产权归属于房管局的房屋，称直管房；二是产权归属于单位的房屋，称自管房；三是产权归属于个人的房屋。前两类，房屋的所有权归国家或单位所有，与之相应，房屋的物业管理也由房管局或单位负责。从共有部分来看，平房区的道路、环境的所有权属于公共部门，对其进行物业管理，也属于公共部门的责任。但由于居民在此居住，势必要对周围资源有所利用和影响，因此，居民对这一公共区域的管理也负担着一部分物业管理责任。

由此可见，对平房区进行物业管理，涉及多种权利、责任关系，较为复杂，居民并非对房屋和公共环境承担所有权和相应义务，因此，不具备像商品房小区那样，由业主承担物业费来实施市场化物业服务等条件。实际上，北京市平房区的各项物业服务，由房管部门、环卫部门、环保部门等多个公共部门，或某单位内部的房管部门负责，居民根据不同事项，定期向公共部门缴纳一定费用，其所运用的并非市场化而是属于社会治理的模式。

2. 平房区准物业管理是随社会发展需要而出现的

在改革开放初期，城市人口不多、城市间人口流动性小，所以社区内的卫生、安全问题并不凸显，而且社会生活的现代化程度有限，如私家车停放等问题也未出现，因此，公共部门所承担的服务事项比较简单，平房区的物业服务就在这样一种模式下平稳运行。而随着社会的发展，人口增多，秩序混乱，卫生与环境问题日益凸显，安全存在越来越多的隐患，等等，社区物业服务的内容更多、更复杂。而且，随着我国“社会管理”的理念向“社会治理”的转变，更好地组织社会力量，对平房区进行一定形式的物业管理的需求也就呼之欲出，系统性的社会治理、城市精细化管理等理念也对平房区的各部门之间的协调、社会治理水平提出了更高的要求。但同时，由于平房区房屋的产权性质依然是以直管房、自管房为主，私产房依然是少数，而且其共有部分不是一个封闭的小区，属于公共场所，因此，在平房区直接实行市场化物业的管理并不合理，在这种情况下，平房区开始实施了“准物业管理”。

（三）准物业管理本质上是基于多元化主体的社区治理

社会治理的基本含义是特定的治理主体对于社会实施的管理。夏建中认为，治理是以协调为基础的、持续的互动过程。杨丽等人认为，当前中国社会治理的趋势必然是合作共治与复合治理，以使政府、市场和社会充分发挥各自优势，形成合力，共同处理公共事务。①

党的十九大报告提出，要“打造共建共治共享的社会治理格局”。“加强社会治理制度建设，完善党委领导、政府负责、社会协同、公众参与、法

① 杨丽、赵小平、游斐：《社会组织参与社会治理：理论、问题与政策选择》，《北京师范大学学报》2016 年第 6 期。

治保障的社会治理体制，提高社会治理社会化、法治化、智能化、专业化水平。”要“加强社区治理体系建设，推动社会治理重心向基层下移，发挥社会组织作用，实现政府治理和社会调节、居民自治良性互动”。我国不仅将“社会管理”的理念转变为“社会治理”，更是提出要使基层管理重心下移，进行社会治理创新。

社区是社会治理的基本单元，目前我国在社区治理上有着多种组织形式。除了政府层面的街道办事处、衔接政府与居民的社区居委会以外，近年来我国又设置了社区工作站，同时，各种类型的社会组织、居民自治组织、志愿者组织也参与进来，“一个多元社会治理主体共同治理社会的局面”正在形成。“一个政府如何与多元社会治理主体共同开展行动”,[①] 社会组织如何参与治理，社区自治如何形成并且稳定而有序发展，是当前社会治理的重要命题。

二　平房区物业服务的特点及准物业管理实施主体

（一）平房区物业服务的特点

从物业服务和管理的角度来看，平房区具有治理责任部门多、房屋产权主体多、面对新的服务需求适应性较弱、沟通以单向“自上而下”为主、资金来源渠道有限等特点。

1. 治理责任部门多

与商品房小区一样，平房区的物业服务同样包括房屋修缮、管道维护、卫生清洁、环境绿化、保安、车辆通行和停放、设施维修等内容。而目前平房区物业服务的责任单位比较多元，如街道房管所，受局机关委托，负责房屋的保管、相关数据统计及检查工作，是房屋的产权部门；房屋土地经营管理中心，负责房屋经营及房体建筑的修缮；环卫公司，负责清扫保洁，垃圾

① 张康之：《论主体多元化条件下的社会治理》，《中国人民大学学报》2014 年第 28 期。

清运；环保局，负责污染治理、环境绿化；派出所，负责社区安全；社区服务中心，负责日常生活中的一些维修及服务事项；等等。由于职责部门多，在对社区物业提供服务和进行治理时，在管理、协调方面存在一定问题。

2. 房屋产权主体多

根据房屋产权平房区的房屋主要分为三类：一是归属于房管局的直管房，在三类房中所占比例最大；二是归属于某单位的自管房，1998 年商品房政策出台前，单位将房屋分配给员工居住，产权属于该单位，而由于商品房政策实施后，单位不再进行福利分房，而且在改革开放的进程中，许多单位已经解体或转制，因此这类房屋占比较小；三是归属于个人的私房，是在新中国成立初期，房屋产权尚未全面规范时，个人从市场上购买的房屋，这类房屋的占比也很小。

3. 面对新的服务需求适应性较弱

与商品房小区物业公司提供的一体式服务模式不同，平房区准物业管理是以项目为单位而提供的，一个市政部门对应一个或几个社会服务项目。因此，当有新的社会需求产生时，相应的部门或部门内部团队往往无法迅速而有效地建立起来。另外，随着服务部门或团队增多，对各项服务的统筹管理也会变得更为复杂。

4. 沟通以单向“自上而下”为主

准物业服务提出要以居民需求为主导，但目前在居民表达需求、维护权益方面，尚未形成稳定有效的渠道或机制。这一问题也应是群众自治组织开展行动的着力点之一。

5. 资金来源渠道有限

目前平房区开展准物业服务的主体主要有市政部门、街道聘用人员、居委会聘用人员、社区工作者、政府购买公共服务的社会组织以及社区聘用的市场化物业公司。这些人员、服务或组织的聘用、购买都需要资金的支持。现有资金来源主要是财政资金和居民缴纳的费用。但由于平房区准物业服务的非营利性质，除了停车费以外，居民所缴纳的费用金额很少，基本上是服务成本价，大部分资金还是来自政府的财政支持。

（二）平房区准物业管理实施主体的构成

平房区的物业服务主要包括统筹管理工作，以及房屋及内部的房体修缮、管道和电路维修，房屋外部公共空间的胡同停车、疏解整治、公共设施维护、安全保障、卫生清洁、环境美化等多方面具体事项，所对应的是多元的服务实施主体。

1. 管理机构：街道办事处

街道办事处是我国市辖区和不设区的市人民政府的派出机关，下设多个社区。街道办事处的主要任务是办理市、市辖区的人民委员会有关居民工作的交办事项，指导居民委员会的工作，反映居民的意见和要求。在平房区的准物业管理工作中，街道办事处代表政府部门，对相关事务进行组织与管理。

2. 协助机构：居民委员会、社区工作站

（1）居民委员会

根据我国1989年颁布的《居委会组织法》的定义，居民委员会是居民自我管理、自我教育、自我服务的基层群众性自治组织，不设区的市、市辖区的人民政府或者它的派出机关对居民委员会的工作给予指导、支持和帮助，居委会协助上述机关开展工作，工作经费和来源、成员的生活补贴费的范围、标准和来源，由政府规定并拨付。

根据该法的规定，居委会是一个群众行使自治权、管理社会事务的群众自治组织。但在后来的发展中，居委会逐渐成为一个传达和执行行政指令、对社区进行治理、为居民提供直接的生活服务的机构。从2010年起社区工作站的逐步设立，使得居委会的原有作用在很大程度上被取代。与此同时，居委会所承担的工作愈加烦冗，“行政事务多、检查评比多、会议台账多、不合理证明”问题非常突出。2015年7月13日，民政部、中央组织部联合发布《关于进一步开展社区减负工作的通知》（民发〔2015〕136号），要求推动基层社会治理创新，切实减轻基层负担。

2010年中共中央办公厅、国务院办公厅联合颁布的《关于加强和改进城市社区居民委员会建设工作的意见》指出，“到2020年，努力使全国城市社区居民委员会的组织体系更加健全，社区居民的组织化程度明显提高；社区居民群众享有更多更切实的民主权利，社区居民自治范围进一步扩大，社区民主管理制度日趋完善；干部队伍结构进一步优化，社区管理和服务能力显著增强；工作用房和居民公益性服务设施能够满足社区居民群众的基本服务需求；政府投入与社会投入相结合的经费保障机制基本建立”是我国加强和改进城市社区居民委员会建设的目标任务。依法组织居民开展自治活动，完善社区居民自治制度，支持社会组织和社区志愿者参与社区管理和服务是居委会作为自治组织的重要职能。

居委会应该按照《居委会组织法》的要求，找准定位，充分发挥群众自治组织的作用，“从直接提供服务转为通过运作各类社区组织，动员更多居民，共同做好自我管理、自我服务”①；向政府机关反映居民需求和意见；利用居委会自身权威性，还可以充分利用社区资源，开拓更多的社区准物业服务资金来源渠道，及承接政府购买的服务工作；等等。

居委会在提供具体的社区生活服务时发挥了很大作用，但是居委会成员人数有限，无法承担整个社区的物业服务。更重要的是，居委会是一个群众性自治组织，它一方面是政府的协助力量，另一方面来自群众，服务于基层群众民主权力的行使。因此，居委会应进一步明确自身组织定位，发挥好居民代表大会作用，在准物业管理的实施过程中，贯彻党的思想，协调好各部门、组织间的工作，代表群众表达需求和维护权益，成为群众自治组织最主要实体。

（2）社区工作站

2010年中共中央办公厅、国务院办公厅联合颁布的《关于加强和改进城市社区居民委员会建设工作的意见》提出对于任务较重的居委会，可建立社区工作站。2013年，民政部、财政部联合发布的《关于加快推进社区社会工作服务的意见》提出，探索建立以社区为平台、社会组织

① 顾骏：《在和谐社区建设中寻找居委会的新定位》，《社区》2009年第5期。

为载体、社会工作专业人才为支撑的新型社区服务管理机制。社区是社会组织、社会工作者为社区进行服务的平台，社区工作站与居委会都是政府在社区设置的平台机构，社区工作站设立的目的是将非群众自治组织的事务从居委会的工作中分离出来。目前社区工作站普遍负责的是落实政府部门交予社区的行政性事务、为社区居民提供直接的社会服务、参与或负责政府购买服务方面的工作，与居委会在职能上有所重合。但社区工作站与居委会性质并不相同，它不是群众自治组织，而是政府设置、考核、选任的事业单位，因此，社区工作站应立足于自身定位，发挥社会工作者等专业人员的优势，与街道办事处配合、与居委会相衔接，在社区准物业管理中发挥作用。

3. 服务机构：公共部门、社区成立的相关部门、非政府组织、物业公司

（1）公共部门

实施准物业管理的公共部门主要包括房屋土地经营管理中心、环卫局、绿化局、电力公司、自来水公司等，分别负责社区的房屋修缮、清洁卫生、绿化及用电、用水等事项。

（2）社区成立的相关部门

有些社区专门设立了准物业管理部门对准物业进行管理。但这类部门的身份是自治组织，不是法人企业或社会组织，也未在行政部门备案。因此，当其执行管理职能时，就会由于权威性、公信力不足，工作开展会受到一定局限。

（3）非政府组织

非政府组织是指在相关部门备案的，独立于政府部门之外，不以营利为目的执行一定社会事务的民间社会组织。在参与平房区的准物业管理中，社会组织有着组织程度高、可信度高、服务专业、费用较低的优势。目前已经有很多社区通过政府购买服务，将社会组织的物业服务项目引入社区。2013年中共十八届三中全会通过的《中共中央关于全面深化改革若干重大问题的决定》要求："推广政府购买服务，凡属事务性管理服务，原则上都要引入竞争机制，通过合同、委托等方式向社会购买。"

（4）物业服务公司

物业服务公司是指营利性机构，社区通过市场化途径，对其进行聘用。物业公司服务专业，费用较高。社区在实施准物业管理时，可通过梳理服务事项，对于重点、难点、紧急的服务事项，考虑交由物业公司来实施，以保证准物业管理和服务的顺利推进。

4. 居民自治组织

由于老旧小区、平房区没有商品房小区中的业主委员会，一些小区成立了自治组织，在社区生活的各项事务中，居民可以自我表达、自我管理，行使民主权利。有的社区成立了居民议事会，是社区事务的决策机构，成员由居民推选候选人、由社区居民代表大会选举产生，街道办事处协助其进行组织工作。另外，社区自治小组、志愿服务小组也是居民在处理社区准物业管理时的自治组织形式，通过规范流程、建立公约，自治小组和志愿者有组织地直接为社区提供准物业管理服务。

但社区的物业服务是非常具体而繁重的长期工作，仅靠居民、志愿者的热情，无法长久坚持下去。居民自治组织应围绕居委会工作，发挥自身应有的、扩大基层民主的作用，使民主更充分、有序地得以体现。

三　平房区准物业管理模式的主要做法

（一）杭州市老旧小区“三位一体”准物业管理模式

2009 年，杭州市委杭州市人民政府发布《关于进一步加强住宅小区综合管理的若干意见》（市委〔2009〕14 号），提出了准物业管理的基本模式：“推行社区化准物业管理模式的住宅小区，可由当地街道（乡镇）、社区居委会组织社区公共服务工作站具体开展物业管理，也可采取‘社区牵头、党员骨干发挥作用、社区居民共同参与’的居民自治物业管理。”社区公共服务工作站或居民自治物业管理小组可分别聘请保洁、秩序维护等人员负责开展住宅小区内的保洁、保安、绿化养护等物业基本服务。杭州市下城区朝晖街道华联社区是一个老旧住宅楼小区，从2009年10月开始实行社区公共服务站、社区居委会、准物业管理处“三位一体”的工作服务模式，推行了一系列的准物业规范化管理。

（1）整修社区基础设施。2008年，杭州市政府对华联社区的庭院住宅进行了整修改善。

（2）成立准物业管理处。改造完成后，华联社区于2009年成立了华联社区准物业管理处，帮助居民解决日常生活问题，同时负责社区准物业的其他管理性工作。

（3）聘用专员执行准物业服务。社区聘用了物业管理专管员、保洁员、保安负责社区的卫生清洁、安全巡查工作。

（4）制定规范准则。社区制定并完善了《秩序维护部管理制度》《维修服务部管理制度》《社区物业服务项目标准》等各项规章制度，使物业管理工作落实到岗，责任到人。

（5）收取准物业费。社区对居民收取一定的准物业费，不过对于拖欠或不缴准物业费的居民，准物业管理处也不可采取相应的措施和办法，主要是通过提升服务水平和加强宣传，落实居民的知情权、参与权和监督权，提高小区居民对准物业的接受程度。

（二）北京市朝阳区老旧小区准物业管理的几种模式

2010年，北京市朝阳区开始尝试引进准物业管理模式。2012年，朝阳区社会建设办发布《朝阳区街道系统老旧小区准物业管理工作指导意见（试行）》，随后发布了相关的《指导手册》和配套的规章制度，指出“准物业管理不以营利为目的，对居民的收费较低，一般是服务成本费”。

2013年，北京市社会建设工作领导小组办公室出台了《关于开展老旧小区自我服务管理试点工作的意见》（京社领办发〔2013〕12号），开始在全市范围内推行这一做法。

自2010年起，朝阳区开始在老旧小区中推行准物业管理，建立专项扶持资金，完善《朝阳区老旧小区准物业管理工作指导手册》，在社区的治安防范、维护维修、绿化保洁、停车管理方面提供准物业服务。

朝阳区的准物业管理力图实现小区的自我运行、自我管理，首先按照居民意愿在社区层面引导成立以楼院为单位的小区管理委员会，接着在区级层面建立老旧小区服务管理联合会，统筹、协调、指导小区管委会开展社区服务，另外还注意培育热心服务居民，并总结自我服务管理模式，形成管理标准。朝阳区探索了多种准物业管理模式。

1. 居民自治与服务外包相结合

朝阳区呼家楼北里社区，通过居民代表会、小区管委会来进行自治管理，建立了较为完善的居民自治管理制度，后又通过市场化途径引入停车公司对社区车辆进行管理。

朝阳区团结湖街道一二条北小区于 2010 年 10 月开始推行“准物业”管理模式。小区在“准物业”试点之前有一家物业公司运营管理，但服务脱节，管理松散，居民配合度不高。后来在小区居民的一致同意下，小区成立了有 5 名委员的小区自治管理委员会，对小区物业进行管理。通过市场化途径引入多家外包服务公司，来为小区提供绿化、保洁、治安、停车等具体的物业服务。

居民自治组织的成立可以保障居民参与自治的民主权利，但在进行服务外包的管理时，由于自治组织没有法人身份，因此在资金管理方面缺乏一定的公信力。

2. 社区管理与社会组织服务相结合

对于产权复杂的小区，有的社区通过成立管委会来进行管理。朝阳区十里堡北里有 35 栋居民楼，却由 36 家产权单位联建。2010 年 10 月，社区成立了小区管理委员会，以此为基础整合街道资源、统一管理，并以“成本价”引入非营利社会组织为社区提供具体的物业服务。购买社会组织服务是社区实施社会治理的普遍方式，不过社会组织提供非营利服务的范畴主要还是集中于具有公益性的公共服务领域，因此只能在有限领域为社区提供服务。

3. 街道负责与社区居民自治相结合

朝阳区的老旧社区 H 小区在街道办事处的组织下，成立了社区居民议事会、社区自治小组、志愿服务队，通过群众自治，在社区内实施准物业管理。

居民议事会：社区事务自治的决策层。街道办事处和居委会成立社区居民议事会选举工作指导小组，由居民推荐候选人，在社区居民代表大会上投票选出议事会成员和会长。对于涉及居民切身利益的事，议事会都会召开居民议事会研究解决方案，对于遇到的问题，街道办事处通过党政联席会议与居民议事会结合的方式共同协商。

社区自治小组：处理社区事务的执行层。通过选举产生，制定规范制度，负责社区停车及费用管理、治安巡逻、卫生清洁等。

志愿服务队：由社区党委组织，社区党员、楼门长、和谐促进员等人员组成志愿服务队，落实社区的各项准物业管理工作。

这种工委、党委引领，社区管理，居民自治的合作模式，确立了居民的民主自治权力，也为多元主体参与社区治理搭建了平台。但物业服务的具体实施是一个繁重而长期的过程，仅仅靠居民自治的热情无法长期进行。①

四　新街口街道探索平房区准物业管理模式

北京市西城区新街口街道从 2013 年开始在其辖区内的西四北头条至八条平房区域内推行立体化的准物业管理。街道在前期精细化管理的基础上，补充低碳环保和庭院文化的内容，设置街巷长，并引进第三方机构的物业服务，采取街道巡查管理、社区协调监督、物业公司提供服务的准物业管理模式。

1. 设置街巷长巡查街巷

2017 年，为了全面落实北京市开展的背街小巷整治工作，新街口街道

① 李迎生、杨静、徐向文：《城市老旧社区创新社区治理的探索——以北京 p 街道为例》，《中国人民大学学报》2017 年第 1 期。

制订了一系列工作计划和要求。街道在辖区内的全部背街小巷设置街巷长，为街巷长颁发了任命书，并签订《新街口街道街巷环境整治责任书》。街巷长由街道的上百名干部担任，日常工作是在街巷中巡查，如果发现安全隐患，就立即联系街道城管科安排专业人员到现场处理。街巷长的设置使背街小巷有了特定的负责人，居民也有了反馈渠道。

2. 引入物业公司实施服务

根据市领导提出的背街小巷整治“十有十无”① 标准，新街口街道办事处在准物业管理的基础上，于 2017 年全面引入北京住总集团天诺物业、北京盛世威扬保安公司、新街口房管所三家街巷物业单位，实现地区街巷物业管理全覆盖。

新街口街道在正式提出准物业管理的概念以前，对于平房区停车难等无明确责任单位对接的物业服务问题，采取从街道层面进行统一规划和联合执法的方式实施治理。2012 年，街道在西四北头条至八条通过综合整治清理空间，在辖区内划设停车区域三百余处，满足居民停车需求。

准物业管理公司入驻后，共投入人员 1800 余人，全面参与社区物业服务和城市管理行动，包括废弃物渣土清运、地桩地锁拆除、废旧自行车清理、店外经营及无照游商劝阻、规范非机动车停放、宣传栏擦拭、垃圾桶清洗、防汛抢险、北顺城街停车、官园鸟市整治等，并发现和处置了多起路面塌陷等城市管理问题。

3. 联合社区多元共治

在新街口街道对背街小巷的集中整治工作中，各社区居委会与准物业管理公司有效对接，开展了一系列的街巷整治工作。比如在位于新街口街道宫门口社区的鲁迅博物馆门口，自行车乱停乱放的现象较为严重。宫门口社区

① “十有十无”：2017 年西城区制定《西城区背街小巷环境整治提升三年行动计划（2017～2019 年）》，提出“共建共享全覆盖、十有十无促提升”的目标。“十有”，即每条背街小巷有政府代表（街长、巷长）、有自治共建理事会、有物业管理单位、有社区志愿服务团队、有街区治理导则和实施方案、有居民公约、有责任公示牌、有配套设施、有绿植景观、有文化内涵；“十无”，即无乱停车、无违章建筑（私搭乱建）、无“开墙打洞”、无违规出租、无违规经营、无凌乱架空线、无堆物堆料、无道路破损、无乱贴乱挂、无非法小广告。

居委会、天诺物业公司、鲁迅博物馆三方经过协商，决定在博物馆南侧建立共享单车停放处，专供居民和游客停放自行车。物业公司还配合宫门口社区居委会，对附近乱堆乱放的杂物进行了彻底清理，定制安装了仿古式围栏，防止环境再次被破坏，并与鲁迅博物馆周边景观相配套。①

在平房区准物业管理的诸多服务事项中，有些仍由公共部门提供服务，如房体修缮、公共区域的管道和电路维修、公共设施维护、安全保障、卫生清洁、环境绿化等；而另有一些事项是随着我国经济社会的发展而出现的，如胡同停车问题、街巷疏解整治等，这些事项在执行上，原本没有直接对应的责任部门。新街口街道派遣街道领导作为街巷长对问题进行巡视，引入物业公司对准物业管理予以执行，通过社区居委会的组织、协调，多方合作，实现平房区准物业管理的多元共治。但同时也应看到，一方面，物业服务源自百姓生活，最终还是应以满足百姓所提出的服务需求为出发点，因此要完善机制，使百姓与准物业管理部门之间有稳定而有效的沟通路径，推动居民自治管理委员会、居民议事会等自治组织的建设与发展，使居民对物业服务的相关事务能够提出意见、参与决策；另一方面，目前新街口街道平房区准物业管理的参与主体还不够完善，应进一步强化社区的作用，明确各个准物业管理参与方的职责，形成更加成熟的多元共治下的准物业管理模式。

五　关于进一步完善平房区准物业管理模式的几点思考

（一）找准定位、理顺职责，形成社会治理合力

在已于民政、工商等部门备案、身份受法律保护的机构中，参与社区准物业管理的部门有街道办事处、社区服务站、居民委员会；对社区准物业实

① 西城区新街口街道：《发挥准物业优势联合提升地区环境》，http：//xjk. bjxch. gov. cn/xxxq/pnidpv404368. html，2017 年 5 月。

施服务的部门有市政部门、社区服务站、居民委员会、社会组织、物业公司。可以看出，这些机构在职能、作用上多有重合。其中很多部门就是为了分担其他部门的职能而设置的，如社区服务站是为了分担居委会职能，但是部门设置以后，并没有实现职能的分担，而是形成多个部门、一套工作的局面。为了应对这种情况，有些小区又增设了其他自治组织，如准物业管理处等，但是这些组织同样面临行政、服务职能集于一身的问题，更存在合法性、公信力等问题。因此，最重要的是进一步明确各个部门设立的制度要求，使得政府职能、行政工作、社会事务、社区服务、群众基层民主等事项职责清晰、有效衔接、有序运行。

（二）明晰产权、合理分配，提高资金使用效率

在住房、环境、设施等硬件管理和服务方面，可对社区内直管房、自管房、私有房进行统计，分类进行管理，同时还应按照一定原则建立与单位之间的长效协调机制。在引入社会组织的服务项目时，相关管理部门对于各方权利、责任关系，以及服务项目的针对性、外延性应进行充分了解，提高资金使用效率。

（三）推动自治组织建设，扩大基层民主

在平房区进行准物业管理，既是为居民提供服务，也是对社区进行治理的过程。群众自治组织是群众直接行使民主权利的机构，在实施准物业管理的过程中，注重自治组织建设，使群众的需求得以表达、权益得以维护、民主权利得以实行，对于我国扩大基层民主、进行社会治理创新，具有重要意义。

（四）建设智能化平台，为准物业管理提供系统性实施基础

平房区的准物业管理涉及多元的部门、组织机构，在职责等问题上需要优化配置，让各个部门在符合自身定位的基础上实现执行效率的最大化。在这个过程中，各方面信息的有序整合、共享、应用，能够为多元社会治理主

体的配合提供一个十分重要的基础。各方可在原有《房屋管理信息系统》和《物业管理信息系统》平台基础上，进一步建设智能化管理、服务、信息共享平台，推动社区准物业管理的完善与发展。

参考文献

罗夏：《产权与治权关系对老旧小区物业管理的影响——基于京津案例研究》，华北电力大学硕士学位论文，2015。

杨丽、赵小平、游斐：《社会组织参与社会治理：理论、问题与政策选择》，《北京师范大学学报》2016 年第 6 期。

张康之：《论主体多元化条件下的社会治理》，《中国人民大学学报》2014 年第 28 期。

顾骏：《在和谐社区建设中寻找居委会的新定位》，《社区》2009 年第 5 期。

李迎生、杨静、徐向文：《城市老旧社区创新社区治理的探索——以北京 p 街道为例》，《中国人民大学学报》2017 年第 1 期。

西城区新街口街道：《发挥准物业优势联合提升地区环境》，http：//xjk. bjxch. gov. cn/xxxq/pnidpv404368. html，2017 年 5 月。

调研报告

Survey Reports

B.7

关于新街口街道实施学校、社会、家庭“三位一体”素质教育工程的调研报告

摘　要： 素质教育是我国率先提出的、具有独自内涵的且最具中国特色的教育理念。既包括提高受教育者的自然、社会和专业素质，促进人的全面发展，也包括对现行教育体制进行改革，充分发挥学生自身所长，激发思考力和全社会的创造力。近年来新街口街道在推进素质教育、建设终身教育体系方面做了一系列工作，包括加强学校教育的基础设施建设、保障适龄儿童入学、通过社会资源丰富教学内容和课外活动、加强社会教育阵地建设、创建学习型社区以及发展家庭教育、创建社会文教品牌活动等。在下一步工作中要更加深入开展素质教育工作，研究制定科学的素质教育评价体系，推进素质教育全面深入发展。

关键词： 新街口街道　素质教育　终身教育体系　学校教育　社会教育　家庭教育

一　新街口街道全面实施素质教育工作的背景

（一）素质教育的概念内涵

素质教育是我国率先提出的、具有独自内涵的且最具中国特色的教育理念。[①] 邓小平在 1985 年 5 月 19 日召开的第一次全国教育工作会议上首次提出："我们的国家，国力的强弱，经济发展后劲的大小，越来越取决于劳动者的素质，取决于知识分子的数量和质量。"有学者认为这是我国推行素质教育的源起。[②] 2006 年，《义务教育法》修订，表明我国进一步以立法的形式对义务教育必须实施素质教育做出规定。

对于素质教育的概念，国内许多学者对其进行了阐述。陈金芳在《素质教育基本理论研究》一书中对什么是"素质"和如何进行素质教育做了系统论述，提出人的素质是人的各种属性在现实的人（个体、群体和类）身上的具体实现以及它们所达到的质量和水准，由自然素质、社会素质和专业素质三个层面构成。素质教育就是打破现有的教学体制，以培养创新型人才为主要目的的教育模式。黄枬森进而指出落实素质教育，要充分尊重学生的成长规律、注重培养学生的创新性思维、努力促进学生全面发展和个性发展。[③] 刘道玉认为素质教育的概念与应试教育相对应，是以培养创造力为核心，尊重学生的志趣，主张尚自然、展个性，倡

① 眭依凡、王贤娴：《再论素质教育》，《中国高教研究》2017 年第 8 期。

② 眭依凡、王贤娴：《再论素质教育》，《中国高教研究》2017 年第 8 期。

③ 黄枬森：《促进人的素质全面发展——兼评〈素质教育基本理论研究〉》，《教育研究》2012 年第 10 期。

导民主、自由、平等，鼓励质疑和批判精神的教育。[①] “素质教育的概念、内涵及相关理论”课题组在他们的研究中提出，“素质教育就是培育、提高全体受教育者综合素质的教育。它以促进人、社会、自然的和谐发展为价值取向，以德智体美劳全面发展的合格公民为培养目标，以全面贯彻党和国家的教育方针为根本途径，以教育质量的全面提升为显著特征”。[②]

（二）“十三五”时期全面深入实施素质教育的政策要求

“十三五”时期，我国不仅将素质教育作为科教兴国战略和人才强国战略的重要内容，更是将其作为教育事业发展的核心内容，并在教育内容、招考制度、科学素质等方面提出了一系列具体的实施措施。2017 年 1 月国务院发布《国家教育事业发展“十三五”规划》，指出“十三五”时期我国教育事业发展的主题即是“贯彻落实新发展理念，全面实现‘十三五’时期教育改革发展目标，必须紧紧围绕全面提高教育质量这个主题，把立德树人作为根本任务，全面实施素质教育”。《北京市“十三五”时期教育改革和发展规划（2016～2020 年）》将“全面深入实施素质教育”作为首要任务，指出“素质教育全面实施”“素质教育持续深化”是优质教育供给显著增加和教育质量持续提高的重要内容，也是北京市“十三五”时期教育改革与发展的重要目标与基础。2017 年 8 月发布的《西城区“十三五”时期教育事业发展规划》进一步在立德树人、教育创新、核心素养教育、西城教育特色品质、教育生态、智慧教育、人才队伍、区域教育现代治理体系、市民终身教育体系、学校文化、教育结构布局、教育服务保障水平等方面提出了西城区教育改革与发展的目标，对全面发展素质教育提出了具体要求。

① 刘道玉：《论素质教育的本质特征与实施途径》，《华中师范大学学报》2015 年第 3 期。

② 《素质教育的概念、内涵及相关理论》课题组：《素质教育的概念、内涵及相关理论》，《教育研究》2006 年第 2 期。

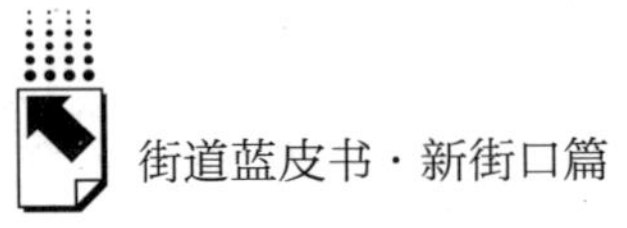

二　新街口街道全面实施素质教育工程的主要做法

新街口街道辖区内有丰富的教育资源。辖区内有北京市第三十五中学等4所中学、1所职业高中、1所特殊教育学校、6所小学、9所幼儿园、30余处早教机构。另外，地区还拥有西城区社区学院、区教育研修学院、区少年宫等多家校外教育机构。

新街口街道按照《西城区人民政府教育督导室进一步推进全面实施素质教育工作评价方案》及《西城区街道办事处全面实施素质教育评价指标体系》和西城区人民政府教育督导室相关工作要求，以培育和践行社会主义核心价值观为核心，以更好地促进人的自我完善和全面发展为出发点，以打造不断满足群众需求的终身教育体系为切入点，以建设和谐、宜居新街口为目标，深入挖掘素质教育内涵，积极整合地区教育资源，不断探索终身教育模式，实现全面素质教育，营造和谐稳定的社会氛围。

（一）街道教育工作为全面实施素质教育奠定基础

1. 凝练发展共识

新街口街道在实施素质教育工作过程中认识到，素质教育依据人的发展和社会发展的实际需要，以全面提高人的基本素质为根本目的，是实现人的自我完善和发展的重要途径。实施素质教育工作，是实现街道可持续发展的重要举措，能够提升居民的基本素养，培养独立思考能力，在潜移默化中实现居民和社会的积极变化，营造良好的社会氛围，形成和谐社会建设的合力与基础。

新街口街道始终将素质教育工作作为推动地区和谐社会建设的重要工作来抓，逐步探索确立了符合区域发展特点的素质教育发展目标：坚持以人为本的原则，全面实施素质教育，完善终身教育体系，建设和谐、宜居新街口。

2. 完善工作机制

街道成立了全面实施素质教育工作领导小组。由街道主要领导担任组长，分管社会建设的主管领导担任副组长，相关责任科室为成员。领导小组下设办公室，办公室设在社会办。街道所辖21个社区均配备教育专干，形成层级分明、职责清晰、人员充足的素质教育工作实施体系和保障机制。

街道采取多种形式学习教育法律法规及理论知识。利用工委会、主任办公会、处级领导中心组学习、机关干部培训等机会，组织公务员和事业编制人员认真学习教育相关法律法规。利用“新街口之声”等宣传媒介，依托全响应平台、微信公众号等现代化科技手段，向地区居民、驻区单位和社会组织广泛宣传全面实施素质教育和发展社区教育的政策规定和文件精神。

街道通过多种途径建立与地区教育机构的良性长效互动机制。新街口街道建立了地区教育联席会议制度，每年定期召开地区教育座谈会，总结地区教育工作开展情况，共同探讨地区素质教育工作发展方向；建立了街道学校沟通机制，畅通沟通渠道，坚持处级领导联系学校制度，定期走访辖区学校，出席开学典礼等地区学校的重大活动，了解学校办学情况，主动而为解决学校办学过程中遇到的问题。

3. 加大投入力度

2013～2016年，街道累计投入教育经费达到3000余万元，并逐年增加经费投入。每笔经费支出都通过了审计部门的严格审计。新街口街道对素质教育工作的经费投入稳定有力、依法合规，为地区不同层次的教育组织运行提供了支持保障，为地区素质教育事业的发展奠定了基础。

（二）以学校教育为重点夯实素质教育体系建设根基

学校教育是连接家庭教育和社会教育的纽带，是人一生中所受教育最重要组成部分，也是人生观、价值观、世界观形成的关键。街道主动落实地方政府部门在学校教育中的工作职责，全面落实学校素质教育。

1. 加强街道办幼儿园建设

新街口街道现有高井幼儿园和果子市幼儿园两所街属幼儿园，街道加强对幼儿园建设。第一，街道制定了《新街口街道办事处街属幼儿园管理办法》，对幼儿园管理工作进行规范。第二，街道对两所幼儿园进行了建设。高井幼儿园借助桃园二期危改小区项目的契机，计划搬迁至新址。目前新址已经建设完毕，房屋建筑面积2983平方米，下一步街道将按照市级一级一类园的建设标准，投入资金对高井幼儿园新址进行装修改造和增加设施。果子市幼儿园为平房园所，附近无市政暖气管道，街道为此每年拨付燃油取暖补贴15万元，三年累计45万元，减轻园所经济负担。2015年街道投入资金对果子市幼儿园取暖进行油改气升级改造，进一步提升幼儿园办学条件。

2. 落实适龄儿童入学保障制度

街道积极配合教育行政部门，建立适龄儿童接受九年义务教育情况跟踪监测机制，近年来新街口街道适龄儿童全部按要求入学。另外，街道严格按照西城区外来人口适龄儿童入学资格审查制度，严格把关、精密组织，截至2016年共为490名流动儿童少年开具入学批准书，接待家长2000人次，完成4000余人次的咨询工作。

3. 丰富素质教育教学内容

中小学是开展素质教育的重要阵地，新街口街道近年来在中小学间开展了一系列行动，不断提高素质教育水平。一是落实西城区全面实施的“城宫”计划。“城宫计划”是西城区结合区域资源、教育需求和社会需求，利用校内资源开展校外教育的新模式。[①] 通过调动有特长的教师、引进社会教育机构、挖掘“非遗”传承人自益能力，将校外的艺术、科技、体育、中华优秀传统文化和社会实践等方面的活动引进校内，建立起校内的“少年宫”，让学生能够直接在校内参与以前只有在少年宫才能参与的课外活动，[②] 发挥学生特长，促进学生全面发展。二是开展了“参观一个博物馆、到社区居委会做一次志愿服务、在社区图书馆读一本好书”“三个一”活动，丰

① 西城区：《西城区政府召开第10次常务会议》，http://www.bjxch.gov.cn/hdjl/xxxq/pnidpv505982.html，2017年11月。

② 西城区：《“城宫计划”实现义务教育全覆盖》，http://www.bjxch.gov.cn/xcdt/xxxq/pnidpv656336.html，2017年3月。

富学生的暑期生活。三是落实学生“每天一小时”体育锻炼，提高学生身体素质。2016 年，新街口街道与社会企业合作，建立了新街口青少年足球训练基地，建成对公众开放的“新街口足球场”，基地组织新街口地区青少年足球联赛，推动地区青少年体育文化发展。

4. 落实贫困生助学保障制度

新街口街道始终坚持为贫困家庭学生提供支持帮助，助学范围不断扩大，助学力度不断加强，2013～2016 年，共为 147 人次提供政策类助学资金 52.9 万元。街道关注特困生群体学习生活及精神文化需求，重点做好对贫困家庭子女、闲散青少年、孤残青少年以及外来务工人员子女等群体的帮扶工作，积极开展助学项目申请、“七彩梦”青少年才艺资助等活动，多种渠道为地区特困青少年解决学习、生活上的困难。

5. 维护校园周边安全

街道将辖区 21 所学校全部纳入校安工程，街道在各社区均组建了校园安全志愿者巡视队伍，在每天上学放学的高峰时段，配合交通、公安部门和校园保安，疏导人流，维护秩序，加强安全防范，有效维护了校园及周边的治安秩序。街道加强校园周边环境整治力度，积极协调公安、工商、文化、教育、综治、城管等有关部门对学校周边环境进行整治，拆除违章建筑，清除僵尸车，清理整治环境卫生、无照商贩等违法行为。先后针对北京三中、北京三十五中等十余所学校周边环境进行多次专项整治，拆除地桩地锁、清理占道废旧自行车 139 处，拆除违章建筑 647.5 平方米。

（三）以社会教育为抓手丰富素质教育体系建设内涵

1. 加强社会教育阵地建设

（1）打造“一校一中心”的教育基地。“一校”是指新街口社区教育学校，是街道社会教育工作的重要载体。学校面向辖区内从幼儿到老年的全体社区居民开放，设有舞蹈、美术、英语、早教等课程。近年来，学校以“五化教育”为主线，为社区居民提供学习、培训教育、娱乐、健身等各类服务，成为社区居民学习交流、提高素养、陶冶情操、丰富生活的精神乐园。“一中心”是指新街口社区服务中心。作为街道市民终身教育基地，社区服务中心下辖福绥境图书馆和新街口图书馆两个街道图书馆，拥有近5000平方米的活动场地，集图书阅览、体育健身、科普培训、文化演出、公益服务等教育功能于一体。社区服务中心常年活跃着30余支文艺团队，为了不断加强对文化团队的管理、服务地区居民，成立了新街口艺术团，开设了包括交际舞、街舞等多种系列培训。街道以社区服务中心为基地，覆盖官园社区等5个社区，建设完成“1+5”科技为老服务站，通过平台建设、个性化课件设置等，免费向地区老年人提供享受信息化服务的空间。

（2）拓展社会教育空间。街道积极整合辖区内社会教育资源，先后与包括中国儿童活动中心、历代帝王庙、白塔寺、北京市青年宫、区社区教育学院等20余个地区单位达成合作协议，将师资资源引入社区，将场馆资源对接居民，无形中拓展了社区教育的空间，打造了多方参与、资源共享的社会教育网络布局。2017年5月，街道还成立了社区科普大学西城区分校新街口教学点，是新街口街道成立的第一个街道级教学点，常年开展讲座培训，开发出一套适合居民需要的科普教材，提升社区居民在健康、法律、园艺、安全、节能、环保常识等方面的科学素质，社区居民广泛参与，截至2017年底，学校共有培训班12个，年培训6000人次，形成可复制的科普大学教学经验。

2. 发挥学习型组织带动作用

（1）营造街道书香文化。近年来，街道围绕西城区创建学习型城区的目标要求，以书香社区建设为载体，不断深入开展学习型组织建设。依托西城区第一图书馆、西城区青少年儿童图书馆的资源优势，全力建设好两个街道级图书馆——福绥境图书馆和新街口图书馆，充分利用图书资源，举办富有特色的文化活动。此外，街道全力打造居民身边的阅读空间，培养阅读习惯，营造学习氛围。以书香文化为特色，建设青塔四十一号书香社区、5个书香驿站等社会组织服务基地，通过读书会、诵读俱乐部等各类读书活动，在社区营造浓厚书香氛围。梳理社区办公用房，建设完成3个社区书吧，在11个社会组织服务基地、7个社区居委会设立图书室或图书角，以读书活动为契机，结合地区文化特色和历史传统，开展书香家庭、书香人物评选，形成独具特色的地区书香文化氛围。

（2）推进学习型党组织建设。新街口街道大力加强学习型党组织建设。一是强化学习型中心组建设，立足街道实际，制定《新街口街道理论学习中心组学习安排计划》，2013～2016年共组织中心组学习63次，完成263学时学习；二是以新街口街道党群服务中心为基地，建立楼宇党员志愿者服务库；三是建立党建微信群、微信公众号，通过开展“品读新街口特色文化行”等特色活动，提升社会领域党组织的凝聚力和号召力；四是每年举办基层党务工作者培训班和社区工作者培训班，为基层学习型组织建设提供坚强的人才保证。

（3）持续打造学习型街道。新街口街道紧抓机关干部培训学习，建设学习型机关。建立“多领域专家辅导讲学＋团队实践建设”培训模式，依托中国青年政治学院、经科大组织干部系列培训，利用轮岗交流、社区挂职、参与中心工作等多种方式，搭建干部学习平台。完善机关干部学习制度，将每周二下午固定为政治理论学习时间，通过领导带学、专家讲学、参观促学，提高理论学习的针对性、实效性、灵活性，进一步提高街道干部的理论素养。

（4）坚持推动学习型社区创建。新街口街道坚持在21个社区中开展学习型社区创建工作，并将21个社区全部纳入西城区市民终身学习成果认证制度试点单位，实现学习成果认证网络全覆盖，通过学习型社区的深入发展，居民主动参与学习，各方面素质得到提高。

（四）以家庭教育为核心完善终身教育体系建设网络

家庭教育是学校教育和社会教育的基础，是人生教育的起点和基础，家庭教育是对人的一生影响最深的一种教育，它直接或者间接地影响着一个人人生目标的实现。街道积极完善“三结合”教育网络，以学前早期教育为重点，以丰富的活动为载体，关注家庭教育开展，确保家庭教育、学校教育、社会教育的有机统一和有效衔接。

1. 开展早期教育

新街口街道以“幸福家庭全周期公共服务体系建设”为核心，坚持以“创建幸福家庭，实现人的全面发展”为目的，开展学龄前儿童早期教育。街道举办“和谐人口　幸福家庭”系列活动，发挥“新街口新乐园”和“娃娃新乐园”早教基地作用，宣传普及科学育儿知识，促进儿童早期发展。此外，依托西四北三条“小木屋”和官园“生活馆”，街道还建立起了0～3岁亲子阅读馆。

2. 举办家庭教育活动

新街口街道因地制宜开展“书香家庭”“文明家庭”“平安家庭”“学习型家庭”“绿色家庭”等各具特色的家庭创建活动，不断丰富家庭教育的内涵。

3. 建设社区家长学校

为有效预防青少年违法，新街口街道认真开展创建优秀“青少年维权岗”活动，维护青少年合法权益，积极关注、共同参与青少年维权工作，预防和减少青少年犯罪，为青少年健康成长提供服务和保障，新街口街道结合“12·4”普法日等时段，在社区开展“两法一条例”宣传活动，推动未成年人权益保护持续深入。

（五）教育模式创新：有效促进地区素质教育发展

近年来，为将素质教育工作和地区发展实际有机结合起来，街道开展了多种形式的学习实践探索，并在工作中逐渐形成了一些特色和经验。

1. 打造“白塔新辉”系列文化活动品牌

2012年以来，新街口街道通过深入调查研究居民需求，广泛挖掘地区资源，结合地区文化底蕴特色，创设了以“白塔新辉”为主题的系列文化活动，每年举办六场大型主题活动，为地区单位居民提供丰富多彩的高品质公共文化服务。活动包括新春笔会、清明诗会、夏日文化广场、“白塔杯”

象棋团体赛、太极拳邀请赛、月月大舞台等。其中从 2011 年起，由街道联合民盟北京市委、新街口社区教育学校、新艺书画社等单位和团体连续每年举办新春笔会，共吸引了近 600 名地区居民参与；清明诗会活动自 2012 年起连续每年举办，参与人员近 5000 人次，共收到来自居民、地区单位的五百余篇原创诗词作品；2013 ~ 2015 年共举办了三届北京市“白塔杯”象棋团体赛，共吸引来自全市十余个区县的 600 余名象棋爱好者参与，比赛正式被纳入“北京市体育大会”比赛项目；自 2012 年起，在区体育局和区武术协会的专业技术支持下，街道每年连续在历代帝王庙举办“白塔新辉”太极拳、剑个人邀请赛活动，共吸引 900 余名太极拳爱好者参与其中；街道社区服务中心开始举办“月月大舞台”活动，每年安排至少 12 场大型演出活动，每年吸引地区近 3000 人观摩。这些社区文化活动极大丰富了社区居民的文化生活，吸引居民参与，发挥居民特长，是街道为社区居民开展素质教育的十分具有特色的创新行动。

2. 引入社会组织参与素质教育工作

近年来，街道整体规划，搭设平台，根据地区特点及实际需求，引入包括西城区社区文明推进协会、睦友、睦邻、悦群、常青藤等在内的多家优质社会组织入驻，开展为老、助残、青少年素质教育等工作，服务项目深入社会教育各个领域，打造了一系列品牌服务项目。街道通过资金支持、场地支持、业务指导等方式培育出一大批在市区具有较大影响力的社区教育服务项目，社会组织已经成为参与地区社会教育工作的重要力量。

目前街道建设了包括 5 个书香驿站、党群服务中心、西四北三条“老街坊”、“小木屋”、青塔胡同 41 号书香社区、官园青少年生活馆、社会组织服务社在内的 11 处社会组织服务基地，常年向居民提供免费高质量的教育服务。每年合作社会组织十余个，落地服务项目三十余个，投入资金三百余万元。社会组织参与地区素质教育工作，有效地解决了以下两个方面的问题。

一方面是拓展了教育服务的维度。将终身教育服务由以活动为载体转变为以基地为载体，固定服务场地，以基地承载活动，将教育服务活动引向常态化。将教育服务由统一化向个性化转变，注重教育服务活动中居民的参与感，提升居民参与教育服务的主动性，针对需求开展服务。带动居民参与教育服务，引导居民服务居民，扩大教育服务范围，将教育服务引向深入。

另一方面是提升了教育服务的质量。社会组织有效地补充了政府教育服务的短板，利用自身专业优势和资源优势，将外部资源注入社区，服务居民，实现了社会资源的再整合和利用，有效地提升了教育服务的质量，提高居民参与的积极性，打造了一批符合辖区居民特点的精品教育服务课程。

（六）终身教育体系为素质教育提供有效载体

终身教育是指为个人提供一生参与有组织的学习机会，使其不断学习，提高素质，以适应社会发展的需要。终身教育体系以现代大教育观看教育的形态和体制，是家庭教育、学校教育和社会教育等各个领域之间的有机联系整体，各级各类教育之间具有包容性，最终实现沟通与衔接。终身教育体系超越了阶段性、制度化，贯穿于人生的始终，是一种全新教育模式。

新街口街道通过科学规划、整合资源，建立以辖区所有居民为主体、以“家庭教育、学校教育、社会教育”为载体的“三位一体”终身教育模式。街道结合地区实际特点，整合地区各类教育机构和教育资源，建设教育网络，分类别提供全员、全程、全面的社会教育服务，为居民提供个性化、多样化、便利化的教育服务，探索建立从婴幼儿到退休老人的生命全周期教育模式，着力实现人人有所需、人人有所学的教育环境。通过学习与践行，现已形成经常性、系列性的社会教育格局，初步建立起市民终身教育体系，并以此为基础进一步挖掘社会主义核心价值观内涵，引导全民开展素质教育。

三　新街口街道推进素质教育面临的主要问题

（一）推进素质教育工作需进一步深化认识

近年来新街口街道在素质教育工作上取得了一些成绩，同时在教育工作的深入开展方面也存在一些不足。

一是对全面实施素质教育的认识和理论研究还需要进一步加强。街道将结合政策法规要求，加大调研力度，进一步谋划思路、完善制度，增强工作的内部驱动力。二是在实践中还要进一步将工作引向深入。教育服务的发展建设不能仅仅停留在学习活动上，应结合工作实际，将在新街口地区生活和工作的群众的个人发展与地区的整体发展有机结合起来。

（二）针对素质教育的评价体系尚未建立

素质教育有着丰富的概念内涵，既包括提高受教育者的自然、社会和专业素质，促进人的全面发展，也包括对现行教育体制进行改革，改变应试教育模式、招考模式，充分发挥学生自身所长，激发其思考力和全社会的创造力。近三十年来我国在素质教育方面不断实施改革，素质教育水平得到发展。新街口街道在推进居民素质教育方面开展了一系列行动，终身学习体制和学习型城区建设都取得了明显成效。同时也应看到，目前在对素质教育的评估方面还较为不足，尚未形成系统的评价指标体系。街道应在此方面开展深入研究，深化素质教育质量评价制度改革，一方面，制定科学的评价体系，科学评估素质教育成效；另一方面，可以将素质教育与课堂教学、课题研究相融合，推进综合素质评价落实，推动素质教育水平不断发展。①

（三）中小学生课外负担重问题亟待改善

在发展素质教育的同时，中小学普遍存在着校内注重学生德、智、体全面发展，而校外的培训班全面承担起“超标教学”“提前教学”“强化应试”的“教学任务”，中小学生的课外负担十分重。在李克强总理于2018 年 3 月所做的政府工作报告中，“解决中小学生课外负担重问题”被列为发展公平而有质量的教育的待办实事之一。对中小学生课外负担重的

① 张芊丽：《“三融合”落实综合素质评价》，《北京教育》（普教版）2017 年第 1 期。

问题应给予综合整治。一方面要完善信息整合、审批管理、机构评估制度，开展综合治理，对校外培训机构的教学资质、教学内容以及市场秩序进行规范；另一方面对于校园内的课堂教学也应进行一定的治理，杜绝在进行素质教育的同时，将正常教学大纲范围内的教学内容留给课外补习班的现象，并深入开展研究，实施对策，合理安排教学时间、设计教学内容、改革评估机制，将素质教育与考试内容相融合，实现素质教育与“应试”现实之间的平衡。

四　关于新街口街道全面实施素质教育工作的几点思考

（一）继续坚持将立德树人作为教育的根本任务

党的十八大提出“把立德树人作为教育的根本任务”，党的十九大报告进一步提出要“落实立德树人根本任务，发展素质教育”。“立德树人”是人生存与发展的本质内容。而素质教育不仅仅是为居民提供学习平台和知识、技能培养，更根本的是要让学习者获得启迪，能够发现自我、发挥所长。因此在发展素质教育的过程中，要始终坚持以立德树人为根本任务和目标导向，改革教育体制机制，在各项教育教学中充分融入德育教育，注重学校教育中的学生性格、品格培养，培养德才兼备的高素质人才，实现人的全面发展。

（二）深入推进“城宫计划”，推进教育综合改革

新街口街道的“城宫计划”是西城区教育综合改革的重要内容，是素质教育的深入创新。[①]“城宫计划”开展以来，取得了良好效果，使学生能

① 西城区：《西城区政府召开第 10 次常务会议》，http：//www.bjxch.gov.cn/hdjl/xxxq/pnidpv505982.html，2017 年 11 月。

够在课余时间拓展兴趣爱好，学习技能。但目前“城宫计划”仍存在实施的均衡性问题。对此，西城区提出将在下一步的工作中，聘请专业机构协助，对“城宫计划”系统性研究，总结经验，以理论指导实践，以教师薪酬、教师管理、教育场地为着力点，分析问题，加强优质资源的导向性配置，完善配套政策。①

（三）把全面推进科学素质教育作为素质教育的重要内容

2016年，国务院印发了《全民科学素质行动计划纲要实施方案（2016～2020年）》，指出科学素质是实施创新驱动发展战略的基础，全民科学素质的提高对建设大众创业、万众创新的创新型国家具有重要意义。新街口街道可在居民科学素质教育方面开展行动，在街道科普学校开展多种形式的科学素质教育课程和活动，并创新形式，鼓励居民积极参与，另外还可在中小学、社区学校、职业学校中开设科技课程，在社区开办科普讲座，编制科学素质教育的学习教材，并利用家长学校对居民进行科学的饮食、教育、心理、环境等方面的科普培训，对家庭教育形成良好影响，使各个社区营造全民科学认知、科学思考、科学创造的环境，推动学习型城市和科技中心、文化中心的首都核心功能的建设。

参考文献

眭依凡、王贤娴：《再论素质教育》，《中国高教研究》2017年第8期。

黄枬森：《促进人的素质全面发展——兼评〈素质教育基本理论研究〉》，《教育研究》2012年第10期。

刘道玉：《论素质教育的本质特征与实施途径》，《华中师范大学学报》2015年第3期。

《素质教育的概念、内涵及相关理论》课题组：《素质教育的概念、内涵及相关理

① 西城区：《西城区政府召开第10次常务会议》，http：//www.bjxch.gov.cn/hdjl/xxxq/pnidpv505982.html，2017年11月。

论》,《教育研究》2006 年第 2 期。

西城区:《西城区政府召开第 10 次常务会议》, http://www.bjxch.gov.cn/hdjl/xxxq/pnidpv505982.html, 2017 年 11 月。

西城区:《“城宫计划”实现义务教育全覆盖》, http://www.bjxch.gov.cn/xcdt/xxxq/pnidpv656336.html, 2017 年 3 月。

张芊丽:《“三融合”落实综合素质评价》,《北京教育》(普教版)2017 年第 1 期。

B.8 关于新街口街道推动社区社会组织发展的调研报告

摘　要： 社会治理领域进入新的发展阶段，拓展公共服务深度与维度成为新的发展方向，培育、扶持社会组织参与公共服务体系成为新的课题。社区社会组织是参与社区治理的重要力量。党和政府高度重视社会组织发展，出台了一系列规划方案、行政法规给予支持，党的十九大报告也对社区社会组织的发展提出了要求。本文以新街口街道创新社会组织管理实践为基础，分析目前各相关举措推行状况，进而引发对社区社会组织进一步发展与建设的思考。

关键词： 新街口街道　社区社会组织　社会治理

一　社会组织的基本概念和相关法律法规、重大决策

（一）社会组织的基本概念

社会组织产生的动力来源于功能群体的出现，并呈现群体正式化的趋势。它是人们为了更好地达到某些特定的目的，根据相关的规定、制度等建立的一种活动组织。因此，社会组织是公共关系的主体之一，是社会治理的重要力量。在我国，社会组织是指经各级人民政府民政部门登记注册的社会团体、基金会、民办非企业单位。

当今，我国社会组织的登记注册、变更、备案、章程核准、注销、年

检、评估等行政性工作主要依据《社会团体登记管理条例》《基金会管理条例》《民办非企业单位登记管理暂行条例》和《社会组织评估管理办法》四项行政法规实施和管理。根据上述法规中的阐述，我国社会组织大致呈现三种机构形式（见图1）。

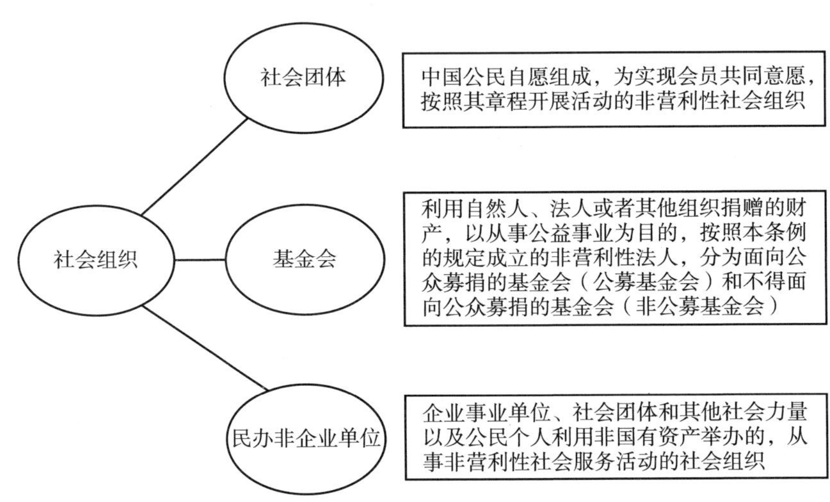

图1　我国社会组织三种机构形式

改革开放近40年来，中国的社会组织从无到有、逐渐发展，不断发展壮大。社会组织从最初的新生事物已经逐渐为社会所认知、了解和接触，总体上呈现平稳发展的态势。但中国各地区社会组织的发展受到多种宏观因素的影响和制约。党的十九大报告提出“打造共建共治共享的社会治理格局”的战略目标，并强调要“推动社会治理重心向基层下移，发挥社会组织作用，实现政府治理和社会调节、居民自治良性互动”。这也意味着，随着我国社会治理格局由“共建共享”向“共建共治共享”转变，社会组织的地位与作用将愈益凸显。

（二）我国关于社会组织发展的法律法规和重大决策

在法律法规方面，目前我国社会组织相关法律依据主要是《慈善法》

和一系列行政法规。更为深入的立法工作有待推进。2016 年，国务院办公厅印发《国务院 2016 年立法工作计划的通知》，将志愿服务条例、基金会管理条例（修订），社会团体登记管理条例（修订），民办非企业单位登记管理暂行条例（修订）的立法工作列入全面深化改革急需的项目；将 34 件有关保障和改善民生，加强和创新社会治理的立法项目和社会组织法列为研究项目。

在人大决议和国家发展规划方面，我国高度重视社会组织发展，并将社区社会组织的发展作为实现“共建共治共享的社会治理格局”的重要基础。

2012 年，党的十八大报告提出加快形成“政社分开、责权明确、依法自治的现代社会组织体制”。2016 年 3 月国家发布“十三五”规划纲要，提出“构建全民共建共享的社会治理格局”，并提出“完善城乡社区治理体制，依法厘清基层政府和社区组织权责边界，建立社区、社会组织、社会工作者联动机制”“推动登记制度改革，实行分类登记制度”“支持行业协会商会类、科技类、公益慈善类、社区服务类社会组织发展”“推进有条件的事业单位转为社会组织，推动社会组织承接政府转移职能”，以及在健全利益表达、协调机制中发挥社会组织的诉求表达功能等一系列重要举措。2016 年 7 月，民政部、国家发改委联合发布了《民政事业发展第十三个五年规划》，把“支持发展在城乡社区开展为民服务、养老照护、公益慈善、促进和谐、文体娱乐等活动的社区社会组织”列入提高社会治理能力和水平的重要内容。2016 年 8 月，我国印发了《关于改革社会组织管理制度促进社会组织健康有序发展的意见》，在全面建成小康社会决胜阶段的高度对社会组织提出了严格管理和监督的要求。

党的十九大报告在“共建共享”的基础上进一步提出“打造共建共治共享的社会治理格局”，强调“加强社区治理体系建设，推动社会治理重心向基层下移，发挥社会组织作用，实现政府治理和社会调节、居民自治良性互动”。社会治理领域迎来新的起点，创新社会治理模式，拓展公共服务深度与维度成为新的发展方向，培育、扶持社会组织参与公共服务体系成为新的课题。

2014 年 4 月至 2017 年 12 月，北京市西城区被民政部确认为“全国社会组织建设创新示范区”，重点任务为探索以社区为平台支撑、社区社会组织为载体、社会工作专业人才队伍为依托的三社联动机制，实现社区居委会、社区社会组织、专业社工机构的互联、互补、共进。2015 年，根据《民政部确认 40 个全国社区治理和服务创新实验区》的部署，西城区发布了《北京市西城区推进全国社区治理和服务创新实验区建设的实施方案》，针对培育发展社区社会组织提出“建立社会工作专业机构孵化社区社会组织机制、推动社区社会组织转型发展、加强社区社会组织培训工作、强化社区社会组织的引导作用”等任务。

二 新街口街道在社区层面推动现代社会组织体制建设情况

新街口街道辖区内有西四北三条、玉桃园等 21 个社区居委会。截至 2016 年，辖区内建设了 11 处社会组织服务基地。新街口街道认真学习习近平总书记系列讲话精神，以党建工作为引领，以居民需求为导向，探索管理和服务模式，培育、扶持社会组织参与社会治理。

（一）积极开展社区社会组织注册备案工作

社区社会组织是根植于社区的群众自治组织。不同于一般社会组织在成立时需要找到主管单位并在民政部门进行登记注册，社区社会组织只需在街道进行登记备案即可成立。新街口街道每年开展两次社区社会组织登记备案工作。截止到 2016 年 11 月，新街口街道登记备案社区社会组织 129 个，包括社区服务类组织 39 个，社区治安民调类组织 10 个，社区医疗计生类组织 14 个，社区科教文体类组织 51 个，社区环境物业类组织 8 个，社区共建发展类组织 7 个。街道社区社会组织不仅在数量上不断增长，其服务领域的广度和深度也进一步拓展。

（二）规范社区社会组织管理结构

新街口街道积极探索管理模式，对社区社会组织进行规范。

一是成立了社会组织管理工作领导小组，对社区社会组织备案、资质认定及政府购买服务等工作进行进一步规范。

二是制定了《新街口街道社会组织管理规定》，完善管理工作体系，明确政府购买服务的准入制度，规范购买流程。

三是探索建立了“一会一中心”的社会组织服务模式，“一会”即西城区社会组织联合会新街口分会，负责辖区内各类社会组织的协调联络、培育扶持和资源整合；“一中心”即新街口街道成立的民间组织服务管理中心，负责社区社会组织的登记备案、培育发展和业务指导。

四是探索形成了“一中心二层面三联动四加强”的工作模式。其中，“一中心”即以打造社会组织共同体为中心，引入专业社工事务所，开展公益性服务，服务项目涉及为老、助残、青少年素质拓展、学龄前儿童教育等；“二层面”即街道层面和社区层面，在街道层面，实施整体规划，搭设平台，对接供需，打造具有一定社会影响力的公益服务品牌；在社区层面，根据社区的实际情况，积极推进项目建设；等等。

（三）“1 +1助推”项目落实三社联动

北京市民政局2016年发布的《关于推进“三社联动”创新基层社会治理的意见》指出“社区、社会组织和社会工作专业人才的‘三社联动’是创新社会治理方式和提升社区治理能力的重要手段，也是创新社区服务模式的具体实践”。

西城区从2013年开始就启动了“1 +1 助推”公益项目，将社工和社会组织相结合。“1 +1 助推”即是由社工提供专业指导，推动社会组织专业化发展和规范化运作，由社会组织为社区居民提供更专业和完善的服务，是社区、社会组织和社会工作专业人才实现“三社联动”的典型模式。

截至2016年，新街口街道已有16家社区社会组织完成“1+1助推”项目。街道进而对其进行评估，其中有三家被评估为三星级社区社会组织，被评为二星级的社区社会组织有七家。

（四）探索建立社会组织评估体系，加强政府购买服务管理

2011年，民政部发布《社会组织评估管理办法》，提出对社会组织进行评估的要求，并明确了评估对象、内容、责任机构、程序、等级管理等内容。2015年，民政部进一步出台了《关于探索建立社会组织第三方评估机制的指导意见》，完善社会组织综合监管体系。

社会组织评估，是指各级人民政府民政部门为依法实施社会组织监督管理职责，促进社会组织健康发展，依照规范的方法和程序，指定评估机构根据评估标准，对社会组织进行客观、全面的评估，并做出评估等级结论。评估按照组织类型分类实行：社会团体、基金会实行综合评估，评估内容包括基础条件、内部治理、工作绩效和社会评价；民办非企业单位实行规范化建设评估，评估内容包括基础条件、内部治理、业务活动和诚信建设、社会评价。

新街口街道在购买社会组织服务过程中，探索社会组织服务评估体系，并从服务质量评估、社会功能评估两个维度总结出一定经验。

1. 服务质量评估

服务质量评估是基于财政资金的评估方式，以绩效监管为核心，规范了社会组织服务中各环节行为，形成了事前、事中及事后监管评估机制。

一是制定购买制度。全部购买社会组织服务项目纳入街道社会组织管理工作领导小组统筹管理，避免重复。

二是建立采购程序。凡纳入年度预算的政府购买项目，由街道社会组织领导小组办公室统一发布需求并组织招标，在得到各社会组织提供的项目书后，经由三方比价程序，综合投标组织专业能力、可行性、报价合理性、需求紧迫性、历史服务效果等因素，由领导小组确定中标组织及工作方案。

三是加强合同规范化指导。由领导小组办公室提供服务协议样本并参与最终审定。服务协议是约束和评估服务的依据。

四是强化事中监管。本着“谁购买、谁使用、谁负责”的原则，指导各科室各部门，对照项目书检查和监管项目执行。

五是通过参与率、满意度指标评估社会组织服务水平。

六是开展事后结题评估及审计程序。服务项目完成后，委托第三方进行执行进度、满意度及资金审计“三位一体”的评估。根据评估结果支付或扣除尾款，并进行诚信记录。

2. 社会功能评估

新街口街道从专业性和该服务完善了哪方面社会功能这两个角度，对社会组织进行功能评估。

一方面是专业性评估。对社会工作专业工具的选择及使用，体现了社会组织的专业性。在政府购买服务之前，认真查看项目策划书，审阅其小组、个案等设置是否合理，开展工作的手段是否遵从社会工作专业理论等。

另一方面是社会功能评估。除了社会组织服务的活动内容、参与人数以外，其服务是否定位在丧失社会功能的特定人群，弥补了哪些社会功能的缺失是更为重要的评估内容。

（五）培育街道志愿者队伍

2015 年中央文明办、民政部、教育部、共青团中央四部门联合下发了《关于规范志愿服务记录证明工作的指导意见》，提升志愿服务制度化水平。2017 年国务院颁布的《志愿服务条例》开始正式实施，志愿者权益保障、志愿者规范化管理和志愿者服务事业又迈上新的台阶。

新街口街道社会组织服务中心培育社区志愿服务队伍。一是规范志愿者管理制度；二是为中心所辖的 30 位志愿者登记造册，形成志愿者组织架构；三是根据志愿者的专业特长进行培育；四是进行年终综合评定及表彰。目前新街口街道所管理的志愿者队伍还存在人员数量少、年龄偏大、文化程度偏低等情况，有待进一步完善。

三　新街口街道社区社会组织发展情况

（一）以政府购买服务为平台培育优质公益项目

2013年国务院办公厅发布《关于政府向社会力量购买服务的指导意见》，对政府购买服务的主体、内容、信息公开、资金及绩效管理进行了规范。2014年财政部、民政部、工商总局下发《政府购买服务管理办法（暂行）》，2016年，财政部、民政部又下发《关于通过政府购买服务支持社会组织培育发展的指导意见》，进一步完善政府向社会组织购买服务的相关政策制度。

新街口街道认真落实指导意见及北京市相关政策要求，在街道和社区层面积极开展政府购买服务工作。

1. 街道层面

新街口街道规范政府购买社会组织服务流程，搭建服务与需求对接平台，积极培育和发展社区社会组织。

（1）街道投入财政资金用于购买公益服务和进行公益创投，促进多家优质社会组织服务项目落户地区。

近年来，街道共投入资金300余万元，购买项目30余个，通过资金支持、场地支持、业务指导，培育出一大批在市区具有较大影响力的社区公益性服务项目。在购买社会组织服务过程中，由街道所成立的民间组织服务中心依据《新街口街道社会组织管理规定》中对社会组织资质的相关要求，对所培育的社区社会组织进行评估，认定其满足政府购买社会组织服务项目在资金监管、项目执行、绩效评估等方面的要求，并授予其承接资质，街道社会组织管理小组对具备街道购买社区社会组织服务资格的服务项目执行购买。2016年，街道向北京市西城区公益文化传播中心、北京市西城区常青藤可持续发展研究所、北京市西城区睦友社会工作事务所、北京市西城区悦群社会工作事务所、北京市西城区社区文明推进协会五家社区社会组织购买了“社会基本公共服务”和“社会公益服务”类的公益服务，并于2017年对所实施的购买服务项目进行绩效跟踪和评价。服务项目的开展在社区取得了良好的效果。

（2）街道整体规划，搭设平台，促进优秀社会组织与街道科室、社区对接。

一是街道各科室结合自身工作特点，积极和专业社会组织开展合作。街道组织部联合睦邻社工事务所，探索深入推进楼宇党建工作；宣传部联合西城区社区文明推进协会，建设社区书香驿站；团工委指导社区青年汇，开展青年服务项目；社保所和睦友社工事务所合作，加强街道社会化退休人员的服务；计生办联合睦友社工事务所，开展失独家庭关爱工作；悦群社工事务所承接了街道残联的残疾人温馨家园的服务基地管理，为残疾人开展文体活动、康复训练、心理健康指导；司法所携手西城区晨夕法律服务中心，开展社区矛盾化解及普法宣传活动；民政科与悦群社工事务所为共建部队开展团队拓展训练活动等服务项目。

二是街道打造社会组织服务共同体。新街口街道社会建设办公室作为社会组织工作主管部门，于2015年1月1日开始，在西四北三条胡同打造社会组织服务共同体。引入西城区睦友社工事务所、悦群社工事务所、常青藤可持续发展研究所和百德社工事务所四家社会组织，分别开展为老年人和青少年服务的公益性活动，服务范围覆盖西四北平房保护区及周边富国里、安平巷等社区居民，着力建设“老街坊”“小木屋”社会组织服务基地和书香社区，并开展为老、助残、青少年等公益服务活动。社会组织服务共同体以西四北三条社区为主导进行管理，与社会组织签订合作协议书，定期进行服务项目效果考核，根据需求不断调整服务内容。截至2015年12月31日，社会组织共同体运行一周年，共开展活动700余次，参与人员12000余人次。社会组织服务共同体也改变了以往居委会、服务站的固定工作模式，拓宽服务范围，创新工作内容。

三是街道推进社会组织助力民生项目。社会组织助力民生项目，是以民生服务为主要内容，以精准救助为思想指导，以社会工作为专业手法的社会公益服务项目，通过多维度评估，精准识别新街口辖区的困难孤寡老人的个性化需求，运用多专业配合的个案管理方法，提供社工精准服务。为贯彻落实2014年北京市民政局发布的《社会救助暂行办法》，新街口街道办事处民政科，向北京市西城区睦友社会工作事务所购买服务，推进项目实行。

2. 社区层面

新街口街道鼓励社区结合自身特点，使用公益金引入专业社会组织开展服务。

街道每年举办社区和社会组织交流会，将优质专业社会组织资源直接引入社区，有效实现供需对接。西四北头条社区、北京四十一中和睦友社工事务所开展的“不倒翁”老年人防跌倒知识宣传活动持续多年；玉桃园、北顺、宫门口等社区与社区文明推进协会开展书香驿站项目合作；西里二区引入社会组织，着力提升社区社工专业工作能力；育德社区联合睦友社工事务所，推进友好型社区项目建设；安平巷社区打造了“安平乐道”项目，为居民提供了多样化的社区服务。

街道以三方合同的形式，对购买社区社会组织服务进行规范。在西里三区及西四北六条，街道、社区与社区社会组织签订了三方协议，由社区社会组织承接为老巡视服务，定期巡视辖区内高龄、独居及行动不便老人，为老人代买蔬菜、代取报纸等。街道办事处为甲方，负责落实资金保障；社区居委会为乙方，负责制定考核标准，并对该组织的巡视情况进行考核；社区社会组织为丙方，负责按合同提供服务。经过近一年的运行，社区社会组织能够按约定完成为老巡视工作，每月均得到街道发放的全额奖金，并合理分配了奖金。同年，西里三区也与小区环境卫生巡查队签订协议，开展小区环境自治项目。政府购买社区社会组织公共服务，弥补了政府公共服务的空白，并在一定程度上推动社区居民自治发展。

（二）以民间组织服务中心为枢纽建立社区服务社会化体系

新街口街道于2009年成立了民间组织服务中心，以此作为重要载体，培育和发展街道的社区组织，并与社区建设同步，提升质量、规范管理、优化结构。街道民间组织服务中心是政府与居民之间最可信赖的中介性组织，承接原来由政府部门直接负责实施的公共服务和公益服务，发挥组织和实施的作用。目前新街口街道通过民间组织服务中心的孵化平台作用，建立了较为系统的社区服务社会化体系。

1. 发展“一刻钟社区服务圈”

街道调动地区资源，建立“新街口街道一刻钟社区服务圈”。制作涵盖地区社会组织、企业、单位近千家的服务指南，同时将服务圈搬到网上，首批入网 18 大类服务项目的 106 家服务单位和服务商，为居民提供大量服务信息。

2. 培育创办多个社区社会组织

新街口社区艺术团成立于 2005 年，在西城区社会团体管理办公室登记，由时装、舞蹈、声乐、器乐、曲艺、书画、摄影等 30 支文化团队组成，团员 1000 余人。每年举办展览、文艺演出、艺术交流、竞技比赛等各类文体活动、公益活动几十场。其中，“白塔新辉”系列活动成为街道的品牌文化活动。街道还搜集整理鼓曲的非遗唱段，其中的优秀曲目成为社区艺术团经典保留节目，促进优秀民族文化遗产的保护、传承。

新街口老年协会。新街口街道民间组织服务中心发挥桥梁作用，在 2009 年指导成立新街口老年协会。扩大居家养老服务项目、延伸服务领域、调研老年人需求，与文艺团体、医院、养老机构合作，组织开展文艺演出、义诊咨询、送餐等服务。

“数字家园”。在西城区政府的指导和大力支持下，结合北京市开展“数字家园”建设工作的总体要求和社区居民需求，民间组织服务中心常年开展各类电脑知识培训。街道出资近 30 万元，购置了电脑、交换机、投影仪、桌椅等设备，截至 2016 年 10 月共举办电脑培训 3 期，5000 余人次参加。

3. 扶持社会组织参与社区建设

新街口街道结合地域特点，通过民间组织服务中心积极引入和扶持社会组织参与地区社会建设工作。

一是发展以青少年健康成长为目标的专业社工队伍，引进公益社会组织——西城区仁助社会工作事务所和新思维文化艺术培训学校，开展暑期少年儿童能力培养工作坊、暑期工作坊，锻炼少年儿童与人交往、团队合作能力，增强社会责任感，解决双职工家庭暑期无暇看管孩子的问题。

二是引入社会组织管理社区健身服务中心。2011 年 3 月新街口体育健身服务中心正式投入使用，同时引进了专业的属于民办非营利机构的健身俱乐部进行管理指导，面向地区居民和单位开放。健身服务中心还帮助收入困难人员定期免费健身、用体育健身服务激励志愿服务，每年为志愿者、低收入人群提供免费爱心健身卡。

三是实施公办民营养老服务，提升为老服务专业化程度。街道提供基础支持，以福寿轩敬老院、高井胡同 6 号院为依托，分别引进经民政局认定、具有为老服务资质的北京市西城区养老机构服务中心、北京市惠众养老服务中心，注入专业人才和专业管理，力求医养结合。达成合作协议，优先接收新街口地区老年人，设计面向老年人群的有偿、无偿服务。

4. 开展与社会组织的合作项目

民间手工艺培训基地。2012 年，民间组织服务中心与北京玩具协会合作，成立了北京市第一家街道级“民间手工艺培训基地”。该“基地”传承保护中国传统民间技艺，保护非物质文化遗产，并扩大地区再就业。

“影友会”。民间组织服务中心与北京晚报合作成立“新视觉影友会·新街口分会”。开展高质量的摄影指导、摄影交流、摄影采风等活动，吸引数千人参加。

法律知识讲堂。民间组织服务中心与北京浩东律师事务所签订合作协议，成立“新街口法律知识大课堂”，为社区居民开展各类法律知识讲座。

（三）以多元共治为导向促进居民自治组织发展

1. 推动社区自治组织从“自益”向“互益”升级转型

随着群众参与公共事务的意识增强，社区社会组织不再是文体活动类占主体、政府引导为主的被动型结构，而逐步发展为有自治意识、参与公共事务兴趣浓厚的积极型结构，“自益型”社区社会组织正在向“互益型”、公益型拓展，与政府部门共同推动形成政府主导与社会参与结合、政府行政功能和社会自治功能互补、政府管理力量与社会调节力量互动的基层社会治理新格局。

例如，新街口街道北顺社区，原有一支由社区老年人组成的棋牌队，日常组织队员切磋棋艺、象棋比赛等自娱自乐活动。社区居委会通过棋牌队日常的活动，了解到这一组织的成员对胡同环境等公共事务十分关心，因此，将该棋牌队培育发展为北顺社区胡同环境监督队，棋牌队由此从“自益型”到“公益型”转化。除日常开展文体活动，监督队还负责日常胡同巡视、及时制止违反公约的行为、维护社区居民公约等，成为推进社区治理的居民自治组织。

2. 建立以小区自管会为代表的议事协商机制

新街口街道西里四区、玉桃园社区培育了一批以小区自管会为代表的社区自治组织，积极组织议事协商，参与社区自治。西里四区在没有物业管理的如意里 9 号、12 号、16 号楼老旧小区，在民意调查基础上，培育产生三个小区自管会，所在小区居民通过一户一票民主选举产生了自管会成员，自管会通过问卷调查方式统计本小区居民首要需求，再就首要需求问题组织居民讨论数个解决方案并组织居民投票，最终在以上三个小区就群众关心的环境保洁、治安管理、停车管理等问题讨论出解决方案，制定了居民公约，由自管会组织大家共同落实。

党的十九大报告指出要“推动协商民主广泛、多层、制度化发展”。社区社会组织已经成为参与议事协商的重要载体，统筹推进社会组织协商是实现多元共治的有效途径。

四　对新街口街道社区社会组织发展的思考

（一）进一步加强社会组织党建工作

2015 年中共中央办公厅印发《关于加强社会组织党的建设工作的意见（试行）》，对社会组织党建工作的重要意义、总体要求、体制机制、队伍建设等问题做出要求。2016 年，民政部发布《关于社会组织成立登记时同步开展党建工作有关问题的通知》，进一步明确了相关程序和实施办法。新街口街道在党建工作方面，有效落实，并通过实施项目进行强化。在接下来的工作中，可进一步加强相关工作，通过开展党建工作，保持社会组织的创新力和凝聚力。

（二）关于进一步提高社会组织服务水平的规范和标准

民政部、国家标准化管理委员会联合编制的《全国民政标准化“十三五”发展规划》指出，我国“按照《全国民政标准化“十二五”发展规划》确立的民政标准体系总体框架，民政标准制定修订工作深入推进，制定、发布、实施民政各业务领域国家和行业标准 164 项，地方标准 192 项，康复辅具领域等同采用国际标准 41 项，管理服务类标准大幅增加，标准结构更加合理，标准体系更加健全，基本满足了民政事业发展对标准的需求”。但与此相应的民政标准化工作与标准的要求还存在较大差距。

新街口街道引入的社会组织在服务过程中，在社会组织及其服务的规范化、标准化方面还存在一定问题，如社会组织服务共同体的四家社会组织在运行中表现出能力参差不齐、服务项目较为相似等问题，同时由于社会组织服务人群较为固定，各组织在服务过程中所遇到的问题也较相似。在下一阶段的发展中，相关部门的应从管理、评估等环节入手，着重于社会组织的规范化、标准化建设，提高社会组织服务质量。

（三）促进民间资本规范有序参与

2015 年国务院办公厅转发《关于在公共服务领域推广政府和社会资本合作模式指导意见的通知》，指出“围绕增加公共产品和公共服务供给，在能源、交通运输、水利、环境保护、农业、林业、科技、保障性安居工程、医疗、卫生、养老、教育、文化等公共服务领域，广泛采用政府和社会资本合作模式”；同年民政部等十部委联合发布《关于鼓励民间资本参与养老服务业发展的实施意见》，鼓励民间资本参与社会养老产业的发展；2017 年国务院办公厅发布《关于进一步激发社会领域投资活力的意见》，提出“深化社会领域供给侧结构性改革，进一步激发医疗、养老、教育、文化、体育等社会领域投资活力”，要“在政府切实履行好基本公共服务职责的同时，把非基本公共服务更多地交给市场；坚持‘放管服’改革方向，注重调动社会力量，降低制度性交易成本，吸引各类投资进入社会领域”，并在行业准入、融资渠道、土地税费、服务监管等方面提出一系列方针。新街口街道在公共服务领域政府和社会资本合作方面，可进一步激发社会领域投资活力，拓展资金来源渠道，完善投融资政策，落实税费优惠政策，加强人才保障，发展公益创投，促进民间资本规范有序参与。

（四）鼓励社会力量广泛参与公益事业

自 2013 年至 2017 年，国务院办公厅陆续发布《关于政府向社会力量购买服务的指导意见》《关于促进社会办医加快发展若干政策措施的通知》《关于进一步动员社会各方面力量参与扶贫开发的意见》，正式对政府购买公共服务做出规定，鼓励在各个重点社会服务领域动员社会组织参与。新街口街道在为老年和青少年儿童提供多样化的社区服务方面已做了大量工作，可进一步在扶老助老、关爱儿童、扶残助残、社会工作服务以及能力建设和人员培训等方面继续拓展社会组织服务的深度和广度。除了从社区需求出发，按照既定规划创立、培育社会组织和购买社会组织服务，还可以进一步注重社会组织自身的创造力，以社会组织的项目为核心，将更多成熟的优秀项目引入社区，让社会力量在更多领域，承载居民社会生活服务、社区治理功能。通过发展以社区和社会组织服务基地搭载开展的居民议事厅、社区公益小额创投项目，引导居民围绕社区公共事务、公益事业、迫切需要解决的实际困难和问题开展参与式协商活动，实现自我管理、自我教育、自我服务，探索建立适合于城市社区的公众参与利益调处机制和社区社会组织内部治理机制。

（五）进一步推动社会组织管理信息化

新街口街道通过进一步整合辖区内社会组织资源，加强对辖区内社会组织工作的信息化管理，为社会组织规范发展以及活动考核提供数据支持。一是建设了街道社会组织工作管理平台，包含服务项目发布、数据库建立、服务效果调研、会员管理等内容。二是为志愿者及服务范围内的居民建立电子档案，并依据服务数据开展项目。2015 年我国通过有关主责部门推出《志愿服务信息系统基本规范》并将其作为行业标准，对志愿服务信息系统的相关要求做出了统一规范，新街口街道可进一步加强志愿者信息服务系统建设与应用，维护、管理和发展志愿者队伍。三是建立社会组织共同体、各服务基地、服务站点的微信群等交流平台。四是设立微信公众号、订阅号、站点服务大屏机，加强服务项目宣传。

新街口街道基本实现了社会组织管理工作的规范化、制度化，确保了社会组织服务的可追溯性，探索了符合街道特点的社会组织项目管理方式方法，打造了一批优质社会组织服务项目，满足了地区居民、企事业单位的需求。下一步，街道应该持续加大对社会组织持续发展模式的探索，梳理可向社会组织转移的工作职能，打造新街口街道社会组织服务网络，形成具有街道特色的服务品牌项目。

参考文献

贾西津、邢宇宙：《社会力量兴办公益事业政策体系中的不公平性分析》，《理论探讨》2016 年第 5 期。

邓涛：《角色期待与实践：社区建设中的社区社会组织》，华中师范大学硕士学位论文，2017。

古俊宝：《社区社会组织培育发展研究》，安徽大学硕士学位论文，2017。

高红：《社区社会组织参与社会建设的模式创新与制度保障》，《社会科学》2011 年第 6 期。

李德：《当前我国社区社会组织发展面临的主要困境及对策研究》，《毛泽东邓小平理论研究》2015 年第 6 期。

B.9
新街口街道西四北地区胡同精细化管理的调研报告

摘　要： 西四北地区是北京市43片历史文化保护区之一，位于北京旧城“一轴一线”的朝阜线西部南北两侧，拥有广济寺、历代帝王庙、隆长寺等多个国家、市、区级文物保护单位，传承着众多传统历史文化。近年来，随着时代的发展和城市的变迁，西四北地区也面临着因人口数量增大和周边城市环境巨变而带来的居住环境差、公共空间匮乏等问题，给居民群众的生活带来了极大的不便和困扰。如何既保持、恢复和延续历史街区传统风貌和文化特色，又保障群众生活宜居便利成为新形势下做好城市管理工作必须破解的紧要问题。为此，新街口街道以问题为导向，梳理了西四北地区群众反映突出的城市问题，按照“小规模、渐进式”的有机更新原则，通过环境升级、系统管理、社会服务相结合的方式探索出了胡同精细化管理模式。

关键词： 西四北地区　胡同　精细化管理　有机更新

一　新街口街道西四北地区的基本情况

北京是一座历史悠久、文化底蕴深厚的现代化大都市，自古以来就是重要的政治文化活动中心，也是中华民族传统文化的典型代表。在长期的历史发展当中，北京形成了独具特色的京味文化，由平房四合院以及它们围合而成的胡同则是这种文化的典型代表。西四北头条至八条胡同保存有大量建筑形态、院落格局、街巷肌理保存完好的四合院民居建筑，是老北京城典型的传统四合院区，目前是北京最大的四合院风貌保护区。近年来，随着社会经济的发展和居民生活水平的提高，西四北头条至八条胡同也面临着停车困难、环境脏乱、治安薄弱等诸多问题，需要政府从服务民生的角度进行精细化管理，提升平房区胡同居民居住环境水平。

（一）北京最大的四合院风貌保护区

西四北地区位于北京旧城“一轴一线”的朝阜线西部南北两侧，由相互平行的八条胡同组成——西四北头条到北八条（见图1）。此八条胡同相互依

胡同	名称及由来
西四北头条	与六合三条、姚家胡同、大兴隆胡同相交。明清时称驴肉胡同。1911年后以谐音改称礼路胡同。1965年并入南井儿胡同，因其是西四北大街西侧由南向北的第一条胡同故改今名
西四北二条	与新成胡同相交。明正德年间威武大将军府在此，后人讹传为西元帅府，故称此街为西帅府胡同。清代称帅府胡同。今街内58号民国时为萃文、萃真教会学校地址，1921年陈垣创办的平民学校迁此，1949年后改为北京市第四十一中学
西四北三条	与小绒线胡同相交。明代称箔子胡同。清代称雹子胡同、报子胡同。胡同内3号院原为明建隆长寺，今尚存山门、残殿和诗碑，为西城区文物保护单位。11号院为中型四合院、19号院为小型四合院、39号院为京剧表演艺术家程砚秋故居，均为北京市文物保护单位
西四北四条	明代称熟皮胡同，因当时有熟皮作坊在此而得名。因熟制皮料臭气散逸，后又称臭皮胡同。1911年后以谐音改称受壁胡同
西四北五条	明代称石老娘胡同，产婆旧时称老娘，因有石姓产婆居此而得名
西四北六条	明代称燕山卫胡同，因燕山前卫衙署在此而得名。清代称卫衣胡同、卫儿胡同或魏儿胡同。1911年后为与南草厂（今南草厂街）东侧的北魏胡同相别，改称南卫胡同、南魏胡同或南魏儿胡同
西四北七条	明代称泰宁侯胡同，因泰宁侯陈珪及其后裔凡9代14侯居此而得名。清代为避讳宣宗旻宁的“宁”字，改称泰安侯胡同，亦称太安侯胡同。西城区图书馆、旭光律师事务所、西四北七条居民委员会等单位在此胡同内
西四北八条	与南兴胡同相交。明代称武安侯胡同，因武安侯郑亨及其后裔凡八代居此而得名。清代讹传为五王侯，1911年后又演化为武王侯

图1　西四北地区胡同名称及由来

存并构成了一个整体的平房四合院住宅区，是元朝建都北京时兴建而成的，因此西四北地区的平房四合院落在空间形态上依然保持着老北京独特的城市肌理和历史风貌，至今已有800年历史，目前是北京最大的四合院风貌保护区。

（二）拥有星罗棋布的历史文化遗产

西四北地区历史上一直是官员和富人的住宅区。片区内胡同街巷纵横交错和历史文化遗产星罗棋布，区域内有广济寺、历代帝王庙、隆长寺等多个文保单位，其中国家级重点文保单位2处，市级文保单位5处，区级文保单位5处（见表1）。

表1　西四北地区历史文化遗产

单位：平方米

序号	名称	地址	建筑面积	保护级别
1	历代帝王庙	阜成门内大街131号	4902.60	全国重点文物保护单位
2	广济寺	阜成门内大街25号	6314.15	全国重点文物保护单位
3	程砚秋故居	西四北三条39号	664.55	市级文物保护单位
4	西四北三条11号四合院	西四北三条11号	1739.75	市级文物保护单位
5	西四北六条23号四合院	西四北六条23号	2040.35	市级文物保护单位
6	西四北三条19号四合院	西四北三条19号	506.99	市级文物保护单位
7	阜成门内大街93号四合院	阜成门内大街93号	1018.50	市级文物保护单位
8	护国双关帝庙	西四北大街167号、甲167号	534.78	区级文物保护单位
9	西四街楼	西四北大街255号	167.10	区级文物保护单位
10	中央医院旧址	阜成门内大街133号	20412.58	区级文物保护单位
11	平民中学	西四北二条58号	8120.87	区级文物保护单位
12	圣祚隆长寺	西四北三条3号	1443.13	区级文物保护单位

（三）以步行、自行车出行为主的慢行交通方式

西四北平房四合院住宅区的八条胡同均为东西走向，宽度基本在5~7米，依然保持着历史原貌，自明代至今，未有大的变化。其道路系统采用兼有鱼骨形和组团式特点的里巷系统。里巷从街坊主路呈枝干状分出来，以步行、自行车为主要交通方式。区域内共有大小胡同15个。目前存在着停车不便、交通不畅等现实问题。

（四）缺乏具有一定规模的公共活动空间

西四北地区主要是由八条老旧的平房胡同组成，建筑年代久远，同时由于历史遗留原因，胡同与胡同之间的空间相对狭窄，并且这些老旧院落常年缺少专业化的物业管理，导致西四北地区胡同内乱停乱放、私搭乱建等现象较为严重，此外该地区绝大部分住宅是四合院，绿化空间都是以分散、内向的庭院为主，从而使西四北地区常年缺乏相应的公共绿化空间以及日常的活动场所。

（五）市政设施与首都功能核心区整体发展水平不相称

因为历史原因，西四北项目整体市政设施仍然落后，市政设施不足是突出问题。本地区现有雨水、污水、供水、电力、电信等五种市政公用设施。院落内多为公共水龙头，没有水表到户；排水管道大多为合流制管道，大多数住户家中没有单独厕所，只能依靠区域内的公共厕所；日常饮食生火大多使用燃气罐和小型煤炉，冬季采暖多为煤炉或者是电暖器；电力线多为架空线。现有的市政设施无法满足本区域的居民的日常生活需要，与北京市整体发展水平是不相称的，同时也对旧城区环境保护及基础设施的日常维护管理带来了困难。

（六）人口数量增加带来居住环境质量下降

由于居住人口数量的增加，原有的四合院绝大部分已经变成大杂院，多为5户以上居住，由于历史原因，大杂院内房屋权属性质较乱，私房、公房混搭，人员构成复杂，由此带来了卫生环境、安全稳定等方面的诸多问题，严重影响了胡同内居民的居住环境。

二　新街口街道西四北地区胡同精细化管理的探索

新街口街道在充分调研的基础上，梳理了西四北头条至八条群众反映突出的城市问题，按照“小规模、渐进式”的有机更新原则，通过环境升级、系统管理、社会服务相结合的方式推进精细化管理。

（一）以提高片区居民生活质量为核心，进行胡同环境升级改造

结合文保区的改造，西四北地区始终把环境提升同居民生活条件改善结合起来。在改善胡同外部环境的同时，也要解决群众居住上的难题，把对城市管理的要求同居民群众的需求紧密结合起来。因此，针对老旧平房年久失修的问题，街道把房屋修缮、煤改电等纳入改造的整体工程，一方面重新铺设胡同道路、开展胡同绿化，提升胡同整体形象与环境质量；另一方面对院内的一些危旧房屋进行了修缮，同时，把居民老北京的情怀也融入胡同整治的方案里，利用胡同墙面空间进行3D墙画创意，7幅画内容贴近胡同特色，以老北京胡同生活为主，融合胡同历史文化底蕴，形成独特胡同人文景观小品，赢得了居民群众的广泛支持，为推进胡同常态化精细管理奠定了基础。

（二）以解决胡同环境的突出问题为目标，建立常态化管理机制

城市建设“三分建，七分管”，为了保持胡同整治的成果，把胡同管理中最容易反弹的问题归纳出来，逐一破题，探索建立了“六位一体”的精细化管理机制。

一是停车“一车一名一牌制”。西四北三条、四条、六条、七条胡同划设停车区域205处，基本实现胡同错时有序停车。

二是全面绿化，提升胡同品位。开展“出门见绿、垂直挂绿、点缀添绿、见缝插绿、拆违增绿”五绿工程，形成绿植景观86处。对西四北三、四条胡同进行整体文化创意，设计胡同景观3D画7幅，形成独特胡同人文景观小品，有效提升了胡同文化品质。

三是保洁实行“三快一净”工作法，即快速清扫、快速收运、快速保洁，达到街巷整体环境干净整洁。

四是试行平房区垃圾分类。通过对胡同内的垃圾桶安装二维码识别装

置，引导居民对垃圾投放进行分类，同时由街道组织牵头，在胡同内推行垃圾减量化管理，分别在相应的胡同内进行试点，逐步达到垃圾分类和减量的目的。

五是建立群防群治的治安体系。由街道统一调配和统筹，安排相应主责部门分别组建安全信息员队伍以及社区治安巡防志愿者队伍，进一步发挥楼门院长和社区积极分子在街区治安中的作用，并建立社区安全台账，实现胡同治安群防群治。

六是打造“最美院落”。将西四北六条33号、西四北八条39号等四合院打造成“最美院落”，凸显庭院文化。

通过这六项措施的实施，胡同优美的环境得以保持，同时群众也积极参与胡同管理中。居民自发成立了胡同自治领导小组，胡同各项管理规定均以居民自治领导小组名义发布。居民自治领导小组发动志愿者，以“为民、便民、利民、聚民”为宗旨，成立社区“便民服务队”，根据区域居住情况设立不同的服务分队，有“便民维修服务分队”“环保志愿服务分队”等，让他们亲身感受到社区内的自我服务、自我管理给生活带来的舒适和便利。

（三）以社会化服务引入为手段，创新准物业管理模式

胡同治理不仅要改善硬环境，更重要的是提升软环境质量。为此，街道通过购买社会服务的方式引入专业安保队伍，负责胡同的停车引导、绿化养护、市政巡查、渣土管理、违建发现、防汛、治安巡防等，做到早发现、早制止、早上报、早解决。引进睦友社工事务所、社区青年汇、常青藤等社会组织，针对胡同不同群体分门别类地开展活动，组建各种兴趣小组，在丰富居民业余文化生活的同时，也强化了居民对胡同的归属感，调动居民参与胡同管理的积极性。通过这些软环境的提升，胡同治理实现了良性循环，居民参与胡同管理自觉性提高了，胡同环境实现了长效化的保持。2014 年，西四北五条、七条被评为北京市“环境优美街巷胡同”。

三 新街口街道西四北地区胡同精细化管理带来的启示

（一）城市精细化管理必须坚持以人为本

实践证明城市精细化管理是一个目标，一个手段，其最核心的问题是要以人为本。只有把城市管理精细化同居民群众认可结合起来，才能顺利推行精细化管理。在这个过程中，街道把每个精细化管理的过程都同了解民需、赢得民心结合起来。通过开展“访民情、听民意、解民难”工作，街道和社区干部深入居民群众中，切实了解居民实际需求；根据居民需求制订工作方案，并将方案拿到群众中间去征求意见，真正使居民参与到胡同建设、管理中来，得到胡同居民的拥护，为开展后期工作奠定坚实的群众基础。

（二）城市精细化管理要注重以居民自治为基础

居民自治领导小组在维护公共秩序、创新管理模式、解决存在问题等方面发挥了重要作用，是推动胡同精细化管理长效机制建设的主要力量。比如，西四北六条社区居民自治领导小组，在胡同停车、绿化等方面发挥了主导作用；新街口街道民间手工艺培训基地以“堆绣”为主要培训项目，将传承中国传统手工技艺与服务地区民生相结合，以“教一艺，学一技”为目的，重点培训困难群体、待业人员和社区退休居民，同时吸引很多不同年龄的居民参与活动，大大丰富了胡同文化生活。通过社会组织带动，胡同居民的主人翁意识增强了，带动居民更加积极地参与胡同管理。

（三）城市精细化管理要把社会化服务作为重要路径

如果把城市环境的提升作为城市管理的重要内容的话，那么城市服务水平的提升就是城市管理的重要内涵。在城市治理中，社会化服务发挥了非常重要的作用，它不仅是对城市服务的有效补充，更是对群众归属感的凝聚与认同。在西四北头条至八条胡同精细化管理的探索中，因为引入专业保安队伍，群众安全感显著增强，进入胡同就像回到了安全的港湾；因为引入社会组织服务，胡同的人文气息更加浓厚，大家组织在一起开展一些活动，彼此不再陌生，成为朋友。

四　对深化西四北地区胡同精细化管理工作的建议

（一）注重思想引导，树立精细化城市治理理念

理念是行动的先导，有什么样的管理理念就有什么样的管理方式和管理行为，创新城市管理理念是提高城市管理精细化水平的关键。一是牢固树立“人民城市人民管、管理城市为人民”的理念。通过各种方式和手段，教育广大群众从自身做起，维护城市形象，大力营造全民支持城市管理、全民参与城市管理的氛围，将管理寓于服务之中，着力打造适应经济社会科学发展和人们生活质量提升、幸福指数提升需要的城市建设管理软硬件环境。二是树立经营城市的理念。根据现今的市场规律和原则，结合当前国内外先进的城市管理理念，把市场意识和经营意识融入日常的城市管理中，进一步开放城市基础建设的运营市场，同时建立起城市公用服务市场体系，把城市公用设施的管养和服务进一步市场化，最终实现城市管理的产业化、专业化和社会化。

（二）推动业态升级，实现区域内资源的最大化利用

一是促进胡同内业态优化升级。加强宣传引导，对电动车店、奖牌制作店、电子市场、洗车行等低端业态进行规范，以引进小型文化创意类产业为重点，探索制定相应奖励措施，推进平房区合理规划，将业态调整方向与民生、市容和品牌相结合，逐步促进产业升级，不断优化胡同内产业结构。二是开发社会单位资源。以加强服务社会单位为基础，完善社会单位的物质激励、政策倾斜、情感激励、服务支持和形象宣传，建立沟通互动机制、共享资源机制，提高社会单位与居民共享资源的积极性和主动性，实现区域内资源的最大化利用。

（三）加强宣传引导，提倡更先进的生活方式

在平房居民区推行的以居民自治为出发点，以全方位多角度综合治理为特点，以长效渐进、不断完善为宗旨的胡同新型管理模式，需要全社会的大力支持和全体居民的广泛参与。第一，利用街道现有的共建共享机制，充分调动和发挥辖区内有关单位和社会团体的积极性，同时要宣传动员辖区居民主动参与街区的相关治理，让其在街区治理中发挥实际效用，并且进一步激发辖区居民的主人翁意识。第二，进一步增强城市管理决策的民主化，通过完善城市管理决策的监督机制和重点问题的听证制度，使城市的管理更加公平和透明。与此同时，政府工作要以辖区居民的诉求为出发点，要把居民的实际问题和城市的管理相结合，使政府的决策更加契合居民的需求。第三，继续深化胡同综合管理试点，坚持好的方法和措施，通过时间的积淀，让居民能够自然了解、理解、接受，最终习惯更为先进的生活方式。

（四）拓展公共空间，提升胡同生活品质

街道可以按照相关规定，通过政府购买服务的方式，进一步扩展“公共空间”，使街道以及周边的社会资源能够更大范围地共享。要在扩展外围空间上下功夫，“无”中生“有”，借助“文化大风车”“青年汇”等活动形式，带领居民周末走出胡同区，到文化娱乐休闲场地参观体验，形成都市多视角、大视野的生活体验，改善平房区居民现代生活习惯，提升胡同生活品质。

（五）创新管理方式，引入“胡同物业服务”概念

西四北地区的不断发展、区域人口结构变化以及业态的提升，必将带来更多更高的物业服务需求。在未来的发展过程中，要积极推动管理方式创新，探索组建胡同物业机构，摸索平房区商业化物业管理模式，规范胡同停车，增加安保管理，切实提升本区域百姓的生活质量，从而进一步推进西四北地区的居住生活环境改善。

（六）引入大数据技术，搭建胡同精细化治理数据库

胡同精细化治理，当前最迫切和最重要的就是要引入大数据技术，建立胡同精细化治理数据库。要积极开展基础调研工作，摸清西四北地区胡同的基础情况，包括居住人员情况以及管理人员情况等，将基础信息纳入数据库。同时加强地区视频监控设备建设，实现视频监控的全覆盖。依托基础信息库和视频监控的动态监控，逐步实现用数据管理、用数据决策。

参考文献

孙新军：《确立“六精六细”管理理念　推动城市精细化管理水平提升》，《城市管理与科技》2017 年第 5 期。

本报评论员：《在精治、共治、法治上下功夫》，《北京日报》2017 年 10 月 9 日，第 003 版。

任小蔚、吕明：《城市设计视角下城市规划精细化管理思路与策略》，《规划师》2017 年第 10 期。

《加强城市精细化管理》，北京市城市管理委员会网站，http：//zhengwu.beijing.gov.cn/zwzt/ZWZT/CSZLi/CSJXH/t1504118.html。

黄荔：《探索胡同管理新模式——访北京市东城区朝阳门街道办事处主任陈志坚》，《城市管理与科技》2015 年第 5 期。

郑园、耿春芳：《老胡同儿的新管家》，《中国物业管理》2016 年第 9 期。

杨梅：《基于精细化管理的旧城胡同道路定线思路初探》，《北京规划建设》2016 年第 3 期。

李亚、王欢：《协商式政策分析及其运作：以胡同停车管理为例》，《中国行政管理》2017 年第 10 期。

B.10

新街口街道玉桃园社区创建学习型示范社区实践研究

摘　要： 通过发展学习型城市，实现经济社会可持续发展和人的全面发展，已成为国际共识。学习型社区的建设是发展学习型城市的基本途径和根本实现方式。2016年4月，西城区公布了《西城区建设学习型城区工作“十三五”规划》，积极落实北京市关于建设学习型城市的总体规划，其多项学习型城市示范项目已在全区各个街道实现全覆盖。新街口街道玉桃园社区是西城区已认定的学习型社区之一，以社区学校、社区终身教育服务体系为基础，以社区“书香驿站”为依托，形成了较为完善的社区教育结构和学习型社区文化氛围。

关键词： 新街口街道　学习型城市　学习型社区　终身学习

一　学习型社区的提出背景和概念内涵

“学习型社区”的概念是在“学习型社会”和“学习型城市”的基础上提出的，伴随着教育在世界范围内的根本性变革和城市发展理念的更新而不断深入发展。

（一）“学习型社会”的提出带来深远的教育变革

1972年，国际教育发展委员会发表了调研报告《学会生存：教育世界的今天和明天》，提出对旧有的教育体制进行变革，首次提出“学习型社

会”的概念，并指出“终身学习是学习型社会的基础”。[①] 该报告提出，随着社会变革，科学技术和思想文化知识日新月异，相对传统而古板的教育模式、强调学术与应试而轻视应用与创造的教育理念不再适应新的时代，教育不再是再现现有社会关系，而是培养面向未来的新人。在对教育发展现状分析以及对时代所带来的新的现象明确感知的基础上，报告进一步提出了“学习型社会”的概念，以及提供均等教育机会的“教育民主”、完善作为“学习型社会基础”的“终身教育”和实现人的全面发展的“完人教育”的教育改革目标。[②]《学会生存：教育世界的今天和明天》的出版对国际社会的教育事业产生了很大的影响，新的教育思想受到西方社会广泛关注，由联合国教科文组织（UNESCO）、经济合作与发展组织（OECD）和欧盟（EU）主导开展了众多研究，施行了一系列行动计划，将“学习型社会”带向更广阔、深入而具体的发展空间。

（二）“学习型城市”是终身学习的载体

“学习型城市”（Educating Cities）的概念由OECD首次提出。1973年，OECD提出创建学习型城市，选取其成员国中的七个城市作为试点参与创建，这些城市在建设过程中将教育放在核心位置，以教育促进经济可持续发展，改善市民生活。[③] 经过二十年的探索，OECD对这七个城市的改革成果进行了深入考察，并于1992年的第二届国际教育型城市大会上发布研究报告《终身学习的城市战略》，总结发展经验，提出了学习型城市建设的原则和七个方面重要的构成要素，包括“现有的教育机构、政治和经济发展趋势、文化传统、学习的可获得性、培训计划、文化机制、终身学习和社会参与”等。同时指出各个城市拥有不同的特征，在构建学习型城市时要考虑

---

① 徐辉、李薇：《向学习型社会的重要宣言——写在〈学会生存〉发表40周年之际》，《教育研究》2012年第4期。

② 徐辉、李薇：《向学习型社会的重要宣言——写在〈学会生存〉发表40周年之际》，《教育研究》2012年第4期。

③ 蒋亦璐：《学习型城市建设：理之源与行之路的探索》，华东师范大学硕士学位论文，2016。

城市的规模、定位、政府作用以及基于社区的学习机会等。① OECD 将学习型城市的特征概括为以下几点：第一，促进城市范围内各利益相关者的合作，包括公立部门和私立部门；第二，协调工作导向和闲暇导向的教育与培训；第三，协调不同年龄段学习者的学习；第四，利用当地的媒体；第五，社区共同学习。

（三）“学习型社区”是“学习型城市”的实现方式

“学习型城市”建设是一个宏观的城市发展进程，社区是城市的基本单元，在“学习型城市”建设目标实现的过程中，最根本的是要从社区建设做起。UNESCO 指出，“学习型社会”只能通过一个一个社区来建设。“学习型社区”的建设是发展“学习型城市”基本途径和根本实现方式。

1995 年欧盟出版的《教育学：迈向学习社会》一书指出“学习型社区”“属于学习型组织中的一类，主要目标是构建学习团体，培养学习兴趣，增加机会，并提供相应的学习保障和学习信息，倡导出优秀的学习风气，建立起完善的有效的社区学习体系，需要以实际行动为基础，将重点放在为社区居民提供有用的学习资源，加速学习社区网络建设上面来”。② 1998 年，OECD 基于对学习城市的探索实践，也开始对“学习型社区”进行关注，指出“学习型社区是一个城市、乡镇或地区，为个体和群体提供正式和非正式的学习机会，使社区成员获取知识、技能及态度，形成价值观，从而促进经济的可持续发展，增强社区凝聚力和创新力”③。

（四）探索“学习型城市”评价指标体系

随着教育变革在全球的全面展开、创建“学习型城市”的理论知识和

① 徐小洲、孟莹、张敏：《学习型城市建设：国际组织的理念与行动反思》，《教育研究》2014 年第 11 期。

② 马正天：《学习型社区建设中的小组工作介入——以北京 S 社区为例》，安徽大学硕士学位论文，2017。

③ 徐小洲、孟莹、张敏：《学习型城市建设：国际组织的理念与行动反思》，《教育研究》2014 年第 11 期。

实践经验的不断积累，人们开始进一步探索研究学习型城市的评价指标体系。

1991 年，EU 启动“欧洲终身学习计划”，总结“学习型城市”的重要特征，其所推出的 TELS 项目对创建“学习型城市”的实践指标进行了设定。1999 年 EU 实施“迈向学习型社会（TELS）”研究计划，研发出包括建设“学习型城市的承诺、信息传播、伙伴关系和资源、领导力发展、社会融合、环境与公民、技术与网络、财富创造与就业力、市民动员参与及发展、学习活动和家庭”等十大方面指标类别和 40 项细化指标的“学习型城市”评估工具。① 2005 年，联合国教科文组织终身学习研究所（UIL）制定了《学习型城市关键特征框架》，在建设“学习型城市”带来的广泛效益、主要任务和“学习型城市”的基础条件三个方面提出了 12 项指标，② 这一特征框架成为世界各个城市创建“学习型城市”时的行动要点。

二　我国“学习型城市”的发展和创建“学习型社区”的意义

（一）我国“学习型城市”的发展进程

我国于 20 世纪 90 年代开始提出建设“学习型城市”。随着我国改革开放的深入发展，对“学习型社会”的发展与“学习型城市”的创建愈加重视。2010 年颁布的《国家中长期教育改革和发展规划纲要（2010 - 2020 年）》提出：到 2020 年，我国基本实现教育现代化，基本形成“学习型社会”，进入人力资源强国行列，并且在“继续教育”部分倡导广泛开展城乡社区教育，加快各类学习型组织建设，基本形成全民学习、终身学习的“学习型社会”。党的十九大报告提出要“加快建设学习型社会，大力提高国民素质”。

① 徐小洲、孟莹、张敏：《学习型城市建设：国际组织的理念与行动反思》，《教育研究》2014 年第 11 期。

② 《学习型城市关键特征框架》，《开放学习研究》2016 年第 3 期。

首都北京承载着政治、文化、科技与国际交往的核心功能，亦是“创建学习型城市”的先行者。2007 年，北京市委、市政府颁布了《北京大力推进首都学习型城市建设的决定》，明确了北京市创建“学习型城市”的具体目标，提出北京建设终身教育体系及终身服务体系及各类学习型组织的任务要求，并对具体目标、任务、政策措施做出说明和部署。

（二）创建学习型示范社区的意义

1. 培育和践行社会主义核心价值观，提升国家核心竞争力和社会文明程度

建设“学习型社区”，可以为全社会增加学习机会，培养居民日常学习的良好习惯，进而在全社会形成良好的学习环境和氛围；整合学习资源，完善学习条件，满足居民的学习需求，使我国社会主义核心价值观在居民中间通过学习的资源、学习的内容和学习的环境得以培育。全球已有 1000 多个城市将学习放在城市建设的政策与战略优先位置。

2. 推动城市经济发展、产业结构升级，服务新型城镇化建设、促进城市建设管理创新

教育带来经济和社会可持续发展已是全世界的共识。2000 年，经合组织推出“学习型城市”项目，在其项目成果《新学习经济中的城市和地区》中指出学习型城市或地区能够推动经济的发展。[①] 澳大利亚的维多利亚是该国建设“学习型社区”最早的城市，于 20 世纪 90 年代就提出发展“成人社区教育”（AEC），并逐渐形成学习型城镇联盟，随后又有多个城市响应。至 2007 年，澳大利亚有 100 多万名成人在接受 AEC 提供的学习服务，其中维多利亚拥有将近四百个社区教育机构，每年培训约 13 万名学员，产生 33 亿美元的纯经济效益。[②] 2012 年，我国的城镇化率已超过 52%，全民学习的需求是城市经济社会发展的重要内容。

---

① 蒋亦璐：《学习型城市建设：理之源与行之路的探索》，华东师范大学硕士学位论文，2016。

② 聂伟、罗建河：《国外“学习型城市”建设的历程、经验与借鉴——以英国、瑞典和澳大利亚为例》，《成人教育》2010 年第 3 期。

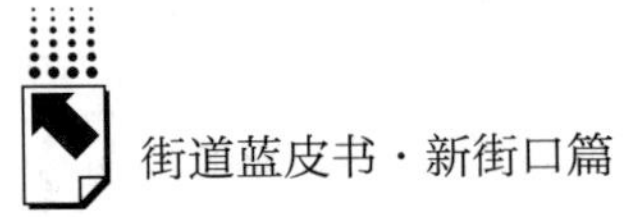

3. 满足人民群众学有所教的终身学习需求、促进人的全面发展

“学习型城市的建设已成为国际社会促进终身学习的一种有效途径。”① 发展学习型示范社区，是建设“学习型城市”的基础，通过社区学校基础设施、教育资源建设，可以从基础层面满足全社会人民的学习需求。

三　新街口街道玉桃园社区创建学习型示范社区背景

（一）“学习型城市”示范项目在西城区实现全区覆盖

北京市于2016年发布了《北京市学习型城市建设行动计划（2016－2020年）》，提出“学习型城市”的发展目标，并推出包括建设12个学习型示范区、100个市级“市民终身学习示范基地”、100个示范性学习型组织、市民学分银行、50个职工继续教育基地、100所示范性成人学校、50个新型职业农民培训基地、100名市级学习指导师、“夕阳圆梦”工程、家庭教育工程、社区教育指导服务工程等具体项目的“学习型城市”“十大工程”。

作为北京市首家建设“学习型城市”工作示范区，西城区积极响应北京市的有关条例和要求，大力推进学习型城区建设，重点打造多项示范项目。其中，“实体化社区教育学校体系”建设和“市民终身学习服务体系建设”已在全区广泛推进并取得一定成效。一是“实体化社区教育学校体系”“职业教育进社区”项目，在各街道建设社区学校和家长学校，并将职业教育引入社区，开展社区教育，目前社区学校已经实现西城区所有街道全覆盖。其中，新街口街道于2016年被评为“全国社区教育示范街道”。二是推进“市民终身学习服务体系”和“数字化社区教育网络”项目。居民在社区教育学校网站注册个人账户后，可以拿到“市民学习卡”（市民终身学习积分卡）。市民在学习认证的站点进行学习并打卡后，就可以通过“学分银行”累积学分和学习信息。政府通过市民终身学习成果管理和认证中心、

① 教育部：《全民终身学习：城市的包容、繁荣及可持续发展》，2013年10月。

认证系统网络管理平台等数字化信息系统，对居民的学习信息进行管理。这一制度实现了个人学习与终身学习的信息存储、学分认证、学分积累、学分消费兑换。学习成果得到认证，学习过程得到回报，这一制度使得居民的学习热情得到很大鼓励。

（二）新街口街道形成完善的教育资源体系

在北京“学习型城市”建设的总体规划和西城区学习型城区建设的大力推进下，新街口街道已形成层次分明、开放共享的教育资源体系。

新街口街道现拥有众多公立学校，包括4所中学（四十一中、三中、三十五中、教育分院附中）、1所职高（外事职高）、1所特教学校（启喑中学）、5所小学（京师附小、黄城根小学、志成小学、华嘉小学、实验二小玉桃园分校）和9所幼儿园（儿童中心幼儿园、西四北四条幼儿园、棉幼分园、曙光幼儿园、高井幼儿园、果子市幼儿园、幸福泉幼儿园、广电银河幼儿园、官园幼儿园，其中，高井幼儿园和果子市幼儿园为街道办幼儿园）。在社会教育机构方面，新街口街道现有多家校外教育机构（西城区社区教育学院、区教育研修学院、区少年宫、区青少年图书馆、新街口社区教育学校、新街口社区家长学校、丰盛少年宫等）、社区“书香驿站”等特色阅读空间，以及6个辐射全区的职业培训基地和西城区所吸纳的北京天文馆、宣南文化博物馆等63家市民终身学习服务基地的共享资源。

至2016年，社区学校已经开发出一系列优质特色课程，全街道建成90人左右的社区教育专职管理与教师队伍，全区居民参加教育培训达到上百万人次；[①] 职业技能培训基地已经推出50多门课程、8大课程体系，编写完成12册精品教材，职业培训的年培训量达5万余人次，课程费用全部由政府支出。一些课程被制作成网络课程，列入国家开放大学的在线培训课程。新

---

① 西城区：《我区召开建设学习型城市工作示范区经验交流和成果展示会》，http://www.bjxch.gov.cn/xcdt/xxxq/pnidpv650338.html，2016年10月。

街口街道现有教育资源与培训项目已经形成一定规模，满足社区居民多元化教育需求。

此外，社区还不定期开展知识讲座等活动，并通过宣传、评选，推动“学习工匠”“学习家庭”的微观社会单位在居民中形成主导力量。新街口街道已经形成了以社区学校为主体，创新课堂、职业教育为补充，辅以知识讲座活动、“学习家庭”带动的社区教育结构。

（三）新街口街道加大财政投入保障教育基础设施建设

新街口街道财政每年按计划安排社区教育、终身学习服务体系的基础设施和基础项目建设经费，专款专用，逐年增加，并已超过西城区平均水平。2009 年以来，街道累计投入教育经费总额达到 3544 万余元，主要用于提高教职员工待遇、改善教育场所教学条件，以及开展各类文化教育活动等。在市民终身教育基地建设上，新街口街道投入累计近 2000 万元，已建成包括一个社区服务中心、一个社区教育学校、两个社区图书馆和一个公益电影放映厅在内“1121”工程。社区服务中心于 2010 年投入使用，拥有近 5000 平方米的活动场地，集合了图书阅览、体育健身、科普培训、文化演出、公益服务等教育功能，全部免费向社区居民开放；社区教育学校面积为 2000 余平方米，建有各类教室、活动室、计算机网络教室、科技动手教室，全部免费向社区居民开放；两个图书馆面积均超过 300 平方米，藏书 1 万多册，建成后开展了多种教育活动和图书借阅服务。此外，街道每年对支持社区教育的社会组织、企事业单位和个人都给予表彰和奖励。新街口街道的财政投入为辖区教育基础设施建设提供了有力保障。

四　新街口街道玉桃园社区创建“学习型社区”经验

新街口街道玉桃园社区是西城区已认定的 167 个“学习型社区”之一，位于西直门内大街以北，北二环路以南，西临西二环，东临马厢胡同。辖区有六条街巷，总面积为 0. 2149 平方公里。根据 2016 年的数据统计，辖区内有单位及商铺门店 52 个，社区以楼房为主，有 6 个居民小区，38 栋居民楼，146 个楼门，户籍人口为 2298 户 6228 人。社区有健身场所 3 处，健身园 2 个，图书室 1 个，综合活动室 1 处，书香驿站 1 所，有各类志愿者服务队 7 支。

在创建学习型示范社区工作过程中，玉桃园社区以“党建引领社区文化、文化助力社区治理”为创建思路，以街道现有的社区教育资源为基础，以社区书香驿站为依托，以“和谐楼院、幸福家庭”为主线，构建楼门和家庭文化，广泛开展各类文化活动，推动学习型社区建设。

（一）学习型党组织发挥率先垂范的作用

玉桃园社区在创建学习型示范社区的工作中，社区党委率先垂范，制定《玉桃园社区党委学习计划》，把学习党章党规和学习习近平总书记系列讲话精神进行有机结合，进一步领悟相关指示和精神，明确指导思想和学习重点。围绕“对党忠诚、做合格党员”“严守纪律、做合格党员”“务实担当、做合格党员”组织学习，每个主题的学习为期三到四个月。社区党委建立支部微信群，搭建交流学习平台，组织主题学习教育活动，结合国家相关重大活动和纪念日等，组织开展党的历史、新中国的历史及党的优良传统和优良作风，民族精神、时代精神，社会主义核心价值观等方面的专题学习教育。

（二）社区“书香驿站”为“学习型社区”建设提供载体

新街口街道玉桃园社区以社区“书香驿站”为依托，打造学习场所，开展学习活动，促进学习交流。

玉桃园社区“书香驿站”2015 年 1 月起正式运行，是京城第一家由公益组织和社会爱心人士捐助的社区居民学习交流的公共活动场所。“书香驿站”每天早 9 时至晚 9 时 12 小时免费为居民开放，全年无休，其开办满足了社区居民的读书需求，并通过举办不同形式的读书文化交流活动满足居民多种文化需求。一是采取“百姓捐书百姓看”的模式，社区居民将书捐给驿站，供社区居民阅读，实现互助与共享；二是开展常规性活动，如手工制作、棋牌培训、历史讲座和读书活动、健康教育、书法活动等；三是举办多种社区品牌活动，以促进居民相互学习交流，如开展健康促进小组、桃园聚会和桃园读书会，组织外出参观学习活动等；四是创办社区内刊，2016 年 7 月，玉桃园社区以“书香驿站”为主导，发动志愿者力量，创办“书香驿站咱的第二个家”社区内刊，内刊立足社区居民需要，宣传启发社区民意，是社区居民共同进步提高的载体，使居民读者更有归属感、认同感。

以“书香驿站”为载体推动“学习型社区”建设的模式，使居民获得了学习的场所，并能够积极参与社区公共生活，增强了社区凝聚力，在全社区营造全民学习的社会氛围。

（三）社会公益力量扩展社区学习参与范围

在“书香驿站”的建设过程中，社区组织以及社区之外的社会组织发挥了不可忽视的积极作用。“书香驿站”是以西城区社区文明推进协会这一社会组织为承建和运营单位而创立的。2014 年底，西城区精神文明建设委员会办公室联合多家社会组织，共同发起成立了西城区社区文明推进协会，借助社会公益力量创办“书香驿站”。协会是在西城区民政局进行登记注册的非营利性社会组织，为创建主题型文化社区搭建集志愿者、企业家、专家、艺术家四种资源为一体的社区文化服务平台，为建设文明、活力、和谐发展的新社区提供理念、创意、资金、志愿活动四种服务。“书香驿站”创办后，西城区社区文明推进协会进一步引进以全国妇联中国妇女活动中心为代表的域外组织，以及更多的社会资源和企业资源前来参与，一些专业的社区文化组织和学术机构，如中国社科院、西城区社科联、西城区图书馆管理协会等机构的专家也都积极参与其中，极大丰富了社区文化活动。

此外，玉桃园社区还拥有五支社区社会组织，各自面向不同的群体，在学习社区建设中发挥着巨大的作用。一是社区长者健康服务队，主要服务于社区80岁以上的老人；二是社区青苹果社会实践团，主要面向社区青少年群体，每年寒暑假开展实践活动，寓教于乐，学习课堂上学不到的知识和技能；三是社区治安志愿者服务队，是社区群防群治重要力量，志愿者们每月学习不少于6小时；四是社区计生协会，为群众提供避孕、优生、优育、健康、生产和生活技能等方面的学习服务；五是社区环境志愿者服务队，以共同实现干净整洁的居住环境、健康环保的生活理念、和谐互动的邻里关系为目标开展倡导活动和环境志愿行动。

（四）打造“学习工匠”和“学习家庭”

2017年，为贯彻落实教育部等九部门《关于进一步推进社区教育发展的意见》和《北京市学习型城市建设行动计划（2016～2020年）》，巩固学习型社区建设工作成果，西城区在全区已认定的167个“学习型社区”中开展了推选“学习型榜样家庭”和“学习型社区工匠”活动，18名学习型社区工匠和33个社区学习型榜样家庭被授予奖杯。① 玉桃园社区系统、全面落实这一工作，在西城区“学习型社区”建设工作指导评估专家组的回访调研中被评价为最规范的社区。② 在“学习家庭”方面，玉桃园社区从改善邻里关系，打造邻里一家亲入手，通过“学习型社区”建设，树立良好社区风尚，带动创建学习型家庭，培育幸福家风，组织开展了“幸福心分享”活动，通过“社区幸福便笺”开通家庭幸福留言通道；开展“草编”“蛋雕”等家庭课堂，促进非遗文化传承；开展老规矩新用活动，以《老鹏说礼之居家篇——家和万事兴》为主题与社区居民“说礼”交流。在“学习工匠”方面，玉桃园社区党委重视对典型的“学习工匠”人物给予鼓励，积极发现为“学习型社区”的建设贡献知识与力量的社会活动者、科学知识普及者、公益授课者，并给予充分认可，通过激励活动的组织实施，使

---

① 《西城区推选表彰学习型社区工匠、榜样家庭》，首都公益网，http：//sdcsgy. qianlong. com/2017/1121/2190328. shtml？from = singlemessage&isappinstalled = 0，2017年11月。

② 西城区新街口街道：《西城区评估专家组回访调研玉桃园学习型示范社区》，http：//xjk. bjxch. gov. cn/xxxq/pnidpv404385. html，2017年5月。

“学习工匠”的行动获得支持、精神得以传播，并使社区党委与居民建立起更好的信任关系。

（五）完善“学习型社区”自治组织结构

玉桃园社区成立“学习型社区”创建工作领导小组，党委、居委会、服务站各负其责。一是夯实组织基础，进一步完善“社区居委会—居民小组—楼门院落—家庭”的居民自治管理网格化体系，划分出9个网格，配备网格员和网格大组长；二是建设社区桃园自管会，充分发挥楼门长的作用，设立“1+N”居民自治特色楼门岗，即一个楼门长，多个文明宣传员、文化传播员等。发挥社区党委的组织优势，将社区214名党员代表、46名居民代表、123名楼门院长、52家驻区单位、各类志愿者等组织发动起来，开展各类学习活动、文化活动。

五　新街口街道玉桃园社区创建“学习型社区”思考与建议

（一）建立多部门共同参与的领导协调机制

《关于推进学习型城市建设的意见》提出，要健全领导管理体制，建立多部门共同参与的“学习型城市”建设领导协调机制。现西城区已成立社区教育三级教育管理网络协调中心、市民终身教育学习中心、社区教育指导中心、“学习型城区”研究中心、终身学习成果认证中心，形成集培训、研究、协调、指导和成果认证为一体的市民终身学习综合服务中心，同时还成立了市民终身学习服务基地办公室，对多方参与“学习型社区”建设进行服务和管理。在此背景下，在建设“学习型社区”过程中，要充分发挥基层政府、社区服务中心、社区自治组织的作用，建立协调机制，多部门共同参与、高效合作。

（二）加强社区教育体系的基础建设

建设“学习型社会”最重要的是要为全民学有所教提供基础设施、教育资源和服务保障。玉桃园社区户籍人口6000余人，目前所享受的教育资源主要是与街道共享1所社区学校、全区共享的6所职业培训基地所提供的教育服务，以及社区市民学校、“书香驿站”。尽管社区的教育体系结构已较为完整，但教育资源依然十分有限，并且以全区共享为主。在学习型社区的建设中，应进一步加大基础建设和资金投入的力度，持续增加教育机构的数量，增加如“书香驿站”等社区学习场所，发展网络教育，为社区提供更全面和丰富的教育资源，拓展居民的学习途径。

（三）发展居民学习成果权威认证体系

社区居民积极参与学习能够增长自身所需技能，除此之外，其学习成果能够得到权威认证，进而应用于就业、职业发展，对居民来说这也是参与社区学习的重要价值之一。因此，由政府主导发展权威的学习成果认证体系，能够对全民学习提供强大动力，有效激发全民投入终身学习的积极性，营造终身学习文化氛围，促进“学习型城市”发展。

（四）推动数字化社区教育网络建设

要有效应用现代信息技术，拓展学习时空。西城区通过市民终身学习积分卡成功探索了终身学习服务体系的智能化建设，取得良好的效果，极大鼓励了市民参与学习的积极性。这一举措可以以社区为基本单位进一步普及，在社区内增设能够进行刷卡积分的学习场所。另外，还可以建立网校，大力发展网络课堂，使市民能够更便利地参与学习。

（五）推进相关法规制度建设

创建学习型示范社区，是打造“学习型城市”的根本；而建设“学习型城市”的根本目的是不仅是要促进经济社会的可持续发展，更是要保障全社会人民学习的权力，实现人的全面发展。我国尚未对终身学习进行立法。我国学者黄欣和吴遵民认为应以“权利性”和“非功利性”为基本理念，制定一部诠释终身教育理念、确立终身教育方针、实现终身教育制度的法律，明晰价值取向、明确责任主体、确立权利保障，发展终身教育，促进公民终身学习。①

（六）开展评价监测与国际交流

EU 和 UNESCO 等组织在发展学习型城市的过程中制定出了具体的学习型城市指标体系。我国的学习型城市建设正在从起步迈向成熟，应开展深入研究，制定符合我国具体情况的评价指标体系。北京市召开了国际学习型城市大会，在作为会议成果的《建设学习型城市北京宣言》中提出了发展学习型城市 12 个方面的具体措施，对学习型城市评价指标体系的细化提供了良好的理论基础。在建设学习型城市和完成学习型任务的过程中，北京市应进一步开展国际交流与合作，对接国际标准，借鉴世界经验，从微观着手，进一步完善建设成果评价的关键指标体系，对学习型城市与学习型社区建设开展监测与评价，充分发挥首都核心功能，建设开放、活力、终身学习的基层载体。

参考文献

徐辉、李薇：《向学习型社会的重要宣言——写在〈学会生存〉发表 40 周年之际》，《教育研究》2012 年第 4 期。

蒋亦璐：《学习型城市建设：理之源与行之路的探索》，华东师范大学硕士学位论文，2016。

徐小洲、孟莹、张敏：《学习型城市建设：国际组织的理念与行动反思》，《教育研

① 黄欣、吴遵民：《中国终身教育法为何难以制定——论国家终身教育法的立法思想与框架》，《开放教育研究》2014 年第 12 期。

究》2014 年第 11 期。

马正天：《学习型社区建设中的小组工作介入——以北京 S 社区为例》，安徽大学硕士学位论文，2017。

《学习型城市关键特征框架》，《开放学习研究》2016 年第 3 期。

聂伟、罗建河：《国外“学习型城市”建设的历程、经验与借鉴——以英国、瑞典和澳大利亚为例》，《成人教育》2010 年第 3 期。

教育部：《全民终身学习：城市的包容、繁荣及可持续发展》，2013 年 10 月。

西城区：《我区召开建设学习型城市工作示范区经验交流和成果展示会》，http：//www. bjxch. gov. cn/xcdt/xxxq/pnidpv650338. html，2016 年 10 月。

《西城区推选表彰学习型社区工匠、榜样家庭》，首都公益网，http：//sdcsgy. qianlong. com/2017/1121/2190328. shtml？from = singlemessage&isappinstalled = 0，2017 年 11 月。

西城区新街口街道：《西城区评估专家组回访调研玉桃园学习型示范社区》，http：//xjk. bjxch. gov. cn/xxxq/pnidpv404385. html，2017 年 5 月。

B.11

新街口白塔寺历史风貌保护区院落腾退、改造及利用的实践研究

摘　要： 北京市西城区白塔寺地区建设于元代，是北京市最具价值的历史文化街区之一。2010 年前后，随着我国经济社会发展，人口流动不断增加，白塔寺地区逐渐成为低端业态聚集、私搭乱建严重的无秩序街区。2014 年，新街口街道开启了白塔寺历史风貌保护区院落腾退、改造及利用的住房和环境改善项目。至 2017 年，项目已对保护区内多个片区实施腾退和更新，腾退院落 200 余处，引入科技、文创类全新业态，并搭建起思想交流、资源整合的平台，取得了十分显著的成效。本文将阐释和介绍白塔寺历史风貌保护区项目的重要意义、实施经验，并进一步对历史文化街区的腾退、更新、保护和利用提出思考与建议。

关键词： 新街口街道　白塔寺　历史风貌保护区　腾退改造　更新保护　人居环境

一　新街口白塔寺历史风貌保护区院落腾退、改造及利用的必要性研究

（一）首都功能核心区是历史文化名城保护的重点地区，是展示国家首都形象的重要窗口地区

进入新的发展时期，北京作为全国文化中心，对外展示国家文明形象，

对内增强文化自信，对全国文化建设起着引领示范作用。《北京城市总体规划（2016～2035年）》提出：抓实抓好文化中心建设，做好首都文化这篇大文章，精心保护好历史文化金名片，构建现代公共文化服务体系，推进首都精神文明建设，提升文化软实力和国际影响力。首都核心区是全国政治中心、文化中心和国际交往中心的核心承载区，是历史文化名城保护的重点地区，是展示国家首都形象的重要窗口。加强对首都核心区历史文化遗存的保护是首都建设全国文化中心的重要内容，《北京市“十三五”时期加强全国文化中心建设规划》明确提出要坚持历史文化名城保护与城市现代化建设相协调，让古都风貌创造性地融入现代社会。对北京市历史风貌保护区院落科学合理、因地制宜地规划建设，既是保留城市历史文脉的肌理，延续城市发展的历史文化底蕴，打造城市发展的文化特色的必然要求，又是提升中国传统文化的世界影响力、首都城市文化的国际竞争力，凸显北京历史文化整体价值的重要路径。

（二）打造文化精华区是推动首都功能核心区文化发展建设的重点任务

目前，首都功能核心区保存了大量凸显历史文化、传统文化、历史风貌的地段和场所，历史文化街区约占核心区总面积的1/4。《北京城市总体规划（2016～2035年）》明确提出：“将13片具有突出历史和文化价值的重点地段作为文化精华区，强化文化展示与传承。进一步挖掘有文化底蕴、有活力的历史场所，重新唤起对老北京的文化记忆，保持历史文化街区的生活延续性”，为核心区历史文化保护做出具体指示。同时，文保工作存在一些亟待破解的问题。由于城市建设的步伐不断加快，对历史街区的保护与更新也越来越追求短时间高效益，导致一些有历史价值的建筑被盲目改造，甚至是被随意拆除。过度的商业开发对历史街区原住居民的日常生活带来了很大干扰，交通拥堵、噪声污染、环境变差等一系列问题随之而来，严重影响了居民的生活质量。加之历史风貌保护区所处区域内流动人口数量大、人口密度高，院落内私搭私建现象严重，产业低端化发展、建筑物缺少必要的保护措施等情况，导致这一区域的建筑物受损，居民生活环境差，住房质量堪忧。现阶段关于历史文化保护的法律法规和政府政策的保护力度不足，相关保护机制不健全，因此，打造文化精华区应对核心区历史文化风貌保护与发展发挥引领作用。

（三）新街口白塔寺历史风貌保护区院落腾退、改造及利用对西城区探索历史文化保护路径具有典型意义

白塔寺—西四文化精华区是 13 片文化精华区之一。白塔寺地区历史悠久，是元大都遗存下来的完整胡同四合院街区，也是北京旧城历史风貌街区的活标本。但是存在人口密度高、人员流动性大，低端业态聚集，院落内私搭乱建现象严重等问题，严重影响地区历史文化风貌，这些也是许多历史文化院落保护区存在的问题。新街口街道从于 2014 年开启了白塔寺历史风貌保护区院落腾退、改造及利用的住房和环境改善项目。通过对白塔寺历史风貌保护区的腾退、改造及利用，清除街区违建，更新“老旧”院落，保护重点文保院落，重构区域业态，发展文创产业，使这块已经有千年历史的街区，保持其历史文化街区的生活延续性，最大限度地呈现它的历史风貌，使文化脉络通过百姓生活、历史遗迹、文创产业得以传承。白塔寺历史风貌保护区院落腾退、改造和利用对首都核心区利用北京文化深厚底蕴和文化资源集聚优势，探索历史文化风貌区保护路径具有典型意义。

二　新街口白塔寺历史风貌保护区院落腾退、改造及利用项目实施的主要做法

（一）通过制定统一标准推进院落腾退、改造及利用

1. 采取居民自愿的原则

新街口白塔寺历史风貌保护区住房和环境改善项目遵循“自愿参与、平等协商、整院腾退优先”的原则，始终坚持整院腾退、自愿腾退原则，

无“拆迁或征收”，无“强制”，不要求全部居民参与腾退。

在宣传工作方面，项目实施单位采取多种方式，如经常召开面对面政策讲解会，解答居民疑惑；通过“给老百姓写一封信”、制作宣传片等，向居民宣传腾退工作，使居民了解保护区住房和环境改善项目的目的、意义以及腾退后的安置政策，在充分尊重居民意愿的基础上，鼓励居民积极参与，取得了很好的效果。

2. 严格审核申请腾退的院落

在白塔寺历史风貌保护区内，并非所有院落适宜进行腾退改造。对于居民申请腾退的院落，实施单位会制定审核标准并进行严格审核，一是房屋需具备产权清晰的条件，二是实施单位会根据《白塔寺地区住房和环境改善项目申请人资格》等规定，对房屋及业主进行规划条件审核，通过审核的房屋才能够参与腾退。

3. 始终坚持一致的腾退补偿标准

项目在开展过程中，制定了完善的补偿标准。对于确定实施腾退的院落，每户均按照统一标准实施腾退、给予补偿，并根据《关于首都功能核心区人口疏解对接安置房有关问题的通知》《西城区定向安置房购买资格及配售意见》，对腾退居民进行妥善安置。

自 2014 年至 2017 年 5 月，白塔寺历史风貌保护区住房和环境改善项目完成整院签约及商铺签约，共涉及 70 余处整院、200 余户、700 余人。

（二）通过设置试点推进院落街区改造更新

白塔寺历史风貌保护区住房和环境改善项目通过广泛征集方案、试点推进实施的方式，对居民已自愿腾退的院落陆续进行改造，实现旧城保护、环境和居民住房条件改善、适当降低人口密度的目标。对已经腾退出的院落，相关部门要以落实首都核心功能定位、传承北京历史文脉、改善居民居住环境为依据进行改造和更新。

1. 公开征集院落改造更新方案

为了实现以上目标并打造白塔寺项目的品牌形象，项目实施单位面向社会广泛地征集院落改造更新方案，2016 年，举办了“2016 白塔寺院落更新国际方案征集”活动，吸引了国际、国内优秀设计师及经营者前来参与。在这次大赛上，参赛者共计完成提交 270 份方案，其中有 30 余份境外机构参赛并提交的作品，经过评委会的讨论和共同决议最终评选出优胜作品。

在北京旧城中，许多胡同与院落之间相互隔绝不连通。在参赛获胜作品“望塔·窥院”中，设计师打通胡同，用两片厚墙贯通场地，保留胡同肌理，让场地融入城，既形成步行路径，又创造了望向白塔的视觉通廊，两片墙背后的房间与院落穿插布置，并通过大小窗洞与外界联系；在另一获胜作品“奁院”中，通过置入抽屉式的可移动空间单元，将固定空间转换为可变空间，创造出灵活弹性的使用方式。[①] 广泛征集方案为白塔寺院落的改造更新做了良好的铺垫，既融合了优秀的思想，又搭建了良好的合作平台。

2. 对青塔片区、宫门口头条片区实施“联合连片”试点改造

在政府组织下，白塔寺文保区在已腾退院落更新、未腾退院落更新和区块内基础设施更新三个方面，实施“联合成片”试点改造工程，主要包括编制小区块整治规划和实施方案、探索社会资本通过公私合作与政府共同设立产业基金的具体形式、鼓励当地居民参与共建、引入平房区准物业化管理等几个方面的内容。

3. 受壁街建设道路及其地下综合管廊试点工程

白塔寺保护区项目在受壁街地上建设道路，优化地区的交通组织；在其地下再建设一个长达 866 米的综合管廊，将自来水、中水、电力、电信、热力管线全部囊括其中；同时新修建 4 座地下停车库，可提供约 500 个车位，以解决白塔寺文保区居民的停车需求。其集交通、管廊、车库“三合一”的工程在北京是首创。

---

① 施卫良、范路：《北京小院儿重生的五种设计策略——2016 白塔寺院落更新国际方案征集入围作品解读》，《世界建筑》2017 年第 1 期。

（三）根据首都核心功能定位实施空间规划利用

1. 引入全新业态

白塔寺历史风貌保护区院落腾退后，除了对院落进行改造更新以外，还要根据北京市“全国政治中心、文化中心、国际交往中心、科技创新中心”的首都核心功能定位，对保护区内的空间进行规划利用、转型升级。

空置院落引进业态的种类与传统的商业形态有很大区别，主要是设计师和艺术家设计工作室、展览展示空间、非营利性艺术家驻留机构、复合型 airbnb 或高端业态等。这些业态的目标客群较小众且固定，不是标准意义上的商业形态，因此不会吸引大量的外来、旅游人群，同时，其具备较高文化内涵、环保以及可持续发展等特点，可以与原有属地文化较好融合，淡化商业与当地居民的冲突。

至 2017 年，保护区内已签约开业和即将开业的院落共有 14 家（见表 1）。对于其余计划腾退的院落，项目也进行了规划，一部分院落未完成过户尚未空置，另一部分已完成腾退而尚未改造或利用的院落将对其进行规划，以在未来统筹使用。

表 1　腾退院落已入住或即将入住的商户

序号	商户名称	业态关键词	商铺地点
1	未来之家	科技智能，真人秀，多元文化产品，品牌营销，文化 +，“互联网 +”，年轻 +	宫门口
2	德国艺术家驻留机构	非营利机构，分享平台，艺术、文化国际交流	宫门口
3	满堂彩文化发展有限公司	儿童，文创艺术空间	宫门口
4	规划设计工作室	设计研究，传统文化，遗产保护，沙龙，展览，课程，精品民宿	宫门口
5	U-Lab 电影工作室	影视新技术实验，影视创新实验群落	宫门口
6	渔芙南	创意餐饮，国内最佳新餐厅	头条
7	我们的箱子	建筑工作室，装配式功能体验中心，研发产品展览中心	小工匠胡同，小茶叶胡同
8	Galleria BTS –“白塔寺”美食博物馆	美食艺术博物馆	宏大胡同

续表

序号	商户名称	业态关键词	商铺地点
9	全壹＋玖筑	生活概念店，设计美学馆，家居，文创，手工木制，聚会，生活方式	前抄手胡同
10	观塔别院	民宿，家居生活展示，文化交流，轻餐美食	安平巷
11	泛德软件	技术创新型公司，点点地图，VR 铺子	宫门口
12	兵马司	独立唱片厂，音乐讲座，在线直播，画廊，国际艺术交流	宫门口
13	博物馆联合会艺术空间	非营利组织，文化传播，艺术收藏，非遗传承	福绥境
14	中华传统文化匠人街	非遗传承人，工匠，手工作者，中国传统文化、工艺，展览，体验，交流	宫门口

2. 开展国际文化交流活动

从 2015 年开始，利用白塔寺历史风貌保护区项目这一平台，项目实施单位连续三年组织开办了“北京国际设计周”活动。2015 年的“北京国际设计周”提出“白塔寺再生计划”，以胡同街区为背景，以“连接与共生”为主题，用开放、温和、可融入的方式，将设计思维和文创理念融入城市更新计划，使白塔寺保护区迈出转型第一步①，并引起国际关注。从 2016 年起，以“城市研习与共享未来”为主题，白塔寺连续两年成功举办“北京国际设计周”，2017 年的展览、活动、论坛达到 80 个，人流量 5 万人次，国内媒体报道 40 次，国外媒体报道 20 次，极大地提高了白塔寺保护区的知名度，并为开发潜在的长期合作伙伴提供了平台，为白塔寺历史风貌保护区项目持续注入活力。

三　进一步推动新街口白塔寺历史风貌保护区院落腾退、改造及利用的几点思考

（一）紧扣“疏非控”，着眼惠民生

在对白塔寺历史风貌保护区进行院落腾退和改造、空间利用、业态升级

① YvetteBTS，Remade：《2016 北京国际设计周白塔寺再生计划》，《设计》2016 年第 2 期。

的过程中，不仅要紧扣“疏非控”和实现首都核心功能的主线，也要注重以改善民生、提升居民生活品质为最终目的。一是要提高地区公共文化服务水平，比如在《北京城市总体规划（2016～2030年）》建设国际一流的和谐宜居之都评价指标体系中，“人均公共文化服务设施建筑面积”和“人均公共体育用地面积”是两项重要指标，根据2016年的数据，白塔寺历史风貌保护区内，各类公共服务设施用地面积占地区总面积的12%，对保护区实施更新的过程中，可进一步完善公共服务的基础设施建设。二是提高街区治理的精细化水平，可以在区域内引入准物业管理，保障街区环境和秩序，让停车、绿化、保洁等精细化服务进入社区，还可通过推进民主协商形式，提高社区治理能力水平。通过切实可行的惠民举措，让利于民，争取居民对历史风貌街区保护的积极参与，也让居民在高品质的街区获得更美好的生活。

（二）梳理产权关系，争取政策支持

在对“老旧”院落进行腾退的过程中，项目实施单位遇到的一个最主要的问题是保护区内房屋产权复杂。一是公房产权类型多样，有宗教产、“文革”产、企业代管产等，其中，有些类型的房屋在过户时缺少相应的政策支撑，无法腾退；二是对于能够腾退的公房，受让方也无法获得房屋所有权，只能作为公房新的承租人，对房屋进行使用，这使得受让方在利用房屋进行经营等活动时，无法获得所有权方面的绝对保障；三是央产、军产、市属企业、区属企业等产权类型的房屋，因缺少过户途径无法腾退。对于当前房屋产权复杂的问题，有关部门可以进行统一梳理和统计，推动各类产权房屋获得腾退途径，并对房屋受让方的所有权给予政策保障。

（三）完善沟通机制，推进项目实施

在白塔寺历史风貌保护区院落腾退、改造及利用项目顺利推进过程中，项目相关方进行充分、有效沟通十分重要。为构建高效沟通机制，街道与项目实施单位采取了一系列措施。一是项目实施单位与街道共建社区平台，恢

复了白塔寺历史风貌保护区住房和环境改善项目临时党支部，由街道指派一名领导担任书记，每月召开不少于一次例会，建立了完善的沟通机制，使得项目进程中存在的问题能够及时解决。二是借助项目指挥部这一平台，发挥团队优势，通过社区大讲堂等宣传手段，向老百姓传播设计理念，推动项目发展。

（四）发挥平台作用，整合各方资源

项目实施单位是项目的执行主体，同时也发挥着平台作用。一方面，通过制定规范、举办设计方案征集大赛、开展品牌式活动，项目实施单位为街道与居民，为设计师、新业态企业与历史文化街区规划单位搭建起沟通、交流与合作的平台，白塔寺历史风貌保护区项目的各项工作在此基础上不断向前推进；另一方面，在现有平台上，要使资源充分整合、理念有机结合，要将内、外部资源进行对接，使优质资源充分发挥作用，为广泛合作提供更多可能性，如利用好专家团队，把设计理念与“白塔寺再生计划”的实施相结合。

（五）保护街区内文物项目，深入挖掘文化内涵

在新街口白塔寺历史风貌保护区内，有着相当数量的文物项目，包括妙应白塔寺和鲁迅故居 2 处全国重点文物保护单位、6 处小型佛寺道观类文物普查登记项目、17 处有价值的保护院落①和 59 家中华老字号。

作为西城区地标式建筑的白塔，位于全国重点文物保护单位妙应寺（白塔寺）内。妙应寺在元朝至元八年由元世祖忽必烈下令建造，是营建元大都的一项重要工程，也是元朝的皇家寺院，寺内白塔是我国现存年代最早、规模最大的喇嘛塔，有着非常大的历史、宗教、文化价值。

保护文物项目，是历史风貌保护的重要内容。应进一步加强文物普查登

① 姚治国、赵黎明、王满银、杨振华：《白塔寺保护区综合整治与更新研究》，《城市发展研究》2012 年第 9 期。

记项目的腾退、修缮，挖掘文化内涵，将对文物利用与保护结合起来。根据国家发布的《历史文化名城保护规划》，白塔寺保护区分为重点保护区和建设控制区，重点保护区是文物精华所在区域，在项目实施过程中，应以保护修缮性整治为主，严格保持其固有的文化内涵和建筑形态。[①]

（六）保持街区文化多样性，推动文化品牌创造

新街口白塔寺历史风貌保护区院落腾退、改造及利用项目的实施意义在于，通过治理和创新，这片街区内缺乏秩序的乱象得以改变，从而让街区呈现其历史风貌、文化价值。因此，在实施居民腾退、业态引进的过程中，一方面要深入挖掘文化内涵，抓住街区的文化特色，引入适当的文创产业，创造品牌，增强文化吸引力；另一方面，一定要注重保留好居住在此地的百姓的生活场景，对待城市历史街区不仅仅是单一的保护，更应是对街区内的原有生活的一种辅助。在呈现保护区固有的历史价值的基础上，保持街区生活的自然生态和文化多样性，使保护区能够更好地呈现历史风貌，同时百姓生活得到改善，街区随着时代的步伐稳步前进、发展，价值不断地自然沉淀。

参考文献

姚治国、赵黎明、王满银、杨振华：《白塔寺保护区综合整治与更新研究》，《城市发展研究》2012 年第 9 期。

施卫良、范路：《北京小院儿重生的五种设计策略——2016 白塔寺院落更新国际方案征集入围作品解读》，《世界建筑》2017 年第 1 期。

YvetteBTS，Remade：《2016 北京国际设计周白塔寺再生计划》，《设计》2016 年第 2 期。

---

① 姚治国、赵黎明、王满银、杨振华：《白塔寺保护区综合整治与更新研究》，《城市发展研究》2012 年第 9 期。

案 例 报 告

Case Reports

B.12

新街口街道以“七步·七字”工作法推动“开墙打洞”综合治理的实践研究

——以赵登禹路“开墙打洞”治理为例

摘　要： 北京老旧小区居民楼“开墙打洞”问题由来已久，严重影响城市品质、公共安全、公共利益和社会秩序，“开墙打洞”问题成为北京市必须面对并着手解决的重要问题之一。“开墙打洞”综合治理是疏解非首都功能、调节人口的有效手段。从2016年起，北京市西城区新街口街道对“开墙打洞”问题进行集中治理，主要采取“七步·七字”工作法，并已取得显著成效。本文通过梳理新街口街道“开墙打洞”综合治理重要意义、主要做法、特点及成效，对进一步推进“开墙打洞”综合治理提出思考和建议，以供参考。

关键词： 新街口街道　开墙打洞　综合治理

一 “开墙打洞”问题的形成背景及危害性分析

（一）“开墙打洞”是北京特定发展阶段的历史产物

“开墙打洞”是指在未经城市规划部门批准，擅自拆除住宅楼一楼部分墙体、窗户，将墙体、窗户改成商铺门脸，擅自“开墙打洞”的建筑均被视为违法建筑。北京市居民楼首层“开墙打洞”由住改商问题是北京特定发展街道的历史产物，主要发生在20世纪七八十年代的老楼，但是随着房价上涨特别是门脸房租金暴涨，“开墙打洞”现象越发严重。小型、分散式的外来个体经营者是“开墙打洞”房屋的主要承租群体。

“开墙打洞”是改革开放初期北京经济发展中特定阶段的特定策略。“开墙打洞”的出现与北京市的经济发展历程紧密相关。一方面，改革开放后，首都北京经济迅速发展且城市化进程不断加快，随着人口的聚集，商业需求加大，再加上当时个体经济和中小型企业迅猛发展，政府为鼓励社会自主创业的积极性，只要合法注册、租赁手续齐全的企业，都允许租赁房屋进行营业，没有对所租房屋的性质和用途做出严格要求，为了节省成本，多数中小企业会租用住宅用于经营。另一方面，由于对旧式住宅小区仅仅从住宅功能上进行规划，并没有进行商业配套，部分群众就通过“开墙打洞”经营门面来提升生活质量。最初工商部门批准执照经营是为解决个别困难居民生活，但随着经济的快速发展，被改造出来的商铺利益激增，越来越多的群众将“开墙打洞”由居改商作为提高经济收入的一种途径，这种模式也吸引了很多外来人口进行承租经营。综上所述，“开墙打洞”是北京特定发展阶段的产物，由于在各种因素的综合作用下，逐渐成为一种较为普遍的现象。

（二）“开墙打洞”给当前城市发展带来了诸多隐患

居民楼首层住改商在方便服务居民和行人的同时，也带来诸多问题，特别是“开墙打洞”，逐渐成为城市管理重点问题，严重影响城市品质、公共安全、公共利益和社会秩序，给当前城市发展带来诸多隐患。

1. 房屋安全问题

从建筑结构来看，对窗和墙的拆除会影响墙体的抗震承载能力、抗侧刚度、延性系数等。尤其是当“开墙打洞”行为集中发生在楼房的一侧时，会降低整栋建筑抗震性能，进而影响整栋楼居民的生命安全。有的“开墙打洞”形成的门脸，经过多次转租或反复装修，不但房屋墙体遭到破坏，水电气等管线也受到一定影响，为楼内居住安全埋下了隐患。

2. 严重扰民问题

住改商之后，商户常常经营到深夜，人车嘈杂，特别是开小吃部的，油烟熏到楼上，居民不敢开窗户，楼下喝酒的、打闹的，个别人随地便溺的，等等，使楼内居民苦不堪言。

3. 环境秩序脏乱

有的商户不仅“开墙打洞”，还向外延伸建避风阁，挤占了人行道，形成了违法建设。有的商户不积极履行“门前三包”责任，门前卫生清扫不及时；有的商户店外经营，抢占公共空间；有的门前存放物品，影响了小区居民出行和行人过往。

4. 影响古都风貌

北京作为大国首都具有千年的建城史，许多具有历史文化价值的建筑保留至今，展示北京独特的风韵和文化。“开墙打洞”现象严重损害了古都形象，一是有损文保区整体性完整性。二是“开墙打洞”低端业态的聚集，影响城市形象和居住安全。三是“开墙打洞”的无序性严重损害整个城市的规划，对古都风貌造成严重影响。

二　新街口街道“开墙打洞”综合治理的重要意义

（一）“开墙打洞”综合治理是疏解非首都功能的重要环节

政府调控人口的方式可分为直接和间接调控两种，直接调控指政府代替个人和家庭决定其去留，间接调控则是政府通过杠杆来影响个人和家庭迁移决策。《北京市国民经济和社会发展第十三个五年规划纲要》将调整产业结构作为调控人口的重要手段，并提出2020年全市常住人口总量控制在2300万人以内，城六区常住人口比2014年下降15%左右。整治“开墙打洞”行动属于间接调控手段，是疏解非首都功能，调控北京人口，降低中心城区人口密度的重要举措之一。“开墙打洞”治理是通过在全市开展封堵住宅区自开门脸，增加底商经营成本，来影响承租人的去留意愿。

从2012年起，北京市陆续对“开墙打洞”进行治理。特别是2014年1月，有代表在“两会”上建议对北京市20万处临街开墙打洞进行联合执法治理，引起对“开墙打洞”治理的激烈探讨。2014～2016年北京各区陆续对“开墙打洞”展开专项治理。2017年初，北京市政府决定实施“疏解整治促提升”三年专项行动，出台《关于组织开展“疏解整治促提升”专项行动（2017～2020年）的实施意见》，计划在2017年全市整治“开墙打洞”约1.6万处，其中城六区约1.56万处。其中，西城区以“疏解整治促提升”十大专项行动为载体，深入开展“开墙打洞”综合治理、违法建设持续管控等行动，提升首都核心区环境品质。新街口街道开展“开墙打洞”综合治理是对“疏解整治促提升”三年专项行动的具体落实。

（二）“开墙打洞”综合治理是提升西城区城市发展品质的重要路径

北京是全国的政治中心、文化中心、国际交往中心、科技创新中心，西城区作为首都核心功能区，在“十三五”期间着力构建国际一流的和谐宜居之都的样本，并将发展主线聚焦至提升城市发展品质上。新街口开展“开墙打洞”符合西城区的发展目标，主要体现在以下两个方面。

1. “开墙打洞”综合治理推动了低层次产业退出

低端产业吸引大量人员就业、助推城市人口过快无序增长，在某种程度上成为制约大城市良性运行和健康发展的“瓶颈”。西城区已明确提出“瘦身健体”发展思路，即产业疏解、人口调控，是瘦身；与之相伴的产业升级环境整治和名城保护，则为健体。新街口街道在落实“疏解整治促提升”专项行动中，将“开墙打洞”整治、占道经营、无证无照经营等城市管理措施与疏解北京非首都功能、人口调控相结合，着力疏解低端产业，预留发展空间，加强公共服务设施，提高生活性服务业发展品质。

2.“开墙打洞”综合治理提升了社区环境品质

“开墙打洞”综合整治的实施，不仅保证建筑安全、社会治安、市容市貌，还有效地提升了社区的环境品质。社区是社会治理的基本单元。高品质的社区环境对于展示首都形象具有重要作用，既给群众居住生活提供良好的空间，又保护了富有传统韵味的老北京风貌，也为北京构建国际一流的和谐宜居之都奠定环境基础。

（三）“开墙打洞”综合治理是建设特色街巷，打造和谐宜居新街口的重要举措

新街口有不少街道存在乱象无序的问题，这与首都核心区功能定位不相符合，也与新街口建设特色街巷、打造和谐宜居街道的目标不匹配。例如，新街口西四北大街是作为重要的商业街，集聚了五金家电、布艺等多种低端业态，擅自“开墙打洞”现象十分严重，加之街道交通拥堵严重，不利于建设特色街巷。为此，有必要提高业态准入标准，进一步促进区域景观提升，建设符合文保区域特色的街巷。实施“开墙打洞”综合治理有利于恢复城市原有历史风貌，增加城市公共绿地，缓解城市交通拥堵，提升城市安全水平，推动建设特色街巷、打造和谐宜居新街口。

三　新街口街道以“七步·七字”工作法推进“开墙打洞”综合治理

“开墙打洞”作为一种“城市病”不仅影响城市市容市貌，影响居民生活，同时也带来了很多安全隐患。要从城市发展的角度系统、长效、全面地看待“开墙打洞”问题。新街口街道采取“七步·七字”工作法积极推进

“开墙打洞”综合治理，特别是赵登禹路的“开墙打洞”专项整治，已取得显著成效。

（一）第一步，摸清底数，精“准”施策

为有的放矢开展整治工作，新街口街道对辖区主要大街“开墙打洞”问题进行了全面调查摸底，包括涉及“开墙打洞”的位置、户数、经营范围、持照情况、是否出租等，并建立基础台账，实现台账底数准，产权形态准，原始结构准。同时根据摸底情况，深入分析，明确了整治重点和目标任务，精准施策。

新街口街道通过摸底排查统计，发现赵登禹路南段共有“开墙打洞”问题 102 处，113 个门窗。经核查，其中临街有门的私房 4 处 4 个门，军产房 3 处 7 个门窗，有规划许可证的 6 处 10 个门窗，最终需要恢复原状的房屋是 86 处 96 个门窗。在 102 处涉及“开墙打洞”的房屋中，房屋产权主要涉及私房、房管所直管公房、单位产权房及军产房四种情况（见表 1）。从“开墙打洞”的用途看，主要分为通行和经营两种（见表 2）。截至 2016 年底，新街口赵登禹路南段沿街 100 余家“开墙打洞”的商户全部清理和封堵完毕，实现 100% 的完成率。

表 1　新街口街道赵登禹路南段“开墙打洞”情况一览

单位：处

产权性质	产权涉及单位	数量
私房	—	47
房管所直管公房	商业用房租赁	31
	住宅租赁	6
单位产权房	—	15
军产房	—	3

资料来源：新街口街道办事处，《赵登禹路（南段）治理擅自“开墙打洞”工作小结》。

（二）第二步，广泛动员，“打响”宣传战

新街口街道通过积极宣传，舆论造势，打响宣传战，以深入人心的工作

姿态确保赵登禹路南段“开墙打洞”工作赢得各方的支持与配合，主要通过采取横幅宣传、《致居民和商户的一封信》、入户告知等措施，使得居民商户知晓率达到百分之百，让商户群众都认识到治理“开墙打洞”的必要性，并感受到政府治理的决心。

表 2　新街口街道赵登禹路南段“开墙打洞”用途一览

单位：处

用途	经营业态	数量
通行	—	16
经营	电动销售	15
	五金建材	10
	小日用品商店	37
	饭店	8
	房屋中介	3
	殡葬用品	5
	艺术中心	2
	洗车房	1
	修脚店	1
	家具店	1
	药房	1
	邮政	1
	快递	1

资料来源：新街口街道办事处，《赵登禹路（南段）治理擅自“开墙打洞”工作小结》。

1. 宣传造势，力争人人皆知

整治过程中，新街口街道先后制作宣挂横幅 8 条，发放告知书 152 份，张贴《致居民和商户的一封信》186 张。通过横幅宣传、《致居民和商户一封信》、入户告知等方式，做到“两个百分百”，即居民商户知晓率百分百，约谈率百分百，实现家喻户晓。街道与社区一起将 113 户划分为 5 组，并入户进行信息核对。通知书在整治过程中视情况发放，一方面在于造势，使广大居民认识到此项工作的必然性和紧迫性；另一方面用于督促商户和居民做好封堵准备的相关工作。

2. 接访核查，确保家喻户晓

在约谈了解阶段，主要分三步进行。首先，了解商户经营的证照手续情况。经了解营业执照和卫生许可证拥有率100%，广告牌匾审批手续拥有率不到30%。其次，了解房主的房屋性质情况。经了解“开墙打洞”涉及房管所公房37间，私房47间，单位产权房15间。约谈高峰期，平均每个工作人员每天与居民商户通话50个左右。最后，与西城区规划局核查房屋的相关审批资料，经了解有正规规划审批手续的不足10%，并对擅自改变规划结构的给予了纠正。新街口街道通过耐心细致的宣传工作，实现100%核准各户信息，100%让居民了解治理“开墙打洞”的迫切性和重要性。

（三）第三步，积极协商，做“实”入户

在组织实施的过程中，新街口街道采取积极入户协商、约谈，并全程录像，达成一致后签订封堵协议，并将协议档案留存。通过与群众及时沟通联系，在协调签字的前提下，最大限度地给商户进行货品处理的时间；在不改变规划结构的情况下，在不影响总体进度的情况下，最大限度地满足居民商户的要求，从而确保了工作的总体进度和获得居民商户的最大认可。

（四）第四步，法治保障，“强”力拆除

在经过前期的积极宣传和入户调查、协商的前提下，新街口街道摆出违法现实以及政府拆违决心，突破个别房主、商户抗法心理防线，强势推进“开墙打洞”整治。通过拆除违建、拆除经营店铺占道台阶、拆除广告牌匾，拆除内嵌式烧烤箱，挤压经营空间，极大地规范了道路的环境秩序。

（五）第五步，由点成线，“快”速封堵

在封堵过程中，在封堵每一处“开墙打洞”前，新街口街道都提前与商户签订协议，同时严格按照协议执行，封堵不过夜，左右带动，由点成线，工作启动一月之内，基本完成87%的工作任务。新街口街道一边坚持方便群众，一边坚持规划审批，对规划有门的给予保护并整修，对无规划的坚决实

施封堵，对因院内违建遮挡原先门位置的，本着“宁拆违建，也不给其留门”的原则办事。在封堵的过程中执法人员遇到不同程度的阻碍，通过与居民耐心的协商，仍坚决按照协议执行，确保在不发生群体冲突的情况下完成封堵任务。整体来看，此次整治得到了绝大多数居民的理解和支持，甚至有的居民现场帮助施工人员拆除门窗和违建墙体，对其他居民起了非常好的示范作用。

（六）第六步，统筹联动，“全”力推进

西城区委、区政府高度重视治理“开墙打洞”问题，明确思路，并与人口调控、非首都核心功能有机结合，主要领导展开专题调研，形成了以社会办、住建委、房管局、工商分局、城管执法局、城管监督指挥中心、安监局、食药局、消防支队、法制办等部门为成员单位的专项治理工作小组，并制订了整治工作方案，明确各部门的职责，加强统筹联动。在街道层面，新街口街道主要领导作为第一责任人，主动争取部门支持，加强街道科室之间协调配合，充分调动科站队所力量。定期与社区召开难题诊断会，对居民住户反响较大的问题、商户合同期限未到、违建拆除、货品逾期甩卖等事项在会上讨论并达成了共识，上下联动，统筹推进拆违封堵。

（七）第七步，持续整治，打造“精”品

新街口街道“开墙打洞”整治是北京社会治理的一个缩影。对于已经整治完成的地方，街道根据西城区出台的《关于对利用“开墙打洞”房屋从事经营活动相关处理的指导意见》，持续跟踪治理，完善胡同街巷功能，实施绿化美化，增设公共活动空间，提供休闲娱乐场所，设置停车区域，开展精细化管理。例如，将一些过去被“开墙打洞”侵占的公共空间开发成绿地、书屋、停车场等。经过治理，赵登禹路交通秩序明显规范、违法经营大量减少、群众出行满意度大幅提高。在未来，新街口街道还计划将赵登禹路打造成行人、非机动车、机动车道路分离，点位垂直绿化，具有文保区特色的市级一级示范路、双拥模范路。另外，街道还将在整个白塔寺片区实施平房区准物业管理，改善地区环境。

四　“开墙打洞”综合治理的特点分析

（一）从治理重点看，“拆”成为治理“开墙打洞”重要内容

对于“开墙打洞”现象最重要和彻底的治理方法之一是“拆”。“开墙打洞”大部分是低端业态和无照经营商户为招揽顾客违法设置的客观载体，包括小歌厅、小发廊、小旅店、小网吧、小洗浴、小餐饮、小食杂等七小低端业态。拆除掉“开墙打洞”形成的违法建设——经营用房和居住房，违法牌匾标识，尤其是拆除违法群租房，既能维护街巷的整洁，也能维护街巷安全。

（二）从负责主体看，治理“开墙打洞”主要由综合执法组负责

2014 年 6 月石景山区开展城市管理综合执法试点。2015 年，北京市政府工作报告肯定了这一试点经验，要求“深化城市管理体制改革，总结推广石景山试点经验，推进城市管理重心下移、力量下沉”。目前，北京市城区的所有街道设立了综合执法组。综合执法组以城管分队为主体，联合公安、食药、卫计、消防等多个执法部门共同参加。

（三）从工作方法看，治理“开墙打洞”以劝告自行改正、协助改正为主

行政机关做出执法行为一般遵循五个环节的程序。一是发现违法行为；二是与当事人约谈，了解违法情况，并进行调查取证；三是做出正式书面行政决定，责令当事人改正或进行没收、罚款等；四是当事人履行相关行政处理决定，行政执法行为就此终结；如对行政处理决定不服，可依法提起行政复议或行政诉讼；五是当事人不履行行政处理决定，也不进行行政复议和起诉的，行政机关依法予以强制执行。在“拆违”为主的行政活动中，主要采取前三个步骤。

（四）从参与情况看，拆除公司成为治理“开墙打洞”的新型辅助力量

北京市各区在开展疏解非首都功能工作时，尤其在进行“开墙打洞”治理工作时，普遍采取聘用拆除公司的执法辅助模式。通过政府购买服务的方式，组建专门工作小组，帮助街道开展调查摸底、约谈商户、施工改造等工作，减轻街道工作压力，提升治理规范化水平和工作效率。

（五）从社会反馈看，各方态度相对温和，但也存在潜在的社会风险

在执法过程中，尽管有阻碍现场执法、提出信访或诉讼、对自身利益受损提出质疑等现象，但由于疏解非首都功能和“拆违”有法律依据，纠正的是违法违规问题，所以基本得到了社会认可，潜在的社会风险依然不可轻视。

（六）从面临的问题看，基层执法缺乏法律的明确授权

街道办事处作为以“块”为主模式下的行政执法主体，并没有得到法律、法规或规章的明确授权，并且与现行法律体系中以“条”为主的行政职能部门作为执法主体的模式明显不一致，违背了职权法定的行政法治原则。法治问题是没有分清“条”与“块”之间的权限。区城管执法局、区工商分局、区房管局、区公安分局等“条”的行政职能部门，依照相关法律法规，应对本相关领域内的违法行为，如违法建设、无照经营、违法出租等行为，进行管理和处罚。但是，街道办事处在履行“属地责任”下，牵头开展综合执法，几乎承担了本应由行政职能部门来承担的管理与整治责任。

五　关于推进西城区“开墙打洞”综合治理的思考与建议

西城区“开墙打洞”综合治理虽然取得了一定成效，但还存在整体覆

盖率不高、治理后易反弹以及对有证照经营者缺乏有效的治理手段等问题，为更好地推进整治工作，本文提出如下建议。

（一）加强“开墙打洞”顶层设计，科学谋划，确保工作能推进、可复制

围绕环境建设任务，要注重加强顶层设计，统筹协调推进，积极探索“开墙打洞”专项治理模式，避免“运动式”治理。应以党委为领导建立专项工作小组，制订整治工作方案，明确各部门的职责和任务，加强统筹联动，把“开墙打洞”整治工作纳入重要议事日程，做好领导和指导工作，站在全区经济社会发展全局的高度上筹划布局、整治实施、统筹推进。定期组织街道召开专题调度会，在协调解决难点问题的同时，采取典型介绍、工作研讨等形式，为各街道提供可学习、可推进、可复制的经验方法。

（二）把德治和法治相结合作为“开墙打洞”综合治理的重要保障，确保工作能持续、可发展

缺乏强有力的法律依据是当前难以推进“开墙打洞”治理的主要原因。现有法规缺乏强制性措施，执法手段单一，导致整治不彻底，治理后反弹比较严重。“开墙打洞”综合治理工作涉及建委、城管、工商、属地街乡等多个部门，现有法规未对相关部门职责做出明确规定，执法过程中存在部门职责分工不清、权责不统一，导致整治效果不明显。因此，建议加强立法，确保工作能持续、可发展。

1. 加快推进“开墙打洞”治理相关立法

建议由市级层面相关部门开展深入调研，广泛征求意见，将相关职能部门和社会呼声进行收集汇总，报请市人大尽快制定“开墙打洞”地方性法规，并明确牵头实施主体和相关部门职责，以及相关治理流程，为依法治理提供更可行的法律文件，确保整治工作的可持续性；同时，法律文件应强化对其他居民合法权益的保护，“开墙打洞”商户周边的受害群众，可以作为民事诉讼的主体，对“开墙打洞”房主和经营者提起联合诉讼，由法院强

制其恢复房屋原结构和使用性质，并可附带民事赔偿。

2. 加大对部分房屋中介机构的规范和处罚

“开墙打洞”问题普遍涉及房产中介、二房东，管理部门对其缺乏制约，据了解目前64%的“开墙打洞”户是通过中介公司和二房东进行转租的，有不少房主是在中介公司和二房东的蒙骗甚至恐吓下，同意将房屋用于出租经营，而政府对他们的制约又缺乏有效的手段。再者，部分房产中介机构为谋取利益，有组织地收购、收租临街低层住宅，擅自拆改房屋结构后转租谋利。对中介组织此种行为应加大处罚力度，将其纳入危害公共安全的范畴，建议由公安机关进行执法。

3. 将是否存在违法拆改行为作为工商执照办理的前置条件

建议对存在“开墙打洞”行为的，工商局不予办理营业执照；对已经办照的“开墙打洞”商户换照时不予更换或要求找合适的经营场所再行更换，同时，从规划上支持沿街建筑低层设计为商用经营功能。

4. 对拒不整改的房主由房管部门暂停办理该套房屋登记变更手续

市政府228号令对搭建违法建设的，有暂停办理房屋登记手续的规定。建议对存在“开墙打洞”行为的，也参照228号令做出同样的规定，以“冻结”房屋产权证，限制其交易自由。

5. 对参与擅自变动建筑主体和承重结构的建筑施工企业、装饰装修企业加大处罚

将相关企业违法行为记入企业不良记录，并对企业资质、开发经营权等予以限制；将“黑施工队”此种行为纳入危害公共安全的范畴，由公安机关进行执法。

6. 将正在实施的“开墙打洞”违法行为，纳入城管综合执法范围

对未经建委或房管部门审批的正在实施的违法建设行为，由于建委及房管部门监管力量和手段有限，建议市政府将其纳入城管综合执法部门相对集中行政处罚权的权限范围，由城管部门对正在实施的违法行为责令停止建设、限期整改；对于已投入使用的，责令其停业、停产，以避免现行法规无强制性措施，执法手段单一的问题。

（三）将协商共治理念融入“开墙打洞”综合治理当中，确保工作得民心、聚人气

在“开墙打洞”整治过程中，普遍存在房主和商户抵触情绪较重，不愿积极配合，导致入户调查取证难、难以处罚。因为居改商能带来巨大的经济效益，房主将房屋出租给商户经营，能够带来高额租金收入，治理“开墙打洞”对其利益影响较大，特别是经过有关部门批准经营执照的商户，抵触情绪更为强烈。面对这种情况，提出两点建议。

1. 灵活制定标准

新街口街道在治理赵登禹路南段“开墙打洞”时，在制定标准方面做得比较好，相关人员需要做到“三学习”，即学方案、学法规、学措施。通过制订方案，明确工作流程、实施阶段和任务。动员相关工作人员学习掌握处置标准和相关法规内容。要求相关人员熟悉处置突发情况的方法步骤，统一了入户宣传、约户商谈的内容及方法。尽管如此，制定标准仍然有待改进。对于不符合防火要求、建筑安全规定的违法建筑，要坚决拆除。但对于有些装修全新、创意十足、品质一流且卫生条件、防火措施及营业执照等均为合法许可的店铺，或许可以慎重考虑是否拆除。判断某店铺是否属于“开墙打洞”违法建筑的标准，有待客观、灵活、全面地考虑与完善。在我国，“用地兼容性”的说法普遍得到认可，即一般类型的居住区可以兼容一定程度的社区商业。“上住下店”的建筑模式也普遍存在，适用于许多城市。例如，“上住下店”的骑楼是广州市的重要传统民居形式，商业氛围浓厚。又以美国为例，美国一般不会在市中心规划单一住宅用地功能，而是鼓励街区的功能混合，书店、餐厅、美容院等对居民生活影响较小的店铺均在兼容性功能范围之内。

2. 强化人文关怀

“开墙打洞”综合整治具有一定的强制性，但面对群众的抵抗情绪，要注重加强人文关怀和心理疏导。用真情帮扶化解群众的心理抵触，用人文关怀安抚群众情绪，执法公正。同时，要注重结合违建群众或承租群众

的实际困难，积极帮助他们解决生活的困难，最大限度地降低商户和业主的损失，及时修护破损门窗。对因“开墙打洞”整治造成破坏绿化、损坏围栏等情况，要主动采取再行绿化与维护设施同步推进的方法，着力打造亮丽街道，美化小区环境。总而言之，要通过有情操作来实现“无情”拆违，化解群众矛盾，赢得了群众的理解和支持。

（四）将社会组织作为“开墙打洞”综合治理的重要力量，确保工作有支撑、有保障

“开墙打洞”综合整治需要群策群力、久久为功。不仅需要各级党委、政府加大投入，还需要调动社会力量、引入社会组织共同参与、关心支持，共同营造良好的社会环境和舆论环境。

1. 探索多样性整治方式

目前，应对“开墙打洞”问题的普遍解决方案是将门脸拆除，并围上围墙。显然，这种形式比较单一，要积极探索多样性整治方式。例如，将私搭乱建门脸拆除后，可以探索、考虑在原地重新建起符合规划要求及安全要求的、高品质的新门面房。并且，可以引入社会组织或社会力量，实施专门筹划和运营，既能增加收入，又能保障城市的服务功能。总而言之，“开墙打洞”综合治理的后续处理，需要采取多样化处理方式，才能保证城市功能的完善，提升城市风貌。

2. 引导社区商业转型升级

便利而丰富的社区商业是城市运行重要的组成部分。“开墙打洞”综合治理后，不规范的小商贩、杂货店取缔了，无形中也降低了社区居民生活的便利性。在“开墙打洞”治理中，不仅要注重“减法”，还要兼顾“加法”，在拆除违法建筑之后，应该补足相应的社区商业服务，引导社区商业从以往小摊小贩的经营模式向规范化转变。综上所述，对于城市管理者而言，统筹兼顾做好城市管理，构建高品质、有保障、业态丰富、管理规范、布局合理的社区商业生态，是“开墙打洞”整治后需要面对的重要问题。

参考文献

田申申：《街区整理助力城市复兴》，《北京观察》2017年第10期。

《西城区街区整理实施方案》，中青在线，http：//news. cyol. com/content/2017 - 11/18/content_ 16701151. htm，2017年11月18日。

《街区设计导则〈北京西城街区整理城市设计导则〉——落实北京城市总体规划!》，http：//www. llcxghj. gov. cn/html/hydt - show - 321. html，2018年1月。

西城区政府：《西城区街区公共空间管理办法》，2017年。

《北京动员社会参与“疏解整治促提升”专项行动》，《人民日报》2017年6月9日。

《整治“开墙打洞”优化社区服务》，《经济日报》2017年5月31日。

王晓然、陈克远、曲英杰：《违规占道顽疾犹存“开墙打洞”治理提速》，《北京商报》2016年12月8日。

郑新钰：《北京核心区严整“开墙打洞”将恢复历史风貌》，《中国城市报》2017年2月21日。

B.13

新街口街道以“四全五有”工作法推动垃圾分类管理全覆盖的实践与思考

摘　要： 随着我国经济的快速发展，城市化进程加快，人口激增、环境污染等问题日益突显，特别是城市生活垃圾处置问题日益严峻。习近平总书记在第十四次财经领导小组会议上强调“普遍推行垃圾分类制度，关系13亿多人生活环境改善，关系垃圾能不能减量化、资源化、无害化处理”。西城区作为首都北京核心功能的主要承载区，在建设国际一流和谐宜居之都的过程中，着力将垃圾分类管理全覆盖作为改善城市环境、提升城市品质的重要载体。本文通过总结梳理西城区新街口街道“四全五有”垃圾分类全覆盖模式的创新做法，试图为其他地区城市生活垃圾分类管理提供参考。

关键词： 新街口街道　垃圾分类　全覆盖模式

随着城镇化进程的不断加速，社会经济的不断发展，人民物质生活水平的提高，生活垃圾的增速正在急剧提升，环境问题日益严峻，已然成为北京城市发展的重要制约因素之一。西城区作为首都核心功能的主要承载区，在建设国际一流和谐宜居之都样板的过程中，应将垃圾分类管理全覆盖作为改善城市环境，提升城市品质，实现“两型社会”，提高生态文明建设水平的重要发力点。新街口街道大乘巷社区是北京市第一个开展垃圾分类管理的试点，已成为全北京甚至全中国的垃圾分类管理的标杆。在取得成绩的同时，大乘巷社区还要警惕标杆效应的陷阱，必须清醒地认识到，在全国第一批垃圾分类处理试点推进的16年历程中，垃圾分类管理成效整体上差强人意，呈现垃圾分类有倡议、缺标准，有试点、少管理，进展迟缓等问题。与之相反，近年来新街口街道进一步探索出以“四全五有”工作法推动垃圾分类管理全覆盖模式，全面提升社会各界参与垃圾分类工作的积极性和投放质量，从而进一步巩固垃圾分类试点工作成效，有力地推动了垃圾减量化、资源化、无害化处理，值得其他地区借鉴学习。

一　垃圾分类是西城区构建国际一流和谐宜居之都样板的内在要求

（一）垃圾分类是西城区经济社会发展到一定阶段的必然结果

垃圾分类需要进行到何种程度，不能脱离社会发展阶段，也关系社会运行成本，分类责任如何界定，既要考虑历史因素，还要顾及管理难度等现实因素。

1. 明确认识：垃圾首先是“污染源”，其次才是“放错位置的资源”

未来学家托夫勒曾在《第三次浪潮》中预言：“继农业革命、工业革命、计算机革命之后，影响人类生存发展的又一次浪潮，将是世纪之交时要出现的垃圾革命。”哲学上又有一句话：“世界上没有绝对的垃圾，只有放错位置的资源”，辩证地反映了垃圾同时具有污染属性和资源属性这两种特性。面对日益凸显的“垃圾围城”“垃圾围村”等现实问题，人们必须清醒地认识到：垃圾首先是“污染源”，其次才是“放错位置的资源”。首先，从垃圾产生的源头分析，人类作为垃圾的主要制造者，必须义不容辞地承担起垃圾清理的重要责任。垃圾分类处理方式是高效清理垃圾的重要环节，对垃圾进行分类处理是每一个公民应尽的基本责任和义务。其次，从垃圾的再生利用成本分析，垃圾本身的复杂多变性决定了垃圾的再生利用只能通过降级的方式进行，并且这个过程对污染的控制也较难把握，处理标准越高、处理成本也就越高。可见，垃圾的再生利用必须综合考虑技术、经济、环保等方面的成本价值。综上所述，明确垃圾的“污染源”属性，有助于人们正确理解垃圾分类的紧迫性和必要性，厘清政府、企业、居民在垃圾处理中的责任和分工。

2. 认清阶段：西城区垃圾处理在经历填埋、焚烧及堆肥方式后面临转型升级

垃圾分类处理包括垃圾投放、收集、垃圾运输、垃圾末端处理 4 个环节。其中，垃圾末端处理环节对环境具有直接性影响。当前我国普遍实施的生活垃圾末端处理方式是填埋、焚烧及堆肥，西城区也不例外。但显然，无论以何种方式处理垃圾，都会对环境产生不同程度的污染，且填埋方式很容易受容量、选址或二次污染等因素制约。由此可见，垃圾处理在经历填埋、焚烧及堆肥方式后，面临转型升级。创新垃圾处理方式，于当下势在必行。

3. 解决方式：垃圾分类是实现后端减量化、资源化与无害化处理的重要前置环节

从发达国家的发展经验可知，垃圾分类这个前端环节可以为末端处理方式带来不可低估的益处。垃圾分类与垃圾填埋、焚烧、堆肥等处理方式不是对立替代的关系，而是相辅相成的关系。垃圾分类越细致，就越能降低垃圾处理难度及处理成本，提高垃圾处理效率，在避免垃圾渗漏液危害的同时，还能实现一定程度上的再生利用。但是有一点需要强调：垃圾分类有助于减量，但本身并不等于减量。因为垃圾的再生利用必须是在确保质量、环保、成本等可控的前提下才能进行。简而言之，做好垃圾分类对实现垃圾减量化、资源化及无害化处理具有实质性作用，对实现环境、资源及经济的可持续发展具有重要意义。垃圾分类让城市瘦身减负，指日可待。

（二）垃圾分类是完善西城区社会治理的重要载体

1. 垃圾分类的目标是加快生态文明建设

垃圾分类是生态文明进步的重要标志。党的十八大报告明确提出经济、政治、文化、社会、生态“五位一体”的总布局。生态文明建设对构建中国特色社会主义制度具有重要作用。我国“十三五”规划纲要提出，要

“健全再生资源回收利用网络，加强生活垃圾分类回收与再生资源回收的衔接”“推进生产和生活系统循环链接”。习近平总书记对垃圾分类强调，“普遍推行垃圾分类制度，关系 13 亿多人生活环境改善，关系垃圾能不能减量化、资源化、无害化处理”。在首都建设国际一流和谐宜居之都的背景下，西城区按照中央以及北京市相关指示和精神，深入开展垃圾分类管理，推动西城区社会治理和生态文明建设。1996 年，西城区新街口街道大乘巷社区开展垃圾分类试点，北京市由此率先成为我国首个垃圾分类试点城市。西城区通过垃圾分类的实施，提高了垃圾在生产、流通、处置等环节的处理效率和利用效率，促进了社会生产和居民消费活动与自然生态系统的协调可持续发展。

2. 垃圾分类的实质是社会协同治理

垃圾分类实质上是一项典型的社会治理工作。当前我国垃圾分类存在的关键问题是社会治理体制机制不够健全。在垃圾分类治理方面，习总书记强调要“形成以法治为基础、政府推动、全民参与、城乡统筹、因地制宜的垃圾分类制度”。就西城区近 21 年的垃圾分类发展历程来看，政府主导下的基础设施建设完善、资金保障充裕、基层试点创新示范等亮点工作让人尤为称赞。近年来，西城区已先后创建 383 个垃圾分类达标小区，占到了小区总数的 80% 以上。同时，西城区市政市容委还在 15 个街道组建了一支由 2000 余人组成的、覆盖全区的垃圾分类指导员队伍，开展常态化的垃圾分类宣传工作。但在垃圾分类管理取得成绩的同时，仍有不少不足之处。例如，缺少国际视野的顶层设计、全民参与力度不够等。据环卫科研部门的调查，通常市民对垃圾分类的知晓率达到 90% 以上，而实际参与率仅为 10%。这也从侧面暴露我国垃圾分类相关政策法规在制定与执行环节存在严重脱轨的现象。由此可见，垃圾分类的推进成效与我国社会治理的法治化水平及全民参与程度等密切相关。从某种意义上说，垃圾分类管理的进程，既是垃圾分类制度环境的完善过程，也是基层社会治理体系的构建过程。

3. 垃圾分类需要多元主体参与

明晰政府、企业、公众在垃圾分类处理中的责任，是十分必要的。《北京市生活垃圾管理条例》明确规定了 10 类垃圾分类的责任主体，包括机关、部队、企业事业单位、物业单位、自管单位、村民委员会等。从居民角度看，居民是垃圾的制造者，对垃圾的分类投放、付费减量等前置环节承担直接责任，应积极参与其中。从政府角度看，垃圾处理是一项基础性民生事业，政府必须承担起垃圾分类收集、运输、处理等环节的责任，无论是资金投入、设施建设，还是政策制定、运营监管，都必须落实到位。从企业角度看，按照相关政策标准处理垃圾是企业的首要任务，控制环境污染是基本要求。与此同时，还要加强推进政府、企业及科研机构的合力，引入市场力量，购买社会服务，创新垃圾处理方式。

（三）垃圾分类是提升西城区城市品质的有效途径

“十三五”时期，西城区将工作重心和主线聚焦在提升城市品质上。城市品质的提升，是西城区打造国际一流和谐宜居之都样板的必然选择，是建设高品质城市核心区的客观要求，也是满足人民高品质城市生活需求所需。城市品质的提升，必然伴随着城市环境和市民素质双重提升。而垃圾分类处理这件系统工程，集中映射了人类的生活习惯、社会意识、市政管理及社会治理等方面内容。垃圾分类处理，不只是物理垃圾的分拣，更是人们生活生产在观念和方式上的变迁，是西城区提升城市品质的重要渠道。

1. 垃圾分类引导居民养成绿色生活方式

生产、消费、分解对于国家运转体系而言，缺一不可。当前，中国已然成为当之无愧的生产大国，但如何分解消化人们在生产、消费后所带来的垃圾，或许比如何促进生产与刺激消费更为棘手。对此，环保部于2015年印发了《关于加快推动生活方式绿色化的实施意见》。绿色的生活方式主要体现在绿色低碳、勤俭节约、文明健康的生活习惯和消费模式两个方面。要改变人们长期以来养成的生活方式，并不是单方面通过国家颁布政策法规就能实现的，还需要对人们的世界观、人生观、价值观进行教化和影响。例如，倡导低碳出行、少用一次性餐具、节约用水用电，提倡适度消费、健康消费、文明消费、节约消费等。社会养成绿色的生活方式，或许需要几代人的共同努力，但必将为人类子孙和地球的可持续发展带来不可估量的作用。

2. 垃圾分类推动社会形成绿色生产方式

垃圾分类可以促进垃圾处理前端和后端相关产业的发展，进一步带动资源的利用效率提升，从而减少污染的排放。特别是在垃圾的后端处理上，要创新垃圾再生利用方式，促进经济发展良性循环。例如，瑞典普遍采取垃圾焚烧处理方式，焚烧产生的丰富热能，可以提供给城市居民供暖。废罐溶解后能够再造新罐，实现多次循环再生利用，甚至还可制成家具或汽车、飞机的零件。废旧电池所含的汞、镉的污染性十分强，但可以通过提取其中的稀有金属锌、铜和二氧化锰，实现资源的循环利用。当然，垃圾的再生利用必须是在符合技术、经济、环保标准的前提下进行。可以说，垃圾分类回收正在成为经济转型的重要推手。

3. 垃圾分类推动城市生态环境可持续发展

城市生态环境的可持续发展是城市可持续发展的重要方面，生态承载力与社会承载能力是城市环境可持续发展的两个重要指标。当前，北京市人口密度之高，特别是城六区人口密度，已经影响高品质的生活性服务供给。在有限的城市承载力面前，“疏功能调人口”成为解决性出路。此外，垃圾分类管理也是应对城市生态承载力、社会承载力限制的有效之策，我国人均资源占有量远低于世界平均水平，垃圾混合处理产生了巨大的资源浪费。只有实现垃圾分类管理，才能在某种程度上实现城市生态环境的可持续发展。

二　新街口街道以“四全五有”工作法推动垃圾分类管理全覆盖

新街口街道全面落实习总书记关于普遍推进垃圾分类制度的指示精神，加大垃圾分类管理工作力度，重点提升垃圾投放、收集环节的合格率，结合背街小巷“十有十无”目标，探索“四全五有”工作法，推动垃圾分类管理全覆盖，提升公民社会责任意识，促进城市精细化管理和社会治理。截至2017年6月，新街口街道99个楼房小区已全部实现垃圾分类投放、分类清运。

（一）从方式上看，采用“四全方法”推动垃圾分类管理开展

1. “全领域”提供服务，实现服务对象的全覆盖

公共机构和企业是实施生活垃圾强制分类的主体，新街口街道通过进家庭、进学校、进企事业单位、进部队、进公共场所，使辖区内居住人口、工作人口和流动人口都能知晓并主动参与垃圾分类，实现服务对象的全覆盖。首先，抓好分级分层培训。充分利用市民学校、社区青年汇等载体开展垃圾分类知识培训，发挥公益组织、民间组织等群团组织及专业公司的作用，利用互联网平台，设立“垃圾分类网上课堂”，扩大培训覆盖范围，普及垃圾分类知识；根据垃圾分类的实际情况，合理开展相关的培训，分别对街道和社区的有关人员进行分阶段的培训，进一步提高相关主责人员对垃圾分类工作的监督和指导的能力。其次，开展“一社区、一学习”现场培训活动。组织各社区垃圾分类工作代表，每半月到其他社区实施“一社区、一学习”培训活动，通过现场参观、经验交流会等形式，学习经验，找出不足，实现互学、互促、共提升的最终目的。最后，拓宽垃圾分类服务领域。利用街道区域化党建服务平台、城市环境建设委员会等载体开展“进学校”活动，从孩子抓起，让分类习惯形成自然；开展“进企事业单位”活动，党政机关、企事业单位起到表率作用，工作与生活都要贯彻环保理念；开展“进部队”活动，统一行动，以点带面，贯彻垃圾分类投放理念；开展“进公共场所”活动，在车站、机场、体育场馆、宾馆饭店、购物中心、超市、农贸市场等公共场所对垃圾分类进行宣传，实现宣传处处有、监督处处在，特别是加大对地区流动人口的宣传教育力度。

2. “全方位”开展工作，实现工作内容的全覆盖

通过宣传引导、志愿者队伍建设、引入第三方等工作方式，垃圾分类管理观念渗透城市管理和社会治理的方方面面，实现工作内容的全覆盖。截至2017年6月，新街口地区共有600多名垃圾分类指导员，基本实现每个“标准垃圾桶站”在高峰时间均有专人负责指导垃圾分类。垃圾分类指导员的分类工作有二，一是将混合垃圾分开至“可回收物”“厨余垃圾”“其他

垃圾”这3类垃圾箱；二是向居民宣传垃圾分类的重要意义及相关知识。作为垃圾分类试点的样板，新街口大乘巷已组建一支45人的环保志愿者队伍，利用各种载体，以家委会为阵地，强化垃圾分类工作宣传；定期邀请环保专家讲环保知识、垃圾分类、垃圾减量的知识；以入户发放宣传材料等方式进行宣传。同时，还积极开展各种活动，增加居民参与垃圾分类热情和积极性，例如，与地球村共同开展“零废弃”活动，采取为居民发放“北京市社区循环利用零废弃卡”的形式实现“零废弃”排放。

3. “全路段”保障实施，实现空间布局的全覆盖

根据不同小区的特点，科学设置投放点，合理安排投放设施，实现空间布局的全覆盖。新街口街道城管科要负责生活垃圾分类小区、公共区域垃圾桶的采购、配置以及日常维护等工作。

4. “全流程”监督控制，实现工作监督的全覆盖

新街口街道在市、区、街现有考核的基础上，加入社会组织、社区以及居民三方相互约束的评价机制，实现工作监督的全覆盖；又根据《北京市生活垃圾分类管理条例》的相关规定，明确物业公司在垃圾分类工作中的职责，督促物业公司支持配合开展垃圾分类工作，并积极与区房管部门协调将垃圾分类工作纳入对物业服务企业的考评体系，对在垃圾分类工作中做出显著成绩的单位和个人给予表彰，对工作推进不力、影响街道垃圾分类工作进度的，将根据相关规定进行通报批评；各物业公司要承担起应有的社会责任，做好员工培训和所服务小区的居民宣传引导，推动所管理小区的垃圾分类工作。

（二）从标准上看，按照“五有标准”提升垃圾分类管理成效

垃圾分类管理是一项系统工程，软件和硬件建设都要跟上。新街口街道，按照“五有”标准，进一步拓宽实施领域，推动垃圾分类管理全覆盖。

1. 以“有制度”为标准，实现工作流程清晰化

制度化管理是一种以制度规范为基础来组织协调行为的约束机制，核心是科学化、流程化、标准化管理。新街口街道根据社区调查摸底情况，制定

并完善了全覆盖实施方案和指导员管理制度，从而实现部门无缝对接，工作流程清晰。在统筹垃圾分类这项工作中，新街口街道分阶段、分步骤、分职责有条不紊地开展，从方案制定、组织实施、宣传等环节，分工明确，职责清晰。新街口街道城管科负责对辖区生活垃圾分类全覆盖工作方案的研究、制订，牵头实施生活垃圾分类全覆盖工作，及时与地区单位进行沟通；加强与区市政市容委垃圾分类收集、运输部门的对接、协调；落实生活垃圾分类指导员工作，按照相关规定编制和申请垃圾分类经费预算等；积极协调区房管局对物业单位进行指导，加强与物业服务单位的沟通，督促其配合街道，指导业主做好生活垃圾分类投放工作。新街口街道社会办负责指导社区建立居民自治组织，将生活垃圾分类全覆盖工作实施情况纳入年度社区考核范围；加强与地区中小学、幼儿园的联系，依托学校教育平台，使“垃圾分类从孩子做起”的理念深入家庭，起到带动作用。新街口街道工委组织部负责加大对于党员志愿者队伍的培育，发动辖区党员干部积极参与，发挥区域党建优势，以党建为统领，带动辖区单位、社区、积极分子自觉加入。新街口街道工委宣传部负责加强舆论宣传工作，利用报纸、网络等载体，开展生活垃圾分类宣传；协调新闻媒体积极开展系列宣传教育活动，将生活垃圾分类相关知识纳入市民学校培训教育内容，加强对市民的宣传教育，及时宣传先进典型，引导广大市民广泛参与、积极支持生活垃圾分类工作，围绕文明城区建设工作，持续培育公民社会责任意识，努力营造良好的社会氛围。新街口街道财政科负责做好垃圾分类全覆盖工作所需资金的申请与拨付工作。辖区两个派出所负责对外来人口及流动人口就垃圾分类及时告知和宣传。新街口城管分队负责督促辖区各单位、各企业落实垃圾分类工作，确保各单位餐厨垃圾按规定消纳，对于未按相关规定进行消纳的单位进行相关执法。新街口街道 21 个社区负责做好本辖区的居民宣传发动工作，配合街道做好前期摸底，配合社会办落实老旧小区居民自治工作，组织积极分子、低保人员参与垃圾分类、分拣、宣传等公益性工作；协调、告知辖区内房屋中介机构，对房屋租赁人员开展垃圾分类宣传工作。环兴街区保洁服务中心则是生活垃圾分类收集和运输工作的专业作业部门，负责新街口辖区垃圾分类运输工作。社会公益组织负责协助街道、社区开展垃圾分类知识宣传、公益宣讲等形式多样的活动。

2. 以“有设施”为标准，实现设施安置合理化

“先分后混”现象目前在我国较多地方普遍存在，从而导致实际的效果不甚理想，其中一个最主要原因就是我国目前比较缺乏现代化的垃圾处理设施，而垃圾分类的基础设施、生活垃圾分类中端处理和末端处置的硬件设施是实施垃圾分类管理的前提条件。新街口街道着力加强垃圾分类硬件设施，合理安置垃圾分类设施及清运车辆，提升垃圾投放、收集的合格率。对此，西城区成立了裕远达服务中心，购置了 10 辆厨余垃圾运输车，专门负责将居民分拣出的厨余垃圾进行堆肥，确保厨余垃圾规范运输处理。

3. 以“有队伍”为标准，实现宣传指导多元化

新街口街道加强垃圾分类指导员、党员志愿者队伍、绿色宣讲团等队伍建设，发挥宣传、示范、指导等基础性作用，逐步实现地区垃圾减量化目标。一方面，加强垃圾分类全覆盖队伍建设，以街道为单位建立指导员队伍，建立健全指导员工作制度，落实指导员分片包干的工作机制；另一方面，落实志愿服务工作制度，加大志愿者招募力度，鼓励低保人员积极参与社区垃圾分类工作，以社区为单位组建一支来源于分类小区、服务于分类小区的志愿者队伍，由社区安排在垃圾投放集中时段进行指导和劝导，做好志愿者服务的登记工作，落实基本保障和激励措施，大力弘扬志愿者的奉献精神。

4. 以“有阵地”为标准，实现社区引领示范化

新街口街道深化垃圾分类示范小区的创建工作，鼓励示范小区不断创新管理，建立社区自我管理的工作机制，不断探索提高垃圾分类质量的方式方法，使示范小区成为社区学习交流和市民参观的示范基地。组织先进社区到市内其他区、街道、社区参观学习，增进交流，取长补短，互查互评，表彰先进。目前，新街口已经形成以大乘巷、官园等特色分类小区为引领示范的格局，特别是大乘巷如今已成为闻名全国的“垃圾分类第一院”。研发“e 回收”资源再生服务管理平台 APP，实现居民足不出户就可以处理废品，

对垃圾分类做出突出贡献的居民还可得到额外奖励，吸引居民参与垃圾分类。另外，还鼓励社区建立环保小教室，在寓教于乐中居民学到了再生资源回收利用与文明环保知识。

5. 以“有措施”为标准，实现城市管理精细化

进一步完善垃圾分类工作考评体系和激励机制，健全垃圾分类管理机制，借助全覆盖之势，推动平房区准物业管理进程，实现全面提升城市管理精细化水平的工作目标。一是发挥激励引导作用。开展垃圾分类工作“优秀小区”、示范家庭的评选和表彰，并在一定范围内予以公示，充分调动居民参与的积极性和主动性，提高居民对垃圾分类工作的认知率、参与率、分类合格率、投放正确率。二是完善考核监督机制。借鉴成功经验，结合新街口辖区实际，加大垃圾分类专项考核力度；在深入开展生活垃圾分类工作的同时，广泛征求意见，为垃圾分类工作更好开展建言献策。三是做好垃圾分类全覆盖实施经费保障工作。财政部门应对新增垃圾分类专用桶、袋，垃圾分类指导员补贴，宣传活动经费及弃管小区保洁经费等资金需求予以支持，做到垃圾分类专用设施、人员补贴等经费保障到位。四是落实垃圾分类收集运输。收运单位要根据垃圾分类工作任务，制订具体收运方案，落实分类垃圾收运车辆，确保分类投放的厨余垃圾、其他垃圾等按规定进行分类收集与运输，并接受市民和媒体的监督。五是加强垃圾桶日常管理。根据实际需要原则，做好专用垃圾分类桶的采购、配置、日常管理和维护工作，做到“数量合理、种类齐全、图文清晰、摆放正确、专桶专用、清洁卫生无破损”，方便市民分类投放。

三 新街口“四全五有”垃圾分类合理全覆盖对基层街道社区推动垃圾分类的启示

垃圾分类管理全覆盖是一项日积月累、复杂庞大的系统工程，需要政府、企业、社会一起努力和推动，需要综合运用法律、市场、道德、技术、财政等多种手段共同发力。

（一）要加快建立分类投放、分类收集、分类运输及分类处理的垃圾处理系统

1. 完善社区垃圾收运体系

街道要完善垃圾分类的相关标志，尤其是配备的收集容器的标志要清晰明确，便于居民区分。对社区内垃圾转运站进行改造升级，使其与生活垃圾分类要求相适应。建立健全符合环保要求与分类需求的有害垃圾回收和运输系统。

2. 合理布局社区垃圾回收体系

社区要组织专人清理取缔违法占道、私搭乱建、不符合环境卫生要求的违规站点。在有一定条件基础的社区可以建设可回收垃圾中转站，同时应该进一步鼓励和倡导在相应的公共区域和场所设立专门的垃圾回收装置。

（二）加快构建政府推动、全民参与、城乡统筹、因地制宜及法治保障的垃圾分类制度

垃圾分类管理的顺利推进，离不开相关制度的建立完善。要寻求政府、市场、社会及个人在愿景和目标上的最大公约数，要寻求在模式、资金、技术、运行、管理和执法等方面的最小公倍数，建立政府能执行、群众能接受的积极稳健的垃圾分类制度。明确政府、企业、群众等主体的责任和义务，探索出符合我国国情、成本可控、成果可见的垃圾分类制度与模式。

1. 强化政府推动，加强部门协调，做好垃圾分类的宣传工作

政府作为主导机构，需要制定完善的法律法规，制定统一的标准，配以相应的奖惩机制。做好居民垃圾分类的宣传工作，尤其是发挥街道居委会在垃圾分类宣传中的重要作用，甚至可以将其纳入工作考核的指标，有利于激发工作人员对垃圾分类工作的积极性。

2. 引入市场力量，创新分类方式，综合运用行政、经济及科技等手段

在我国，垃圾收集、分类、清运以及处理等环节的设施建设主要是由财政拨款的事业单位或国有企业承担，这必然导致一定程度上的垄断、缺乏竞

争、成本增加等问题，既制约了服务改善，又不利于降低费用。因此，要善于引入市场力量，提高垃圾治理效率。从英国的相关经验来看，垃圾治理可以外包给私营企业。建议开展地方试点，探索政府购买服务的新模式，采取市场化运作，将部分垃圾处理业务竞标给私营企业，让社会力量与国有企业、事业单位进行同步竞争，提高垃圾分类管理效率。另外，还可探索实施垃圾收费引入市场机制，实施按容量收费制度。垃圾收费机制的实行，既有利于减少政府财政支出，又有利于引导市民形成良好的垃圾分类习惯，实现源头减量。与此同时，还要善于利用科技手段，创新垃圾处理方式。

3. 完善政策法规，调动全民参与，充分发挥社会力量积极性和主动性

垃圾分类回收制度是保障可持续发展的一个重要方面。2017 年 3 月底，国务院办公厅转发国家发展改革委住房城乡建设部发布的《生活垃圾分类制度实施方案》，这对丰富我国垃圾分类处理制度具有重要作用。但是，从整体上看，我国生活垃圾分类回收立法还处于起步阶段，一个完整的生活垃圾分类回收法律体系亟待建立。当前，我国有关生活垃圾的法律法规并不完善，大部分相关法律法规偏重于对垃圾收集、运输、处理等环节规定，缺少涉及垃圾的分类回收、再利用等具有可操作性的规定。因此，国家要制定相关的政策法规，制定垃圾分类收集及循环利用标准；出台激励政策，引导社会各个主体参与垃圾分类管理；限制生产和使用难以分解的用品，倡导使用绿色环保包装；加大对垃圾分类回收相关项目或企业的支持力度。

（三）引导社会自觉形成人人参与绿色生活及绿色生产的垃圾分类氛围

垃圾分类管理不仅可以倒逼前端政策制度的日趋完善，还可以引导社会主体养成绿色生活、绿色消费的习惯，促进生产方式转型升级。总而言之，垃圾分类管理体现了人类社会在生产方式、生活方式、思维方式和价值观念上的变革。

1. 人人参与垃圾分类，是一种看似简单容易，却又实施艰难的高级环保方式

人类是垃圾的制造者，每个人必须承担起垃圾处理的责任和义务。垃圾分类处理的过程就是一个具有公众性、社会化特征的过程，具体表现在社会监督和公众参与。由于各地域生活习惯、经济水平、风俗习惯、管理方式迥然不同，人人参与垃圾分类管理难以实现。再加上垃圾分类管理给社会公民所带来的直接利益较少，基本上可谓一项靠公民觉悟来完成的社会工作，这就一定程度上决定了垃圾分类管理是一项长期性、艰巨性的系统工程。国外的经验就可以证实这一点，德国实施垃圾分类已有22年，至今还有20%的人不按规定执行；日本的垃圾分类已有20年，至今还有17%的人不按规定执行。西城区经过20余年的垃圾分类管理，已取得显著的成效和进步，垃圾分类管理的知晓率普遍提高，垃圾分类的系统性设施逐步建立，垃圾分类已基本达到中等发达国家的水平。但是，北京作为超大型城市，西城区作为首都核心区，面对人口众多、资源有限的现实状况，人们必须清醒地认识到：垃圾分类管理具有公众性、系统性、长期性、循序渐进等特征，不仅需要政府加大环保投入力度，企业积极承担，更需要每位公民持续、积极地参与其中。因此，从这个角度说，人人参与垃圾分类，是一种看似简单容易，却又实施艰难的高级环保方式。

2. 提倡绿色生活方式，是一种社会责任使然，更是一种朴素的生活价值观

绿色生活方式就是指居民应该在日常的生活活动中以绿色环保的理念去生活，以创建有利于自然生态环境可持续发展的生活方式。例如人人参与垃圾分类管理，是一项长期复杂的系统工程，不仅需要政府政策导向、法律保障制度、文化自觉机制等方面多管齐下、共同努力，同时人们要认识其重要性、必要性，把它当成一种修心修身的朴素生活追求。

3. 倡导绿色生产方式，是一条应对现实之策，更是一条实现可持续发展的根本出路

党的十八大报告指出，“要着力推进绿色发展、循环发展、低碳发展”。在绿色生产方式方面，要积极使用再生资源产品，从“原料—生产过程—产品加废弃物”的线性生产方式，转变为“原料—生产过程—产品加原料”

的循环生产方式，为垃圾的再生利用提供更大的市场空间，是实现资源环境的可持续发展的根本出路。

参考文献

孙昊：《德国垃圾管理法律制度对我国城市垃圾分类立法的启示》，《山西农经》2017 年第 24 期。

李海荣：《关于城市生活垃圾分类治理的思考》，《环境与发展》2017 年第 10 期。

《北京市生活垃圾分类治理行动计划》，《再生资源与循环经济》2017 年第 12 期。

赵子旼：《北京市西城区生活垃圾收运现状与对策》，《环境卫生工程》2017 年第 6 期。

蒋建国：《垃圾分类应以政府引导为主，市场化为辅》，《中国城市报》2017 年 12 月 18 日。

《今年起全市创建垃圾分类示范片区》，人民网，http：//bj. people. com. cn/n2/2017/0505/c82840 – 30141130. html，2017 年 5 月。

《政协北京市第十一届委员会常务委员会关于北京城市生活垃圾分类处理有关问题的建议案》，《北京观察》2009 年第 9 期。

北京市委、市政府：《关于全面推进生活垃圾处理工作的意见》，2009。

《新街口街道垃圾分类管理全覆盖工作实施方案》。

B.14 新街口街道创新“多居一站”社区服务模式的实践与研究

摘　要： 随着我国社区管理体制改革的不断深入，“多居一站”社区服务管理模式逐渐成为许多地区的创新之举。这种模式可以真正地实现基层服务的集约、开放、便捷及高效。新街口街道根据西城区《2015年进一步推进社区治理创新试点工作方案》要求，探索建立了新街口街道西里社区综合服务站，并取得显著成效。本文通过梳理总结新街口街道实行“多居一站”社区服务模式的重要意义及主要做法，提出要从加强服务站服务事项准入机制、注重服务站与居委会的协同沟通、加强服务站的人才队伍建设以及强化对服务站工作的监督与评估等四个方面，进一步完善当前“多居一站”社区服务模式，以期为其他区域提供经验借鉴。

关键词： 新街口街道　多居一站　社区服务

一　新街口街道创新“多居一站”社区服务模式的重要意义

（一）创新“多居一站”社区服务模式是我国简化行政职能的必然要求

自20世纪80年代我国提出“社区服务”概念以来，社区建设和治理的探索已经走过30余年的历程。其间，我国社区普遍存在功能失灵、运行过于行政化等问题，其成因主要有以下两个方面。

一方面，政府观念有误差。政府一直以来在观念上习惯将社区视为基层办事机构及下属机构，将社区工作者视为政府机构的雇员，将工作大量下沉部署，在社区工作者编制有限的情况下挤占了社区开展应有职能工作的时间及精力。这也在一定程度上影响着社会各界对社区的概念认识，导致大量居民需求与公共服务之间的矛盾被转嫁到社区。因此，转变政府各部门的观念，也是亟待解决的问题之一。

另一方面，社区行政化工作多。由于政府对社区居委会职能职责及主要工作任务的认识偏差，必然带来社区行政化工作过多。中华人民共和国成立以来，社区的功能主要体现在协助政府各部门负责信息收集、治安维稳、组织活动等行政性工作，社区依照政府部门要求完成工作的行政功能突出，自我组织群众的自治功能仍显不足。从2000年起，居委会转变为社区居委会，社区概念的引入，对社区居委会组织辖区单位及个人议事功能的要求进一步提高。同时，伴随着经济发展及财政收入大幅增加，公共服务内容越发丰富，为居民提供的老年优待、住房保障等各项政策性服务内容大幅增加，导致了大量行政性工作由职能部门部署到了社区居委会，出现社区职能演变的预计目标与实际功能及工作内容产生较大偏离。为应对社区行政性工作过多的问题，社区在改革进程中尝试通过成立社区服务站的方式缓解社区行政化问题，但效果有限，因为“社区党委、社区居委会、社区服务站”之间的关系较大程度地传承了政府架构中的“党委、人大、政府”之间的关系。因此，社区不可避免地发生功能失灵的问题，社区协助政府部门开展工作的行政功能不断强化，而社区组织居民“自我管理、自我监督、自我教育、自我服务”的应有主要功能却在不断退化，社区自治能力不足，背离了社区建设的初衷。

综上所述，从我国社区形成和改革历程中可以看到，恢复社区功能是社区治理和服务创新工作需要解决的重要问题。“多居一站”运行模式在社区治理改革中起到了一定积极作用，为社区提供了高效、专业、集约、开放的公共服务，并在一定程度上实现了社区行政事务与居民自治的有效剥离，遏制了社区行政化现象，为社区开展自治活动奠定基础，为街道开展社区建设工作提供了大量实践经验。

（二）创新“多居一站”社区服务模式是西城区提升社区治理水平的内在要求

社区是社会治理的基本单元。社区治理得好与坏直接关系国家方针政策的落实，事关基层百姓的实际利益，事关社会的和谐稳定。近年来北京市相继出台《关于深化北京市社会治理体制改革的意见》《关于深化街道、社区管理体制改革的意见》等重要的政策文件，推进社区治理体制改革。作为首都核心区，西城区2015年出台《2015年进一步推进社区治理创新试点工作方案》，明确提出试点探索“多居一站”，经过几年的探索实践，“多居一站”成为西城区提升核心区治理能力和治理现代化水平的重要抓手。“多居一站”通过合理设定范围，建设一个服务站为多个社区提供服务，依托社区公共服务综合信息平台，为各类人群提供集约式、开放式的社区服务，有效强化了社区服务站的综合服务功能，由此可见，推行“多居一站”服务管理模式，有利于扩大社区服务站的辐射范围和提升服务能力，为居民提供更方便、更快捷、更全面的服务，进一步提高社区治理能力，完善社区治理体系。

（三）创新“多居一站”社区服务模式是加强社区及居民自治能力的重要方式

中国城乡社区治理目前仍然存在社区自治和服务功能不强，基层群众自治活动内容和载体相对单一，社区及居民自治能力不足，主要体现在两个方面。

一方面，社区自治能力不足。中华人民共和国成立以来，社区的功能与职责主要体现在协助政府各部门负责信息收集、治安维稳、组织活动等行政性工作上，依照政府部门要求完成工作的行政功能突出，因此，其自我组织群众的自治功能仍显不足。

另一方面，居民自治能力不足。中华人民共和国自成立以来，实行了较长时间的计划经济运行模式，一定程度上固化了“单位人”意识，居民长期以来习惯被动地依靠政府及单位制定的规则生活，居民的议事能力与意识明显不足。改革开放以后，我国由计划经济转向社会主义的市场经济体制，众多“单位人”逐渐向“社会人”转变，然而很多社区居民的自我治理能力尚未完全形成，居民仍然习惯于被管理，不善于参与多元治理体系，不善于理性表达及正确认识自身责任义务，由此带来了不同程度上的非理性社会行为，如过激维权、公民意识欠缺等。

社区及居民自治能力不足的深层次原因与我国社区运行规则历来有偏差息息相关。当前社区的运行过于依附街道办事处及各职能部门，社区仍然较大程度上按照各部门行政命令部署的任务完成工作，这在一定程度上影响着社区的运行规则。可以说，社区行政化问题不只在于按照政府职能部门要求承办行政工作任务，更在于社区运行规则的深层次行政化问题。社区自治的运行规则与行政运行规则迥然不同，社区自治行为受民法原则调整，遵循“法无禁止皆可为”的原则，而行政行为受行政法原则调整，遵循“法无许可不可为”的原则。社区居委会一旦习惯性遵循行政运行规则，将极大地限制社区自治活力，对社区居委会产生束缚，妨碍社区自治功能的发挥。因此，建立一套适应自治需求的社区运行规则是提高社区及居民自治能力的重要途径。

综上所述，社区及居民自治能力不足问题也是制约社会发展的问题之一。开展社区管理和服务创新实验区工作需要大力培育社区居民自治能力，创新“多居一站”社区服务模式是加强社区及居民自治能力的必然选择。

二　新街口街道创新“多居一站”社区服务模式的主要做法

为完善社区治理模式，加强基层基础工作，充分发挥社会党组织的政治引领、社区居委会的民主自治和社区服务站的公共服务职能，西城区委、区政府确定将新街口街道部分社区作为“多居一站”社区服务站运行模式试点。社区服务站的整合主要综合考虑社区的人口规模、类型、面积等因素，对条件符合的相邻社区实行“多居一站”服务模式。“多居一站”的探索旨在方便居民办事，通过梳理综合服务站服务事项、优化工作流程，提高社区综合服务效能，为社区居委会减负，推进社区承接行政事务与开展居民自治相分离，解决社区居委会行政化等问题，形成居民自治与政府管理相结合的社区管理新格局。

试点前，新街口街道西里一区、二区、三区、四区 4 个社区分别有党组织、居委会、服务站三个机构。2015 年 11 月，新街口街道以西里一区、西里二区、西里三区、西里四区为试点，设立新街口街道西里社区综合服务站，即保留现有西里一区、西里二区、西里三区、西里四区社区居委会，对原有所对应的社区服务站整合为一个，实现“多居一站”。西里社区综合服务站是政府在社区层面设立的综合性公共服务平台，主要职能是为居民提供公共服务，代理代办政府部门延伸到社区的公共服务事项。西里社区综合服务站服务范围覆盖常住居民 7100 余户 19000 余人。

（一）从筹建过程看，包括流程再造、人员选调及硬件改造等环节

2015 年底，新街口街道以社会办为牵头科室，从业务梳理、人员选调、硬件改造等方面着手新街口西里社区综合服务站的筹建工作。

1. 以学习政策、提高认识为前提

“多居一站”是社区治理工作中的新生事物，新街口街道、相关科室及社区认真学习文件，深入研究，从思想上予以高度重视。同时，结合“多居一站”试点工作，街道组织相关分管领导、相关业务科室及部分社区书记、主任、站长对《居委会组织法》《关于加强和改进城市社区居民委员会建设工作的意见》《北京市社区服务站管理办法》进行再学习，并结合《西城区 2015 年进一步推进社区治理创新试点工作方案》进行多轮研讨，会商

社区服务站职能定位、机构属性、业务分工、站居关系等内容，为社区综合服务站成立后理顺关系、顺利运行提供前提条件。

2. 以梳理业务、再造流程为核心

新街口街道组织各业务主管科室以区社会办制定的《西城区“多居一站”试点社区服务站事项办理规范及流程》为基础，按照试点综合服务站职责定位对业务流程进行再梳理，针对居站分离条件下的社区评议、情况核实等细节，以方便居民为原则进行流程再造，使得办事流程有利于居民办事，符合“多居一站”模式的设计目标。经过梳理，现确定试运行初期开办业务47项，其中受理代办类项目44项，咨询类项目11项，并为每一项业务制作包括受理条件、政策依据、所需材料等内容的业务受理单。简而言之，新街口街道各科室以后在安排工作过程中，将直接与社区综合服务站进行对接，不要再将47项业务派到社区居委会。

3. 以选调人员、加强培训为基础

社区服务站的工作人员的任命和调配是由街道党工委直接管理，实行定岗定责定位。选调人员多采用交叉任职，综合考虑人员学历、年龄、工作能力等因素，选拔社区一级党组织的书记兼任服务站站长。街道社会办与组织部根据日常分工、工作经验等情况，抽调8名人员组建新街口西里社区综合服务站，其中站长、副站长各1人。抽调后，利用四个月的时间，以业务主管科室讲授与实践、辖区走访、与辖区社区居委会座谈及到机关科室实践四种形式进行培训，为顺利开展服务做好准备。目前，社区综合服务站有工作人员11人，已基本配备到位。同时，业务培训时，站、居的工作人员都来参加，避免其不知晓政策。

4. 以完善设施、改造硬件为保障

根据社区综合服务站的功能定位及实际需要，新街口街道对综合站办公地点进行了重新设计并施工。例如，为满足办公需要，调配了电脑、打印机等设备，购置了电视机、家具等办公设备；为规范社区综合服务站对外形象，全部社区工作者统一订做了工装；通过印制宣传折页向辖区群众宣传综合服务站承办的业务及职能定位。

（二）从服务内容看，涵盖社区福利、住房保障及就业服务等方面

社区综合服务站试运行初期，开办业务 47 项，其中受理代办类项目 44 项，涉及社会福利、住房保障、就业服务、为老服务、爱心助残、人口计生等若干领域，为受理的全部业务提供政策咨询服务（见表 1）。与此同时，提供预约服务及上门取件、上门办理等服务。

表 1　新街口街道西里社区综合服务站代办项目（部分）

项目分类	社会福利业务	住房保障业务	就业服务业务	为老服务业务
1	低保、低收入、生活困难补助人员医疗救助申请	公共租赁住房申请	失业人员灵活就业申请	《老年证》
2	低保、低收入、生活困难补助人员临时救助申请	公租房补贴	失业人员再次灵活就业申请	《老年优待卡》
3	低保、低收入家庭子女教育救助申请	廉租住房补贴	求职登记	本市高龄老人补助医疗申请
4	城市居民最低生活保障家庭年审	原经适房、限价房复审、选房	职业介绍	北京市 80 周岁居家养老一卡通
5	城市居民低收入家庭年审	保障性住房申请情况变更	—	北京市 90 周岁高龄老人津贴
6	低保、低收入、生活困难补助家庭采暖补贴	—	—	北京市 100 周岁高龄老人津贴
7	—	—	—	三项为老券

资料来源：《新街口街道西里社区综合服务站业务简介》。

（三）从运行机制看，运用资源整合、联办工作及数据共享等措施

整合后的新街口街道西里社区综合服务站，十分注重建立健全各项规章制度，完善各项机制。

1. 推行站长负责制和联席会议制，统筹运行正常

服务站站长接受街道职能部门的指导监督，在社区党委和居委会领导下

主持服务站全面工作。服务站组成联席会议，并由社区党委书记按季度轮流担任联席会会长，定期组织召开联席会，从而保障服务站各个环节正常运行。

2. 创新中心工作机制，提高工作效率

针对运行期间出现的阶段性工作量密集的问题，新街口街道创新“综合站中心工作”机制，即需要在较短时间内集中性完成较大工作量时，从西里一、二、三、四区社区居委会分别抽调熟悉情况工作人员到综合服务站进行支援，以便及时完成专项服务。针对试运行期间人员工作强度较大的问题，街道从2017年新入职的社工中选择3名同志补充到服务站，使社区服务站工作人员达到11名，有效缓解人员紧张问题。截至2017年4月，社区综合服务站已受理业务2500件，其中民生保障类1845件，基本具备承担该地区公共服务受理工作的能力。

3. 建立联办工作机制，提高办事便利

综合服务站采用“一门式”全科服务理念，通过延时、预约工作机制，按照“前台受理、后台分办、一窗多能、一岗多责”的原则，为社区居民提供便利的综合服务。比如设立了“居民申请事项联办单”，确保居民的需求能得到最高效的流转和对接。方便群众，提高工作效率。

4. 建立数据交接机制，实现信息共享

西城区社会办指导西里地区4个社区将涉及业务的原始数据与社区综合站进行交接，打破信息壁垒，使社区综合服务站能够查到既往数据及办理依据，更加有针对性地开展个案服务。同时，建立数据交接机制，每隔两周社区综合服务站与4个社区居委会互相交流办理业务情况，实现信息互通。

5. 建立辖区资源整合机制，激发多元参与

“多居一站”运行模式的根本目的是实现社区去行政化及使社区居委会回归自治功能。对此，西城区社会办结合以“推进三社联动，加强社区治理服务创新”为实验主题的全国社区治理实验区创建工作，在新街口街道探索社区居委会、社会组织、专业社工机构的互联、互补、共进的社区治理体制机制，加强社区民主自治，提升社区治理能力。首先，在西里三区，与睦友社工事务所合作开展参与式协商工作，建立了居民议事厅，通过小额创

投的方式购买社区助老助残帮扶小组及社区卫生环境维护监督服务队两个社区社会组织服务，从而实现社区角色转变，强化社区组织居民自治能力。其次，在西里四区，大力扶持如意里 9 号、12 号、16 号楼 3 个社区自管会，形成稳定的志愿者队伍。自管会对小区的运行、停车管理、治安巡逻、环境美化等发挥重要作用，又以居民表决的形式对大门开闭等问题进行决议，实现小区自治。经过一系列工作，小区自管会得到居民广泛认可，形成居民参与式协商的典型案例。

三　新街口推进“多居一站”社区服务模式的启示

（一）探索服务站服务事项的准入机制

从当前我国实行“多居一站”社区服务模式试点的地区来看，普遍存在服务站服务事项的准入机制不够明确。新街口街道虽然已经完成西里社区综合服务站相关服务事项的梳理工作，但随着上级职能的不断转移、简政放权的不断深化，服务站承接上级下放职权或任务的情况是十分有可能的。然而如何承接好上级下放的实权和任务，为居民提供高质量的公共服务，是服务站需要进一步思考和完善的问题。当前，在初步完成服务站实体建设工作后，还要进一步制定和完善服务站的首问责任制、投诉处理等业务管理制度，进一步规范内部管理制度。

（二）注重服务站与居委会的沟通协调

创新“多居一站”服务模式的目的之一是理顺政府与居委会之间的关系与边界，彻底解决居委会工作行政化的问题。从当前“一站多居”社区管理实践改革来看，由于社区居委会只有服务功能，缺少经济功能，在具体实践操作过程中，存在服务站的服务范围和管理幅度过大，工作人员专业培训不及时等问题，这将有可能导致社区管理改革实践失败。由此可见，在“多居一站”服务模式的创建过程中，要善于总结经验，要加强服务站与各个社区居委会的沟通协调，一方面社区居委会可及时向服务站反馈社情民意；另一方面服务站要根据居委会反馈情况设置符合百姓需求的服务项目，逐步明晰办理事项接口，实现资源共享，共建和谐社区。

（三）加强服务站人才队伍激励与建设

社区服务站是深化行政审批改革，转变政府职能，建设公共服务型社区的基层窗口。建设社区服务站事关一个地区百姓的生活便捷性。因此，加强“多居一站”的社区服务站的人才队伍建设，激发他们的积极性和创造性，对提升社区服务站服务工作质量和行政效率具有重要意义。首先，要严格标准，规范选派程序。要选派思想品质好、业务素质高、工作能力强的工作人员到社区服务站工作与锻炼。其次，要明确职责，完善激励机制。社区服务站是基层一线的服务机构，要探索职业晋升渠道和激励手段，这样做有利于服务站人才队伍的稳定，鼓励试点街道选派街道后备干部或优秀年轻干部到社区服务站站长岗位锻炼。最后，要以人为本，创新管理方法。例如，要积极开展各种主题活动，增强社区服务站团队的凝聚力。对工作人员实行高标准要求，定期学习相关政治理论、法律法规，定期开展业务培训，进行思想品德和作风教育等。

（四）强化对服务站的监督与评估工作

要注重加强试点社区服务站与街道业务职能部门的沟通协调，接受指导与监督，提高服务效能。同时要注意接受居民的监督，适时引进第三方评估机构，对项目实施进行全程评估和跟踪，确保项目的科学性。引导项目顺利开展、持续改进。要将评估结果与工作人员的绩效考核相挂钩，全面推进试点服务站的正常开展。

参考文献

刘尧、林建成：《政社合作与国家治理现代化——基于基层社会管理创新的实践考察》,《昆明理工大学学报》(社会科学版)2017年第6期。

张巍、张勇:《实施基本公共服务均等化战略的突破口:社区服务站建设》,《经济与社会发展》2015年第3期。

西城区社会办:《西城区“多居一站”试点社区服务站事项办理规范及流程》,2015。

朝阳区社会办:《关于朝阳区试点推行“多居一站”服务管理模式的实施方案》,2015。

西城区区委、区政府:《西城区2015年进一步推进社区治理创新试点工作方案》,2015。

北京市西城区新街口街道:《新街口街道社区服务站运行模式改革试点方案》。

B.15
新街口街道以“书香驿站”打造文化互助共享新模式

摘 要： 北京市加强公共文化服务体系示范区建设，是履行首都职责，贯彻落实首都城市战略定位，推进全国文化中心建设，建设国际一流的和谐宜居之都的重要任务。2015 年以来西城区建立的“书香驿站”特色阅读空间，是对打通公共文化服务“最后一公里”的有益探索。新街口街道以“书香驿站”为载体，积极搭建交流平台，引导居民间的互动、互信、互帮，构建了以书为媒、以点带面的社区邻里文化交流体系，增强了地区居民的获得感和幸福感。本文通过梳理新街口街道“书香驿站”建设的重要意义、主要做法、特点及成效，对新街口“书香驿站”如何进一步加强公共文化服务及其所带来的启示进行研究分析。

关键词： 新街口街道　公共文化服务　书香驿站　文化互助　社区公益文化空间

一　新街口街道建设“书香驿站”的重要意义

（一）“书香驿站”建设有利于提升西城区公共文化服务水平

2015 年中共中央办公厅、国务院办公厅印发了《关于加快构建现代公共文化服务体系的意见》，并提出：“到 2020 年，基本建成覆盖城乡、便捷高效、保基本、促公平的现代公共文化服务体系。”北京市也印发了《“十三五”时期加强全国文化中心建设规划》及“1+3”公共文化政策文件（《关于进一步加强基层公共文化建设的意见》《首都公共文化服务示范区创建方案》《北京市基层公共文化设施建设标准》《北京市基层公共文化设施服务规范》）。西城区认真贯彻落实相关文件精神，整合区域资源，创新文化服务方式，努力促进公共文化服务标准化、均等化发展。特别是在打通公共文化服务“最后一公里”方面，西城区探索建立了以“书香驿站”为主要形式的特色阅读空间，有效地满足了辖区群众阅读、学习等方面的文化需求，推动了公共文化服务水平的提升。

（二）“书香驿站”建设有利于推进西城区全民阅读推广服务体系的构建

随着全国范围内的全民阅读活动的发起和推广，2017 年西城区文化委发布《北京市西城区“十三五”时期全民阅读推广规划》，提出了“将书香西城打造为整合西城区全民阅读工作的品牌”的总体目标，基本形成西城区全民阅读推广服务体系。“书香驿站”作为特色阅读空间的典型代表，是西城区构建“15 分钟公共阅读网络”的重要支撑点，是西城区全民阅读推广服务体系的重要内容。特别是“书香驿站”模式由点及面在全区各个社区的推广建设，对于形成全民阅读氛围、构建全民阅读推广服务体系具有重要意义。

（三）“书香驿站”建设有利于满足群众日益增长的精神文化需求，建立新的生活及社交方式

随着人民群众生活水平的不断提高，其对于文化服务的需求也呈现多样化和多元化。书香驿站通过建立系统化、规范化、智能化、信息化的社区公益文化活动空间，为社区居民打造一个精神文化圣地和生活品质提升的自助空间，进一步引导居民参与丰富的业余文化生活，逐步建立了彼此信任、互助互利、分享生活、传播智慧的社区新生活方式。这种新的生活方式，满足

了社区居民的读书需求，主办方还根据居民生活需求，定期或不定期举办各种不同形式的读书文化交流活动，也为居民提供生日聚会，邻里沟通、讲座笔会等各种服务，逐步满足了人民群众日益增长的多元化文化需求。

二　新街口街道建设“书香驿站”的主要做法

（一）政府指导，社会创建，打造社区文化新空间

“书香驿站”是根据西城区委、区政府的总体工作精神，在区文明办和政府相关机构指导、支持下，由西城区社区文明推进协会组织专家、艺术家、志愿者、企业家等社会力量创建的，立足于居民需求的社区公益文化新空间。2015 年，京城首家“书香驿站”落户西城区新街口街道玉桃园社区。从建设理念来讲，“书香驿站”是坚持公益性、专业性、参与性原则，融情、融智、融资源，搭台、建桥、解民需。从运作模式来看，前期资金由街道投入，主要是进行基础硬件建设；正式运行阶段引入专业社会组织和志愿者，动员社会单位、居民群众共同参与。通过两年运作，目前“书香驿站”已扩展至四家，这种新兴的文化活动空间，不仅对地区形成了辐射带动，而且因为其互动性和免费性也受到了居民群众的一致好评。

（二）因地制宜，对接民需，培育特色化文化品牌

新街口街道在前期充分调研、了解民需的基础上，在四家书香驿站和一家书香社区设置了有针对性的文化活动主题。其中，玉桃园社区回迁居民较多，“书香驿站”侧重居民自主管理；成铭大厦两新组织多，“书香驿站”侧重党建阵地建设；宫门口社区老年人多，“书香驿站”注重养老文化；富国里社区因紧邻学校，“书香驿站”以青少年活动、航天科技等特色活动为主；育德社区“书香驿站”是其融入党群服务中心的一部分，以党建阵地建设为主；北顺书香社区建设，以培育社区居民自治组织为主。各“书香驿站”围绕主题，植入文化元素，发挥区域化党建统领、文化先导、群团

枢纽的聚集辐射作用，打造了一批特色化的文化品牌，营造了良好的文化环境和文化氛围。

（三）搭建平台，创新方式，打造社区生活新方式

新街口街道以“书香驿站”为载体，积极搭建为居民群众提供文化活动、文化服务的平台，特别是通过创新文化服务方式，逐步建立了彼此信任、互助互利、分享生活、传播智慧的社区新生活方式。“书香驿站”坚持以“小阵地、小主题、小活动”为主，从居民群众喜闻乐见的主题活动切入，每月组织生日聚会，定期组织读书活动、公益晚会，按节日组织猜灯谜、赏月、讲故事等活动，按居民关注的热点组织青少年预防意外伤害、“智慧英语”教学、老年保健、法律咨询、心理咨询、环保宣传等讲座，人数可多可少，方式灵活多样，内容紧贴民生，在潜移默化中弘扬主旋律、传递正能量。同时，坚持开放式办站，驻区单位、社区社团、家庭、居民可以预约自行开展活动，保证了书香驿站的使用效率和功能发挥。比如围绕街道“构建活力党建，服务区域发展，建设和谐宜居新街口”的整体发展目标，以文化育文明，以邻里融洽促社会和谐，以弘扬传统文化引领社会主义核心价值观的宣传教育，探索了党建与文化相融合的新途径。2016 年，通过开展“老党员口述史”活动，不仅收纳了大学生志愿者，同时将地区老党员的故事收录成册，为年轻党员树立榜样。比如在“书香驿站”里传授传统艺术文化，不仅丰富了社区老人的业余文化生活，让他们生活充满艺术感，同时也培养了孩子们对传统文化的认识。四家“书香驿站”每年开展活动数百场，其中不仅包括专家授课、非遗传人讲非遗，同时也有居民自发组织的才艺秀等活动，增强了地区居民的获得感和幸福感。

（四）专业组织，志愿服务，满足群众多元化需求

“书香驿站”与北京市志愿者服务联合会进行对接，由环慈（北京）国际文化发展有限公司事业部把关，广泛引入社会组织，开展专业服务。同时，广泛吸纳志愿服务单位、公益组织和志愿者开展志愿服务。玉桃园社区

“书香驿站”目前登记志愿服务单位24个（含7所大学）、公益组织6个、志愿者330名，志愿者中既有退休的知识分子，又有企业在职员工，还有大、中、小学生等，一半以上的志愿服务单位不在辖区之内。多元社会主体通过“书香驿站”这个平台互动起来，资源初步得到整合，基本可以满足日常活动和居民群众的不同需求。

三 新街口街道建设“书香驿站”的特点与成效

（一）个体人的公共意识转变是基础

“书香驿站”建设以来，最大的变化就是人的变化。首先是个体精神面貌的改变。一些社区特殊人群，通过参加活动重新获得了社区群体的认同，在穿着、行为等方面明显改善，性情也越发开朗，重现寻找到了生活的勇气和力量。其次是公共意识的改变。在玉桃园“书香驿站”，儿童和青少年志愿者表现突出。他们中间最小的只有五六岁，最大的也不过15岁左右，但其中的7~8名小朋友几乎天天来到驿站，或者帮助整理书籍，或者教爷爷奶奶使用手机，也可以为自己的父母借阅书籍，让更多人了解和关心公共事务，这也让他们从小就培养了志愿服务精神，奠定了公共意识。更重要的是，驿站的建设促进了社区新的社会信任关系的形成和发展。通过生日会、故事会、读书会等多种形式，“书香驿站”成为社区人际交流的公共平台，也成为讨论社区事务的沟通平台，更是一个外部资源整合进社区的平台。由于“书香驿站”开放到晚上九点，许多社区群众会聚集在此聊天听讲座，逐渐形成了所谓“桃园夜话”活动。虽然不是正式活动，甚至也就是4、5个人参与，却每天坚持不断，社区归属感不断增强。除了社区居民，一些高校的哲学爱好者也在下班后选择“书香驿站”举办读书会。

（二）创新思维在社区的落地是动力

“书香驿站”的建设设想是基于“集装箱房屋”的创新理念，这在国内也属于比较先进的社会与技术创新实践。我国是世界上集装箱的第一制造大国，而以集装箱作为新型的空间，也是当今集装箱创新应用的重要内容。目前，集装箱建筑的发展方兴未艾，集装箱住宅、旅馆甚至水下房屋在全世界都有出现。作为一种快捷、低成本便于管理的创新形式，集装箱房屋的理念应用于社区有着广阔的发展空间。

“书香驿站”提倡的图书漂流理念借鉴了美国的迷你图书馆项目，这也是社会创新在文化领域的体现。在社区等人口聚集之处建立一个装满 10 ~ 50 册图书的“社区迷你图书馆”，按照“带走一本，留下一本”的原则，供居民免费分享与交换书籍，便于人们随时取阅。“书香驿站”的图书借阅不需要凭证，也不会限定读者的行为，主要依赖自觉的功德意识来维护、传递书籍。这一异常新颖的形式，既丰富了社区的文化生活，又给邻里提供了交流机会。

（三）开放性的志愿服务机制是关键

“书香驿站”的志愿者中很大一部分来自周边社区。很多成为长期志愿者的居民往往是路过驿站时被一些创新理念所吸引而留下来的。以长期志愿者刘喜老师为例，作为西城区文管所退休专家，其对北京市地方文化特别是建筑斗拱有深入研究。他住在附近社区，串门时经过“书香驿站”进来了解情况，并主讲了多次包括古建筑在内的老北京文化讲座之后，决定留下来做长期志愿服务的。除此之外，中国科普作家协会会员、中央美院老师、退休外交官、国学研究领域老师等都纷纷走进“书香驿站”，尽自己所能做好专业志愿者。

（四）多元化的社区参与协同是重点

“书香驿站”社区公益服务项目由全国妇联中国妇女活动中心、西城区社区文明推进协会、环慈（北京）国际文化发展有限公司合作推进，这就将企业力量、公益力量和政府力量有效地结合起来，以社区文化建设为突破口，共同参与社区治理。在项目建设前期，北京市西城区委文明办、新街口街道办事处、玉桃园社区居委会多次召开居民沟通座谈会，改善“书香驿站”的内部设置，配备水、电、空调等基础设施，将驿站打造成为社区居民新型的活动空间，并配合广场和周边花园为老百姓提供室内外相结合的休息场所，从而获得了社区居民的初步认可。“书香驿站”不断推出新颖的活动项目，定期开展较大规模的活动，努力营造和谐的社区文化空间。特别是图书漂流项目，吸引了本社区和周边社区的不少老人，儿童甚至带着父母到这里读书，一起分享阅读体验，带动了社区参与的热情；同时，也掀起一场捐书的高潮，吸引更多的人参与社区文化建设。

四 新街口街道“书香驿站”建设的启示

（一）“书香驿站”的建设和发展离不开政府的政策引导和支撑保障

在现代公共文化服务体系建设过程中，政府是最大的服务者，“书香驿站”的发展离不开政府层面的支持和引导。从北京市来看目前已经构建起“政府引导、业界支持、社会参与、群众受益”的阅读推广体系，形成了“人人关注、人人参与、人人推广”的全民阅读格局。“书香驿站”特色阅读空间从建立以来就在区委、区政府以及相关政府部门的支持引导下推广和发展，取得了良好的效果，其未来的发展和推广还需要政府在资金、制度、保障、资源等方面继续发力。

“书香驿站”在前期建立过程中，政府给予了大力的支持，但是从长远发展来看，还需要注重政策的衔接及政策的持续性。建立和完善社区“书香驿站”的长效监督管理机制，明确管理主体、管理权限和管理职责，从制度上保障驿站的正常运转。建立专门的资金保障体系，用于“书香驿站”的维护和发展。发挥政府在社会资源配置中的作用，整合阅读资源，政府出面与相关的企事业单位、社会组织、投资商等通过购买、交换、捐赠、联动等方式充足“书香驿站”的图书资源，并实现定期更新，使居民在阅读中得到收获感、参与感、幸福感，让阅读成为一种生活方式、一种精神追求，真正打通公共文化服务“最后一公里”。

（二）“书香驿站”的建设和发展需要街道社区的专业维护和科学运行

社区文化建设是城市文化建设的重要载体，“书香驿站”作为社区文化的标志，是阅读深入基层和深入群众的良性推广方式，担负着社区文化建设的重任，是推动城市文化建设的重要举措。“书香驿站”的建设要求街道社区从人员管理、志愿服务、推广运行等方面进行维护和运行。

一是要注意培养和提高驿站管理人员的管理能力。驿站的管理人员目前以志愿者为主，对于图书管理等相关业务不够专业，管理者大多没有薪水报酬，积极性会受到一定的影响。街道社区应该积极探索将驿站管理人员从志愿者逐步过渡到专职人员，按照一定标准，进行社会招聘来管理驿站。加大对驿站管理员队伍的培训力度，如与公共图书馆建立联系，进行图书管理、分类、借阅等相关业务的专业学习。二是要“书香驿站”项目和公共图书馆进行有机融合，有条件的社区，将“书香驿站”模式植入社区图书馆中。社区图书馆拥有比较丰富的图书资源，是对“书香驿站”发展的有力支撑。图书馆在图书的管理服务方面更具专业性，是对“书香驿站”管理方式的有益补充，有助于推动其管理正规化、系统化、有序化。三是街道社区牵头以“书香驿站”为依托打造多种形式的文化交流方式。街道通过整合社区内的文化资源，开展全民阅读活动、文化沙龙、教育讲座等活动，吸引更多居民的参与。四是将“书香驿站”与现代信息技术相结合，打造网络阅读平台，发挥互联网技术在推进社区阅读中的作用。比如开发“书香驿站”APP或者公众号，定期将驿站的运行情况和开展的活动进行宣传推广，适时了解居民需求进行知识推送。或者建立驿站微信群，让居民在线上线下都可以进行交流，对驿站的工作能够及时了解，监督和参与。积极推进社区阅读，用读书改变社区文化生态，增强社区居民的归属感，形成倡导健康生活的新风尚。

（三）“书香驿站”的建设和发展依赖于社区居民主动参与和自我管理

“书香驿站”的建立是为了满足广大居民的文化需求，尤其是对于图书阅读的需求，让居民阅读有处去，解决居民“最后一公里”阅读需求，而驿站能够持续发展的重要基础是社区居民的参与和支持。社区居民积极参与“书香驿站”的活动，在图书资源捐赠、使用，驿站活动开展等方面发挥着重要的作用。

建设“书香驿站”要积极拓宽社区居民参与的路径与渠道，“书香驿站”不仅是社区居民读书的场所，也是社区文化交流的重要平台。一是要通过建立社区驿站志愿者队伍，参与“书香驿站”的维护和管理，激发居民参与的积极性。二是对接社区居民的阅读需求，尤其是在信息、文化教育和休闲娱乐几个方面的需求，有针对性地开展活动，丰富图书资源，使驿站真正做到解民所需。三是以驿站为依托开展广泛的文化活动，统筹社区内的高级人力资源，如邀请专家、学者、教授等开展科普讲座、学习沙龙、传统文化教育等形式的活动，通过专家学者的引导，带动整个社区居民更好地开展活动，进而也带动街道的阅读氛围的营造。

参考文献

陆和建、姜丰伟：《社会力量参与基层文化服务建设研究——基于社区文化中心的社会化管理实践》，《国家图书馆学刊》2017 年第 5 期。

陈光：《新时期的社区文化建设与服务研究》，《黑龙江科学》2017 年第 19 期。

彭泳：《从社会公共领域看社区图书馆的建设问题》，《湖南大众传媒职业技术学院学报》2017 年第 5 期。

樊亚玲：《西城区特色阅读空间之“书香驿站”建设现状及发展探讨》，《全国中小型公共图书馆联合会 2016 年研讨会论文集》，2016。

刘迪：《有特色的阅读方式的创新与全民阅读活动品牌的创建——以西城区“书香西城”建设为例分析》，《全国中小型公共图书馆联合会 2016 年研讨会论文集》，2016。

王晔：《从空间到场所——社区图书馆场所认同危机与重塑策略》，《图书馆工作与研究》2015年第12期。

金胜勇、张欣：《论公共文化服务体系中的社区图书馆建设》，《图书馆工作与研究》2012年第2期。

田硕：《北京市社区图书馆现状调查与思考》，《农业图书情报学刊》2015年第11期。

刘志伟：《西城“阅读春天”启动全面书香西城建设新时期》，《中国出版传媒商报》2017年5月26日。

Abstract

It is essential for the development of the capital to establish an effective megacity governance system. As the core functional zone of the capital, Xicheng District has taken the lead to do a good job with "four concepts" and persisted in the strategic vision of carrying forward scientific governance in depth and improving the development quality in all aspects. The district has continuously reinforced the function as "four centers", strived to improve the level of "four services", and made important breakthroughs in urban governance capacity and urban development quality. Sub-districts play an irreplaceable role as the pioneer and main force of microscopic governance. 15 sub-districts of Xicheng District have coordinated various resources of respective areas based on their own development situations. Their practices include exploring the ways to establish the regional mode for Party construction, strengthening lean urban management, improving public services, refining the integrated enforcement system, and exploring innovative practices for grassroots governance. They have continuously injected new connotations into grassroots governance and provided duplicable and easy-to-operate live experience for grassroots organizations, and their experience and practices are of great importance for Chinese metropolises to improve concepts and find new ways to strengthen grassroots governance.

While highlighting the efforts of Xinjiekou Sub-district dedicated to motivating the coordinating and leading role of grassroots Party organizations and conducting the exploration on improvement of the urban life quality, *The Development of Beijing's Sub-district Offices No. 2: Xinjiekou Chapter* presents theoretical study on neighborhood regulations and rules and innovation in grassroots governance, elderly welfare development, community-based home elderly service and quasi property management in the bungalow areas on the basis of the actual conditions of the Sub-district, analyses special surveys on integrated quality education of the school, the society and the family, community-based social organization development, lean alley management in Xisibei Area, construction of the learning community in Yutaoyuan community and historic preservation of the White Pagoda Temple and sums up the typical experience of disposal of illegal commercial establishments converted from first-floor residences in Zhaodengyu Road, management of garbage classification, community service pattern of "one station for multiple neighborhoods" and literary harbor-based cultural assistance and sharing, all of which manifest the achievements of the Sub-district in grassroots governance by promoting government governance, social adjustment and benign interaction in self-governance of the residents under the leadership of the Party Work Committee.

On this basis, this book proposes that in its urban governance practices, Xinjiekou Sub-district, which are dominated by Party building, guided by government governance, oriented by the demands of the residents and powered by reform and innovation, has been constantly consolidating platforms, improving systems, integrating resources and expanding capacities for building a grassroots governance system of multi-body participation and joint governance, which are proved as fruitful explorations and practices in the effective and scientific governance of the core area of the capital.

Contents

Ⅰ General Report

Abstract: City quality improvement is a systematic project that involves urban planning, construction, management and services. Structurally, the sub-district, as the representative agency of the government, bears the responsibilities for connecting the "Last Mile" for implementation of the policies and the measures. Fulfilling the requirements of the central, municipal and district governments for urban work in an unswerving and innovative manner is not only an expectation of the masses but also a test on the sub-district leadership in the new era. The practice of Xinjiekou Sub-district shows that strengthening the leading role of the Party and leveraging the coordinating and leading role of the grassroots Party organizations are the roots and drivers for deepening urban work, in particular connecting the last mile for improvement of the city quality.

Keywords: Xinjiekou Sub-district; Party Building Guidance; Social Governance; City Quality

Ⅱ Data Reports

Abstract: Basic public services are an important factor that affects the life quality of the residents. Improving the public service system to ensure the basic livelihood of the masses is the most direct and practical issue of interest that people concern most. In 2017, the research team distributed the questionnaires concerning public education resources, public cultural services, community services, employment (entrepreneur) services, elderly services, special services for the disabled, community security services and local infrastructure services to the 21 communities of Xinjiekou Sub-district, aiming at identifying the awareness, satisfaction, participation and demands of the residents for basic public services of the community. While summarizing major results of the survey, the report also conducts in-depth analysis on such issues as preschool education, elderly care services and infrastructure and presents corresponding countermeasures.

Keywords: Public Services; the Residents of the Community; Resource Supply; Service Demand

Abstract: The working population is an important participant and propeller of regional development. Providing it with convenient, continuous and high-quality public services is of great significance for optimizing the development environment and service level in the region and improving the regional development capacity of the sub-district. In this sense, the research team, following the first survey on public services of the working population within the jurisdiction in January 2015, initiated once again a questionnaire survey on the supply, participation and acquisition of public services among the corporate working population within the sub-district in May 2017. By analyzing the awareness of service agency, the participation in the community service, life convenience, satisfaction with community-level basic public service and the demand for community-level public service and making longitudinal comparisons between survey results, this report has drawn a general conclusion and proposed some specific suggestions for exiting problems.

Keywords: Public Services; Life Quality; Working Population; Resource Supply; Service Demand; Infrastructure

Ⅲ Theory Reports

Abstract: From the 18th CPC National Congress till the 19th CPC National Congress, grassroots governance has been elevated to a strategic height. As the basic units of grassroots governance, the sub-districts and the communities are important venues for implementing the construction of the grassroots governance system and exploring into innovations in grassroots governance models. The key element to strengthen innovations in social governance lies in institution, of which the innovations depend on people whose harmonious coexistence can ensure social peace and order. Compared with the top-down social governance system in China, the sub-districts and the communities are more like miniature "acquaintance societies", whose organizational levels normally relies on the personal charms of the administrators and constraints of regional folk ethics. In this sense, neighbor regulations and rules play the role of "quasi law" in the grassroots society, making themselves informal systems with the self-enforcement effect.

They, who fill the gaps not covered by national legislation, can also be interpreted as a social code of conduct collectively enacted in a democratic process, which enables grassroots areas to realize standardized management and "rule by law" of the community affairs. With the practices of Xinjiekou Sub-district in establishing scientific and rational neighborhood regulations and rules as an example, the article identifies the operation model of the neighborhood regulations and rules and further consolidates the theoretical basis for the necessity of their existence.

Keywords: Neighborhood Regulations and Rules; Self-Governance of the Community; Grassroots Governance Innovation

Abstract: Since entering into an aging society in 2000, China, in response to the challenges of aging against socio-economic development, proposes to establish the community-based home elderly service pattern, which is supported by the agencies on the basis of the community. Such a pattern, which integrates elderly welfare development and elderly service system of the community, bases elderly services on community care compatible with current economic development and capacity of China and establishes itself into an important welfare measure in response to an aging China. While dating back to the track of elderly services of the community, the article analyses valuable elderly service cases of the community and explores the development pattern of elderly services in the future in Xinjiekou Sub-district on the basis of its current situation so as to offer some valuable references.

Keywords: Xinjiekou Sub-district; Aging; Elderly Welfare Development; Elderly Service System; Home Elderly Service

B. 6 The Research on Quasi Property Management Model in the Bungalow Areas / 085

Abstract: Quasi property management, a term emerging with the urban construction development of China, aims at solving diversified problems in old neighborhoods due to the absence of property management. Encompassing the background, problems, features and mechanism in quasi property operations and management in the bungalow areas, the article strives to offer some theoretical support for the research of quasi property management. On the basis of typical domestic and municipal practices in this regard and the current progress of the bungalow areas in Xinjiekou Sub-district of Xicheng District, the article analyses problems in quasi property management and presents corresponding countermeasures.

Keywords: Xinjiekou Sub-district; The Bungalow Area; Quasi Property Management

Ⅳ Survey Reports

B. 7 Survey Report on the Implementation of Integrated Quality Education of the School, the Society and the Family in Xinjiekou Sub-district / 103

Abstract: Quality education, an educational concept that was initially proposed by China, bears independent connotation and features the most Chinese characteristics. It not only indicates the promotion of overall human development by improving the natural, social and professional literacy of the educated people, but also involves reform of the existing education system to give full play to the students' own strengths and stimulate their thinking power and creativity of the whole society. Xinjiekou Sub-district has made great efforts in recent years in advancing quality education and building the lifelong education system, such as enhancing infrastructure of school education, guaranteeing school-age children enrolment, enriching teaching contents and extra-curricular activities through social resources, strengthening the construction of social education positions, creating learning communities, developing family education, and creating social cultural and educational brands. In the next step, it will conduct further work on quality education and develop a scientific evaluation system for its comprehensive development.

Keywords: Xinjiekou Sub-district; Quality Education; Lifelong Educational System; School Education; Social Education; Family Education

Abstract: Social governance is witnessing a new era when public services are oriented deeper and wider, and the support for social organizations' involvement in the public service system turns out to be a new topic. Community-based social organizations are an importance force in the community governance. The Party and the government have attached great importance to the development of social organizations and issued a series of planning programs and administrative regulations. The Report at the 19th CPC National Congress also sets forth requirements for the development of community-based social organizations. Based on the innovative practices of social organization management in Xinjiekou Sub-district, the article analyses progress of relevant measures and reflects on the further development of community-based social organizations.

Keywords: Xinjiekou Sub-district; Community-based Social Organizations; Social Governance

B. 9 Survey Report on the Lean Alley Management of Xisibei Area in Xinjiekou Sub-district / 135

Abstract: Crossing the south and north sides of Chaoyang Gate-Fucheng Gate Line in the "Axis and Line" pattern of Beijing Old City and embracing massive cultural relics at national, municipal or district level like Guangji Temple, Emperors Temples and Longchang Temple, Xisibei Area, as one of the 43 Historic Reservation Areas of Beijing, possesses abundant historical and cultural connotation. The Area, however, is suffering problems of poor environment and insufficient public space in recent years as a result of the growing population and the changing urban environment, which bring forward inconvenience and difficulties for people's daily life. It remains an urgent issue for proper urban management as to how to keep, restore and carry on the traditional and cultural features of historic blocks while ensuring convenient life of the public. In this light, the article, driven by the problems of Xinjiekou Sub-district, identifies problems of the greatest public concern and figures out a lean alley management model by integrating environment upgrading, systematic management and social services in the principle of small-sized and progressive organic renovation.

Keywords: Xisibei Area; Alley; Lean Management; Organic Renovation

B. 10 The Research on the Practices of Yutaoyuan Community under Xinjiekou Sub-district in Establishing a Demonstrative Learning Community / 145

Abstract: It is now an extensive consensus of the international community to realize economic and social sustainability and all-round development of human beings by building learning cities, of which the basic pathway and fundamental implementation model lie in the building of learning communities. In April 2016, Xicheng District launched *the "13th Five-Year Plan" of Xicheng District for Building a*

Learning Urban Area to respond to the master plan of Beijing for building itself into a learning city. Multiple demonstrative programs have now been implemented in the sub-districts within its jurisdiction. Yutaoyuan Community, as a learning community already designated by Xicheng District, based on community schools and lifelong educational service system and supported by the Literary Harbors in the community, has developed a complete community education structure and formed the cultural atmosphere of a learning community.

Keywords: Xinjiekou Sub-district; Learning City; Learning Community; Lifelong Study

Abstract: Founded in the Yuan Dynasty, the White Pagoda Temple (Baitasi) Area of Xicheng District is the one of the most valuable historic blocks in Beijing, which, however, gradually turned out to be a place disturbed by low-end business activities and serious unapproved construction in about 2010 as a result of socio-economic development and growing migrant population. In 2014, Xinjiekou Sub-district launched the housing and environment improvement project focusing on vacation, reconstruction and utilization of the compounds in the White Pagoda Temple Historic Reservation Area. As of 2017, some 200 compounds in multiple zones of the Reservation Area have been vacated and renovated, brand new technological and creative businesses have been introduced and platforms for exchanges and resource integration have been established, marking great achievements. The article will interpret and introduce the significance and the experience of the White Pagoda Temple Historic Reservation Area and further present reflections and suggestions for vacation, renovation, preservation and utilization of historic blocks.

Keywords: Xinjiekou Sub-district; White Pagoda Temple; Historic Reservation Area; Vacation and Reconstruction; Renovation and Reservation; the Living Environment

V Case Reports

B. 12 Practical Research on the Comprehensive Disposition of Illegal Commercial Establishments Converted from First-Floor Residences at a "Seven-Step and Seven-Word" Approach by Xinjiekou Sub-district-Based on the Case Study of Zhaodengyu Road / 170

Abstract: Not being new, the issue of illegal commercial establishments converted from first-floor residences in the old residence community of Beijing seriously influences the city quality, public security, public interests and social order, which Beijing must face and tackle it. The comprehensive treatment for these illegal commercial establishments is an effective means to disperse non-capital functions and adjust population. Since 2016, Xinjiekou Sub-district of Xicheng District conducted the concentrated treatment of this issue at a working approach of "Seven Steps and Seven Words" with fruitful achievements. While presenting the significance, major practices, characteristics and achievements of Xinjiekou Sub-district in this regard, this article also makes recommendations for deepening this work.

Keywords: Xinjiekou Sub-district; Illegal First-floor Commercial Establishments; Comprehensive Treatment

Abstract: Rapid economic growth and accelerated urbanization lead to problems like soaring population and environmental pollution, in particular the increasing severe issue of urban domestic solid waste disposal. In his speech delivered at the 14th meeting of the Leading Group for Financial and Economic Affairs, General Secretary Xi Jinping emphasized that implementation of the garbage classification system decides whether the living environment of over 1.3 billion people can be improved and whether minimization, reclamation and reutilization of garbage can be achieved. Xicheng District, as a main carrier of the core functions of the capital city, has taken full coverage of garbage classification as an important means for improving the city environment and quality in its building of a world leading demonstration city of harmony and habitability. This article aims at offering references to other regions in this regard by summarizing the innovative "four-completeness and five-availability" garbage classification practice of Xinjiekou Sub-district.

Keywords: Xinjiekou Sub-district; Garbage Classification; Full Coverage Pattern

Abstract: With the deepened reform of the community management system in China, many regions have gradually developed an innovative community service management model called "One Station for Multiple Neighborhoods", which can truly realize intensive, open, convenient and efficient grassroots services. Pursuant to the requirements in the *Plan of Xicheng District for Further Advancing Community-based Governance Innovation Pilot Work in 2015*, Xinjiekou Sub-district has established a comprehensive service station and made remarkable achievements. By identifying the significance and major practices of Xijiekou Sub-district in this regard, this article proposes that the current community service model of "one station for multiple neighborhoods" shall be further improved from such four aspects as strengthening the access system for service stations and items, paying attention to collaboration and communications between service stations and neighbor committees, enhancing team building of service stations and intensifying oversight and evaluation on the work of service stations so as to make available references for other regions.

Keywords: Xinjiekou Sub-district; One Station for Multiple Neighborhoods; Community Services

Abstract: It is a priority task of Beijing to strengthen the construction of the demonstration zones for the public cultural service system in its fulfilling the capital responsibilities, implementing the strategic orientation as a capital city, advancing the building as the national cultural center and becoming a world leading harmonious and habitable capital. In 2015, Xicheng District set up a featured reading space titled "Literary Harbor" that proves to be a valuable exploration into the Last Mile connection of public cultural services. With its Literary Harbor as a framework, Xinjiekou Sub-district establishes an exchange platform to stimulate interaction, trust and assistance between the residents, which evolves into a neighborly cultural exchange system with books as the media and enhances the sense of gain and happiness of local residents. While presenting the significance, major practices, characteristics and achievements of Xinjiekou Sub-district in this regard, this article also summarizes the way for the Literary Harbor of Xinjiekou Sub-district to further strengthen public cultural services and its enlightenment.

Keywords: Xinjiekou Sub-district; Public Cultural Services; Literary Harbor; Cultural Assistance; Public Culture Space of the Community

S 基本子库
UB DATABASE

中国社会发展数据库（下设 12 个子库）

全面整合国内外中国社会发展研究成果，汇聚独家统计数据、深度分析报告，涉及社会、人口、政治、教育、法律等 12 个领域，为了解中国社会发展动态、跟踪社会核心热点、分析社会发展趋势提供一站式资源搜索和数据分析与挖掘服务。

中国经济发展数据库（下设 12 个子库）

基于“皮书系列”中涉及中国经济发展的研究资料构建，内容涵盖宏观经济、农业经济、工业经济、产业经济等 12 个重点经济领域，为实时掌控经济运行态势、把握经济发展规律、洞察经济形势、进行经济决策提供参考和依据。

中国行业发展数据库（下设 17 个子库）

以中国国民经济行业分类为依据，覆盖金融业、旅游、医疗卫生、交通运输、能源矿产等 100 多个行业，跟踪分析国民经济相关行业市场运行状况和政策导向，汇集行业发展前沿资讯，为投资、从业及各种经济决策提供理论基础和实践指导。

中国区域发展数据库（下设 6 个子库）

对中国特定区域内的经济、社会、文化等领域现状与发展情况进行深度分析和预测，研究层级至县及县以下行政区，涉及地区、区域经济体、城市、农村等不同维度。为地方经济社会宏观态势研究、发展经验研究、案例分析提供数据服务。

中国文化传媒数据库（下设 18 个子库）

汇聚文化传媒领域专家观点、热点资讯，梳理国内外中国文化发展相关学术研究成果、一手统计数据，涵盖文化产业、新闻传播、电影娱乐、文学艺术、群众文化等 18 个重点研究领域。为文化传媒研究提供相关数据、研究报告和综合分析服务。

世界经济与国际关系数据库（下设 6 个子库）

立足“皮书系列”世界经济、国际关系相关学术资源，整合世界经济、国际政治、世界文化与科技、全球性问题、国际组织与国际法、区域研究 6 大领域研究成果，为世界经济与国际关系研究提供全方位数据分析，为决策和形势研判提供参考。

法律声明